XINSHIDAI GAOXIAO FUDAOYUAN
TESE GONGZUO TANSUO YU SHIJIAN

新时代高校辅导员特色工作探索与实践

刘志刚　万 娟　刘 茜○主编

中南大學出版社
www.csupress.com.cn
·长沙·

图书在版编目(CIP)数据

新时代高校辅导员特色工作探索与实践 / 刘志刚，万娟，刘茜主编. —长沙：中南大学出版社，2024.7

ISBN 978-7-5487-5437-4

Ⅰ. ①新… Ⅱ. ①刘… ②万… ③刘… Ⅲ. ①高等学校—辅导员—工作—研究 Ⅳ. ①G645.1

中国国家版本馆 CIP 数据核字(2023)第 122601 号

新时代高校辅导员特色工作探索与实践

刘志刚　万娟　刘茜　主编

□出 版 人　林绵优
□责任编辑　刘　莉
□责任印制　唐　曦
□出版发行　中南大学出版社
　　　　　　社址：长沙市麓山南路　　邮编：410083
　　　　　　发行科电话：0731-88876770　　传真：0731-88710482
□印　　装　长沙市宏发印刷有限公司

□开　　本　710 mm×1000 mm　1/16　□印张 20.75　□字数 390 千字
□版　　次　2024 年 7 月第 1 版　□印次 2024 年 7 月第 1 次印刷
□书　　号　ISBN 978-7-5487-5437-4
□定　　价　58.00 元

本书由以下研究课题和辅导员工作室支持

研究课题：

2023 年度教育部人文社会科学研究专项任务项目（23JDSZ3103）

2022 年教育部第二批产学合作协同育人项目（220903436301954）

2022 年教育部高校思想政治工作队伍培训研修中心（河北师范大学）课题（2022HYY005）

2020 年教育部高校思想政治工作队伍培训研修中心（江西师范大学）课题（JXSDSYZX001）

2023 年教育部高校思政工作创新发展中心（武汉东湖学院）课题（WHDHSZZX2023019）

2023 年度教育部高校思政工作创新发展中心（武汉东湖学院）课题（WHDHSZZX2023085）

2022 年度教育部高校思想政治工作创新发展中心（武汉东湖学院）重点课题（WHDHSZZX2022003）

2023 年度教育部高校思想政治工作创新发展中心（重庆城市管理职业学院）专项研究（CQCZX2304）

2023 年度中国高等教育学会高等教育科学研究规划课题（23XG0402）

2022 年江西省教育科学“十四五”规划课题（22YB094）

2021 年江西省高校人文社会科学研究项目（SZZX21048）

2022 年江西省高校人文社会科学研究项目（SZZX22033、SZZX22075）

2022 年江西省高等学校教学改革课题（JXJG-22-7-30）

2022 年江西省高校人文社会科学研究项目（MKS22222）

2022 年江西省高校人文社会科学研究项目（SZZX22075）

2016 年江西省高校人文社会科学研究项目（SZZX16033）

2022 年江西省高校党建研究项目（22DJQN019）

2022 年江西省高校党建研究项目（22DJQN083）

2022 年广东客家地区基础教育师资培养培训协同育人中心课题（GDKJ2221）

2022 年广东省本科高校在线开放课程指导委员会研究课题（2022ZXKC434）

2023 年度广东省教育科学规划课题（德育专项）（2023JKDY066）

2023 年度广西教育科学“十四五”规划课题（2023A093）

2023 年度广西高等教育本科教学改革工程项目（2023JBG311）

2022 年湖北省教育厅哲学社会科学研究专项任务（高校学生工作品牌）（22Z644）

2022 年湖北省教育厅哲学社会科学研究专项任务（高校学生工作品牌）（22Z619）

2022 年度湖北省教育厅哲学社会科学研究项目（22Z660）

2023 年度湖南省教育厅科学研究项目(23C0382)
2022 年度内蒙古自治区教育科学“十四五”规划课题(NGJGH2022064)
2021 年度内蒙古自治区高等学校科学研究项目(NJSZZX2193)
2021 年度内蒙古自治区哲学社会科学研究专项项目(ZSZX21006)
2023 年内蒙古自治区高校网络教育名师培育支持计划
2020 年黑龙江省哲学社会科学研究规划项目(20SZC39)
2023 年河北省高校网络思想政治工作研究课题(WLSZ2023026)
2021 年四川省高等教育人才培养质量和教学改革项目(JG2021-990)
2020 年四川省教育信息技术研究课题(DSJZXKT209)
2024 年西南交通大学四川省心理健康教育重点研究基地项目(XLJKJY2450B)
2021—2022 年度云南省思想政治教育工作研究专项(22YNSZ36)
2023 年度温州市哲学社会科学规划部门合作专项课题(23BM020YB)
2021 年温州市高校思想政治专项课题(WGSZ202111)
2023 年梅州市哲学社会科学规划课题(mzsklx2023047)
2023 年成都信息工程大学专业建设与教育教学改革项目(SETRF202320)
2021 年成都信息工程大学党史课题(DS202115)
2023 年度河南科技大学基层党建创新项目(2023DJXMB07)
2023 年度河南农业大学大学生思想政治工作专项(SZZX-2023-009)
2023 年江西理工大学学位与研究生教育教学改革研究项目(YJG2023025)
2020 年温州大学研究生教育研究课题(316202103212)
2023 年度中国石油大学(北京)大学生思政项目(202315)
2023 年度沈阳化工大学大学生思想政治教育研究会科研课题(Y202306)
2020 年桂林医学院习近平新时代中国特色社会主义思想研究中心课题(2020XZXYB01)
2022 年德州学院校级课题(2022SXZ204)
2022 年广州华商学院青年学术科研项目(2022HSXS006)
2022 年新疆农业职业技术学院科研课题(XJNZYSK202219)
2022 年度重庆三峡医药高等专科学校人文教改类项目(2022XRYB01)
2022 年襄阳职业技术学院校级课题(XYZY202215)
2021 年重庆交通职业学院校级课题(CJSK202105)
2023 年度武汉工程大学高等教育研究课题(2023FD05)
2023 年内蒙古化工职业学院院级课题(HYSSZX2318)
2023 年度教育部人文社会科学研究专项任务项目(23JDSZ3100)
2023 年广东省高校思想政治教育课题(2023GXSZ052)
2024 年内蒙古医科大学思想政治教育专项课题(YKD2023SXZZ036)
2022 年度福建省教育系统哲学社会科学研究项目(JAS22296)

高校辅导员工作室：

四川省高校思想政治名师工作室——成都信息工程大学“博雅心语”万娟名辅导员工作室
江西省高校辅导员名师工作室——饶先发工作室
广东省高校名辅导员工作室——柯东贤工作室嘉应学院子项目组
辽宁省高校辅导员名师工作室培育项目-云说工作室
江西理工大学发哥辅导员工作室
江西理工大学理想筑梦工作室
江西理工大学致远启航工作室
江西理工大学红色赋能宣讲团
江西理工大学三实 PLUS 党建工作室
江西理工大学“树洞小屋”心理成长辅导员工作室
中国海洋大学守望成长辅导员工作室
中国石油大学(北京)佳油知心辅导员工作室
中国石油大学(北京)从容言就业工作室
武汉工程大学“微特师姐”生涯发展工作室
内蒙古医科大学“创享青春”辅导员工作室
河南农业大学朱瑞萍辅导员工作室
河南科技大学“非常五分钟”辅导员工作室
温州大学“人文化成”辅导员工作室
温州大学辅导员素质能力提升工作室
大理大学传·承辅导员工作室
广东金融学院大学生思想理论教育工作室
桂林医学院医路同行大学生网络文化工作室
牡丹江医学院“心海”辅导员工作室
德州学院四季常“心”辅导员名师工作室
江西服装学院“艺工”实践辅导员工作室
燕京理工学院璞玉生涯工作室
燕京理工学院“金种子”少数民族教育管理服务工作室
武昌首义学院“晶姐微思政”辅导员工作室
成都航空职业技术学院“1+1”学业竞进工作室
成都信息工程大学“心涯起航”职业生涯工作室
季宁宁辅导员之友网络思政工作室
雅安职业技术学院“晓言惜语”名辅导员工作室
湖北中医药高等专科学校健康护航职业生涯咨询工作室

襄阳职业技术学院“千山灯塔导航”工作室
重庆三峡医药高等专科学校“医路初心”辅导员工作室
重庆交通职业学院“无涯”辅导员工作室
长江职业学院张晓英“五育坊”工作室
唐山职业技术学院领航梦想名班主任工作室
江西冶金职业技术学院“椰青年”辅导员工作室
新疆农业职业技术学院心语心愿班主任工作室
常州艺术高等职业学校季红霞德育名师工作室
常州艺术高等职业学校常小艺“百果”辅导员工作室
内蒙古化工职业学院“E 青 V 语”网络思政班主任工作室
武汉体育学院马灯升芽辅导员工作室

编 委 会

前言

习近平总书记在党的二十大报告中指出："全党要把青年工作作为战略性工作来抓，用党的科学理论武装青年，用党的初心使命感召青年，做青年朋友的知心人、青年工作的热心人、青年群众的引路人。"在全国高校思想政治工作会议上，习近平总书记强调："做好高校思想政治工作，要遵循思想政治工作规律，遵循教书育人规律，遵循学生成长规律，不断提高工作能力和水平。"高校要充分认识到辅导员队伍在落实立德树人根本任务、推动高等教育健康发展中的重要意义、重大责任和光荣使命。

高校辅导员作为一支离学生最近、与学生接触最多的教师队伍，其工作理念和水平直接关系到立德树人的最终效果。因此，高校辅导员队伍建设是推动高校思想政治工作守正创新的关键环节，是高校思想政治教育工作的关键力量。高校辅导员队伍建设唯有不断突破、不断创新、适应时代、紧跟形势，才能真正将高校辅导员培养为青年学生的知心人、热心人和引路人。

近年来，随着高校辅导员队伍日渐壮大，结构不断优化提升，国家、社会及高校对辅导员工作提出了越来越高的要求。但是，在高校辅导员队伍专业化、职业化建设的过程中，还存在诸多困境与难点。例如，高校辅导员常处于工作强度高、繁杂事务多、成效不显著的职业状态。于高校辅导员而言，如何打破工作瓶颈，形成品牌特色，为培育时代新人作出自身贡献，是当前不容忽视的重要问题。

高校辅导员工作内容丰富且具有挑战性，既要关注学生个体的成长，又要面对集体活动的组织与管理，在思想政治教育、心理健康教育、职业规划指导、社会实践活动等方面均有广阔的施展空间。首先，高校辅导员需要具备扎实的思想政治教育理论基础。例如，高校辅导员需要对党的创新理论进行深入学习与思考，才能更好地履行辅导员工作职责，为学生的价值观树立和成长成才提供指导与支持。其次，高校辅导员需要广泛的经验交流与分享渠道。随着高校辅导员工作“数智化”发展，高校辅导员们对工作经验交流、创新理论传播、工作案例共享、特色亮点推广等方面的需求不断提升。进一步拓宽高校辅导员经验交流与分享的渠道，对提升高校辅导员队伍职业素养，促进思想政治教育工作高质量发展有重要意义。这样才能在加快教育现代化的过程中，实现高校辅导员职业数字化发展的推进与飞跃。再次，高校辅导员需要创新与实践相统一的信息互通平台。高校辅导员在一线工作中所形成的创新观点、案例以及实践经验，是高校辅导员提升工作能力的“实用宝典”，是推进高校辅导员职业素养优化的“不二法宝”。因此，及时总结、互通高校辅导员工作创新与实践的果实，对高校辅导员素质能力提升有重要帮助。最后，高校辅导员需要丰富的思政资源。辅导员做好思想政治教育工作，需要结合社会热点、区域特色、专业背景、学生需求等诸多方面，在具体工作中形成自身的经验，进而转化为自己的品牌特色。在辅导员特色工作形成的过程中，充足且优质的思政资源必不可少。

因此，本书编写组深入探讨并总结高校辅导员在新时代背景下的特色工作经验，提炼工作方法，形成可推广可复制可参考的实践模式。《新时代高校辅导员特色工作探索与实践》一书既是对过往工作的回顾，也是对未来方向的探索。本书希望通过展示高校辅导员们总结的实践经验与策略，为新老高校辅导员提供一个交流和学习的平台。

本书征集了50多所高校的辅导员撰写的70余篇优秀案例。其中涵盖思想理论教育和价值引领、党团和班级建设、学风建设、心理健康教育与咨询、校园危机事件应对和网络思想政治教育等方面，兼具站位高、内容全、方法精、经验广等特点。本书编撰过程中，我们深入提炼高校辅导员的工作理念与工作经验，试图为读者提供一个全景式的视角来审视和构建自己的工作体系。各章节内容，从工作理念的塑造到实践技巧的应用，从案例分析到时代背景下的角色定位，都尽量做到既系统又具体，既具理论导向又紧贴实际。我们尽力展示不同高校辅导员在不同领域的创新实践与精彩案例，让读者从中获得启发，找到可用于指导自身工作的方法。因此，在本书中，我们可以看到高校辅导员们的思考和感悟，看到他们在高校思想政治教育工作中的新思路与新方法。我们相信，本书对指导高校辅导员提炼工作成果，特别是对新入职辅导员的成长具有重要的指导意义。同时，我们更鼓励高校辅导员们在阅读过程中，结合自己的实际工作场景，思考与应用书中的策略，形成自己的工作风格。

书籍编撰过程中，我们深受许多高校辅导员同仁的鼓励与支持。在此，我们要感谢他们提供的宝贵资料与深刻见解。同时也要感谢审稿人对本书提出的宝贵意见和建议，使内容更加丰富和完善。

希望本书能够给广大同仁提供参考、交流的机会，使广大同仁积极提炼工作特色、努力创造新成果、取得新成绩、再上新台阶。期望本书能够成为高校辅导员工作的一面镜子，让高校辅导员能通过这面镜子照见自己的工作，在工作中发现问题、总结经验，激发创新思考，引发更深层次的探讨与实践。让我们借助《新时代高校辅导员特色工作探索与实践》这一交流平台，共同努力与成长，为新时代高等教育事业的发展作出更大贡献。

汇涓流而成江海，积跬步而至千里。高校辅导员作为学生成长成才的引路人和摆渡人，是开展大学生思想政治教育的骨干力量，需要不断提高政治站位，真正贴近学生生活。希望广大辅导员能够在“三全育人”理念下主动求变，聚焦日常路径、用好多重课堂，围绕九大工作职责担任“助跑者”角色，守好思想政治教育工作的“责任田”和“一段渠”，真正引导青年学生坚定不移听党话、跟党走，怀抱梦想又脚踏实地，敢想敢为又善作善成，立志做有理想、敢担当、能吃苦、肯奋斗的新时代好青年。

本书的完成是编撰工作的结束，更是一段全新旅程的开始。作为编者，我们期待读者们能从这段旅程中获得灵感，在各自的工作岗位上，创造出更多成果，共同推动高校辅导员队伍的建设。在未来的日子里，我们希望本书能够成为高校辅导员们的良师益友，与大家一起成长，在教育的道路上，共同书写属于我们的精彩篇章。

目录

第一章

立德铸魂——思想理论教育和价值引领

体验式育人在爱国主义教育中的实践案例
——以“热词翻译+实践宣讲”为例

天津外国语大学　王少珺

一、做法简介

新时代，00 后大学生自诩为“互联网+”时代的“数媒土著”，通过网络足不出户便可知“天下事”。特别是外语类院校大学生，作为最容易“亲密”接触外国文化的青年一代，价值观更易受到多元冲击。习近平总书记在建党 100 周年大会上指出：“新时代的中国青年要以实现中华民族伟大复兴为己任，增强做中国人的志气、骨气、底气，不负时代，不负韶华，不负党和人民的殷切期望。”“热词翻译+实践宣讲”项目就是遵循外语类院校大学生成长成才特点，将体验式育人与爱国主义教育相结合，将专业学习与实践育人相结合，让大学生在体验式活动中激发热爱祖国的内生动力，将 00 后大学生培育成“强国一代”。

“体验式”爱国主义情怀培育最鲜明的特点是让学生通过体验活动，自发性挖掘自身的爱国主义情怀，将情怀“入脑入心”，外化于行，爱国力行。天津外国语大学以翻译“楼道热词”为原点，展开“体验式文化宣讲”等社会实践，将翻译与思想引领、社会实践、校园文化建设相结合，让“外语专业+思想政治教育”效能发挥到最大。学生在翻译过程中与自己的灵魂对话，探究自我成长，深入基层社区、街道、中小学，通过体验不同国家的民族舞蹈、风情服饰、语言游戏等宣讲活动，调动学习外语的积极性，最终实现爱国主义行动化。这便是爱国主义情怀培育与外语院校学生成长特点相契合的“体验式育人项目”应运而生的初心和结合点。

二、具体措施

“体验式”育人活动中的深入性、自主性、探索性、长效性，能更好地遵循大学生成长成才的规律和特点。通过“大目标、小切入、求长效、出精品”的原则，开展“楼道热词翻译”和“体验式文化宣讲”，大学生通过体验式活动了解祖国文化、涵养爱国情怀，并内化于心、外化于行。

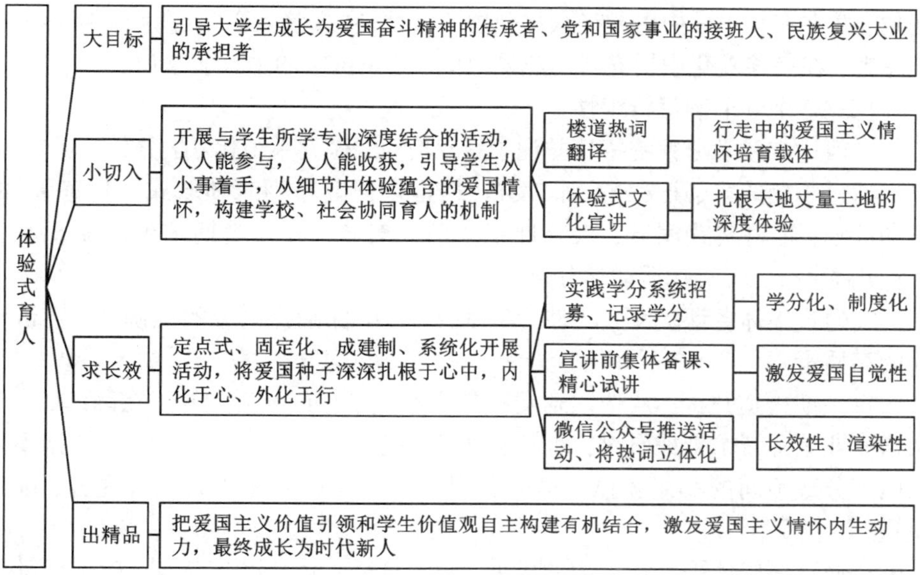

（一）1 个大目标奠定基调

引导大学生成为爱国奋斗精神的传承者、党和国家事业的接班人、民族复兴大业的承担者。

（二）2 个小切入深度融入

通过开展与学生专业相关的两个实践活动："楼道热词翻译"和"体验式文化宣讲"，让人人能参与、人人能体验、人人能有收获。

1. 体验楼道热词翻译：行走中的爱国主义教育载体

选取有爱国元素的词语翻译成不同语言，在楼道中张贴出来，从视觉观感上让大学生产生潜移默化的熏陶，使其在校园里时时刻刻感受到爱国主义氛围。

这个活动的体验感是通过翻译引领大学生实现自我认知和探究的内在成长。翻译过程不仅是对自己学识上的精进，更是对文化思想碰撞的一种博弈和思辨，其功能在于让大学生通过自己所学的外语"转换"成一种楼道文化，非常契合当代 00 后大学生接受新鲜事物和"新奇快"的心灵诉求，正向引领其树立正确价值观。

2. 体验文化宣讲：扎根大地丈量土地的深度体验

结合外语类院校学生所学语言文化知识，成立"一带一路"体验式文化宣讲团，创新引入体验式文化宣讲，即通过外文歌舞表演、民族风情特色物品展示、知识竞赛游戏等形式，让不同年龄段的受众人群通过体验感受祖国繁荣昌盛的变化，并在寓教于乐中引导受众将爱国主义情怀“入脑入心”。激励青年学子深度思考，在潜移默化中树立自己热爱祖国、建设国家的主人翁意识。

（三）3 个环节确保持续性

1. 通过实践学分系统招募并记录活动时长，做到系统化、学分化。

通过学校的“实践学分系统”发布“楼道热词翻译”和“体验式文化宣讲”的活动计划，招募实践团队，系统性记录活动时长，并在学期结束后赋予学生 1 个实践学分，将实践活动学分化。

2. 通过集体备课、线下试讲、教师指导，确保翻译内容的准确性、宣讲活动的高质量。

每一期楼道热词，从选词到发布都会经过学生间相互讨论，在翻译后，又会请专业老师帮忙把关研讨，确保准确性，提高翻译质量；文化宣讲根据不同的国家分成不同的小组团队，集体备课，指导教师最终把关试讲内容，确保质量。

3. 通过新媒体平台宣传活动成果，同时打造立体化楼道热词，确保活动的长效性和感染性。

针对体验式宣讲及时将每次活动情况进行微信推送，并对宣讲受众反馈调研，总结经验。针对楼道热词，还开发了微信、语音和视频版本，全方位培养大学生爱国情怀，用立体化楼道热词增加大学生的爱国情怀体验感。

（四）4 项坚持出精品

一是坚持从小到大。楼道热词翻译开展 5 年来，从一个翻译小组成长为校级十佳社团，风雨无阻翻译了 431 期热词。从最初的十几个语种，发展到 30 个语种，聚集了一群志同道合热爱翻译的有志青年。“一带一路”国家文化宣讲团，也从最初的社团内部小组宣讲发展成为全校性活动。2 年来，进行了 50 场文化体验式宣讲，听讲人次达 2764 人次，完成了 2 份高质量调研报告，成果颇丰。

二是坚持学以致用。将党和国家的大政方针、最新鲜的思想动态翻译出来，形成一道独特的楼道文化风景线。比如，在新中国成立 70 周年，实践团教授社区老党员用不同语言表达“中国，我爱你”，升华宣讲主题；又在抗疫期间自发性翻译“武汉加油、中国加油”“战‘疫’进行时”等热词，为抗疫加油打气；还在建党 100 周年翻译“江山就是人民，人民就是江山”等热词，将爱国情怀入脑入心。

三是坚持不断创新。爱国应该是全人类都应有的最朴素的情怀，最终会升华到人类命运共同体建设上。实践宣讲还吸纳了爱好京剧表演的外国留学生加入，让爱国融入更多文化元素，让留学生也有一颗“中国心”，同时让宣讲团的青年学子在中外文化体验比较之中，真正了解爱国的时代内涵和深层含义。

四是坚持精益求精。每一次线下选题、线上沟通、集体备课和外出实践，每一个翻译的热词都会经过专业教师最终的审核；每次翻译和宣讲，成员都会和指导教师针对有疑问的地方讨论，升华翻译者的情怀。

三、启示思考

爱国是一个国民在情感上的终极追求。“楼道热词翻译”和“实践宣讲”都是从小处着手，往深处挖掘，从社团活动变成全校性的活动，引发和推动全校都在关注国家政策，树立起做最棒的翻译官的远大志向。

（一）“专业+”之楼道热词翻译，从小处着手，关注国情社情，在实践中体验爱国主义情怀

热词翻译作为全校性活动，让每一个学子都能有获得感。从“强国一代”到“追梦人”，从“一带一路”到“国家安全教育”，主题不仅包括时政热点、国家政策，还有更多接地气、长知识的内容，让大学生在翻译体验中养成随时随地留意时政热点和身边热点的习惯，密切了对社情国事和国家发展的关注。

（二）“一带一路”体验文化宣讲，在教学中深入体验“四个自信”，厚植爱国主义情怀

通过学习，“一带一路”文化政策宣讲团的每一名成员都能真正弄懂“一带一路”建设的精神实质和丰富内涵。每一年暑期，都会深入贫困地区进行宣讲并调研。阿拉伯语组负责人朱佩琪同学，曾手绘阿拉伯世界地图，在2018年带领团队深入贵州省黔东南州高王寨小学进行一个月宣讲后谈道：“爱国不是一件小事，但是爱国可以从小事做起。”

（三）调研和总结推进项目的探索性和长效性，同学们在调研中增长才干，在总结中升华情感

成员带着问题出发，完成2篇高质量调研报告。做完每次项目后都会有反馈和总结，通过微信推送“热词翻译”，同学们在留言区域探讨不同的翻译译法，通过对词语的不同理解提高对词语翻译的技艺。“实践宣讲”每个小组定期召开宣讲总结会，把宣讲中的爱国情怀组组相传。

四、专家点评

天津外国语大学学工部部长、高级政工师陈占权点评：“热词翻译+实践宣讲”项目，积极探索体验式育人在爱国主义情怀培育中发挥的积极作用，从一个小小的翻译小组内部活动成长为具有全校性有影响力的爱国主义品牌活动，通过小活动、体验大情怀，让人人参与、人人都能有获得感。通过浸润式、深层次、交互体验过程，承担了大学生爱国主义情怀培育功能，有助于将爱国主义教育推向更高层次，因而富有强大生命力，让爱国主义情怀一点一滴浸润到00后大学生的心田。

作者简介

王少珺，女，硕士，讲师，天津外国语大学辅导员，实践育人辅导员工作室负责人，国家二级心理咨询师，红十字应急救护培训讲师，YABC（青春善言行）同伴教育者。获得天津市大中专学生志愿者暑期社会实践活动先进个人、天津市教育系统关心下一代工作先进工作者、校级辅导员年度人物、教工先锋岗标兵等荣誉称号，荣获天津市青年管理干部基本功大赛一等奖、天津市高校辅导员优秀论文一等奖、天津市“思政上水平”征文一等奖、全国外语外贸院校学生工作年会征文三等奖。主持天津市高校思想政治工作精品项目、天津市首批大学生思想政治教育专项课题（实践育人专项）、天津市教育工作重点调研课题、天津市教育系统调研课题等多项科研项目，参与课题研究11项，发表论文多篇。

注：该案例中所带的学生实践团队获得天津市“新时代·实践行”系列实践活动集体标兵称号、2018年天津市大中专学生志愿者暑期“三下乡”社会实践活动“优秀实践服务团队标兵”第一名，以本文案例体验式育人为课题进行申报获得天津市首批大学生思想政治教育专项课题（实践育人专项）立项。

提高思想觉悟　倡导理性爱国

——引导大学生理性爱国教育研究案例

牡丹江医学院　王尊博

一、做法简介

2018 年中美贸易战不断升温，中美关系日益紧张。小李同学不辨是非，就在网络上传播或转载鼓励中美开战的过激言论，并参加反美非法游行，排斥对外贸易，以维护国家领土完整、主权不容侵犯为借口对美国留学生进行言语攻击，最后遭到公安机关拘留。面对小李同学存在的问题，我们首先就是控制好局面，防止扩大化，上报领导说明情况，按指示精神解决问题，解决后汇报并处理学生相关问题，确保类似的情况不再发生，并进行总结和梳理，形成工作案例给大家分享。

坚信高校立身之本在于立德树人，要努力培养一代又一代拥护中国共产党领导和我国社会主义制度，立志为中国特色社会主义事业奋斗终生的有用人才；坚信教育发展依靠人民，要始终将人民满意不满意、高兴不高兴、答应不答应作为检验工作的标准，构建“1113”思政培养新模式，进行大学生理性爱国教育，探寻大学生理性爱国的新方法和新模式。“1113”思政培养新模式：“一个中心点”——以爱国主义教育作为育人工作的原动力，“一个新平台”——通过新媒体公众号正确传播爱国主义，“一对一帮扶”——通过结对子帮扶推动育人工作的开展，“‘三情’育人模式”——用真情帮助学生健康成长，用热情持之以恒地开展工作，用激情激发思想政治教育工作的创新。

二、具体措施

爱国主义是贯穿中华民族精神的一条鲜活而清晰的主线，中华民族精神的内涵都是紧紧围绕着这一主线而发展的。爱国主义为经济的发展、综合国力的提高产生了巨大的精神推动力，当今时代弘扬爱国主义更加凸显重要。

1.“一个中心点”——以爱国主义教育作为育人工作的原动力

“一个中心”就是以爱国主义教育工作为中心，采用“从讲爱国主义故事中来，到做爱国主义的事中去”的育人工作思路，通过讲事实摆道理，结合新时代爱国主义精神典型事例和自身实际情况，大力弘扬爱国主义精神；通过落实《新时代爱国主义教育实施纲要》，增强“四个意识”、坚定“四个自信”、做到“两个维护”，确保党的方针、政策得到全面贯彻执行；通过弘扬爱国主义精神，高举爱国主义旗帜，着力培养学生的爱国感情，勠力同心、砥砺前行，号召全体学生努力践行社会主义核心价值观；通过对大学生进行爱国主义教育工作的全面建设、全员参与、全员学习、全员监督、全面保障、全力培养，培养出可以担当民族复兴大任的时代新人；通过学生自身坚定爱国主义信念，把爱国主义作为全体学生的行动指南，提高全体学生的思想政治素质，确保爱国主义教育工作圆满完成。

2.“一个新平台”——以新媒体公众号作为育人工作的助推力

构建“两微一端”网络服务平台，通过QQ、微博、微信等网络工具，开辟爱国主义思想交流新平台，所有学生都可以在网络中交流爱国故事、爱国思想等等，其他成员可以根据这一故事发表意见并评论。开设“爱国主义教育理论研究平台”，开展“爱国伴我成长”爱国主义主题教育活动，培养学生的爱国意识。通过“爱国主义理论学习”研讨活动，定期发布爱国主义理论研究成果和爱国主义热点新闻，引导学生关注爱国主义教育研究热点和爱国主义理论热点，掌握最新研究成果，发表意见指导具体工作实践；通过建立网上思想政治教育工作阵地、创新爱国主义教育新模式——开设“伴你成长”“报国风采”等栏目，引导学生采用“留言板”“网上聊天”等形式，传播爱国主义正能量。通过这些有效措施，来抵御各种腐朽思想和文化的侵蚀，确保网络爱国主义教育健康发展。

3.“一对一帮扶”——通过面对面交流激发育人工作创新活力

开展“朋辈辅导”活动进行“一对一”辅导服务，针对思想上偏激的学生有针对性地开展特殊帮扶活动，强化他们对突发事件的心理承受能力和应变能力，而对于已经发生的重大事件，辅导员要正确地引导，通过广泛地交流，在大学生思想上达成共识；开展“疏导教育”进行“一对一”帮扶活动，针对不同的大学生开展不同的心理健康辅导，良好的辅导教育对大学生理性爱国教育有着重要影响。通过“一对一”有针对性地理性爱国教育，了解学生的思想和诉求，引导学生理性看待问题，把爱国之情转化到学习报国实现中国梦的努力奋斗中；开展“特色爱国情”活动，尽可能地安排形式多样的文体活动，弘扬爱国主义精神；通过开展形式多样的主题演讲、座谈会、心理咨询会、辩论会、知识竞赛等丰富多彩的活动，号召广大学生理性爱国。

4. "'三情'育新人"——以情乐人、以情感人、以情动人方式很给力

用真情帮助学生健康成长，用热情持之以恒地开展工作，用激情激发思想政治教育工作创新。一是做学生思想政治教育工作有真情。弘扬心系学生成长成才、真心帮助学生健康成长的理念，引导学生理性看待问题，要求大学生采用理性的爱国情感表达方式。二是开展工作有热情。引导学生保持积极主动的爱国热情和主动进行爱国主义精神的培养，用认真负责的精神和持之以恒的决心，努力开展好爱国主义教育工作。三是开拓创新有激情。激发辅导员运用昂扬进取的锐气、攻坚克难的胆识、百折不挠的韧性开展教学改革工作，做到让学生通过理论与实际相结合的方式、学生独立思考与教师启发式点评相结合的形式，来更好地进行爱国主义行为表达。

三、启示思考

1. 特色品牌创建有思想

对内增强凝聚力，树立人人创品牌的意识；对外提高美誉度，形成浓厚的爱国氛围，不断提高育人水平和学校外部影响力。

2. 创新方法途径有内涵

彰显不同的爱国主义教育特色，是大学生爱国主义教育理论研究的重要抓手。应积极探索新的爱国主义教育方法，增强学生的凝聚力。

3. 网络平台建设有高度

培养爱国主义精神是目标，运用型的网络方式是承载思想政治教育的有效载体，同时加强网络建设的实效性也很重要。

通过构建"1113"思政培养新模式的工作案例，进行大学生爱国主义教育，构建了"大学生理性爱国教育培养新模式"，树立了良好的品牌特色和优秀的守正创新育人案例，创新了教育方式和方法，同时也进一步提升了思政育人的工作管理水平。这些做法和经验为我们如何应对大学生爱国主义教育中存在的问题和如何引导大学生理性爱国提供了思想指引。根据本案例，我们以后也需要加强以下几个方面的拓展，同时尝试新的思考和新的办法。

首先，进一步完善自身建设。完善学习和宣传平台建设等工作，把平台建到思想引领和社会主义核心价值观引领上，为爱国主义教育提供思想和法律保障，也为理性爱国教育提供载体。

其次，进一步提高履职能力。作为辅导员，我们要与时俱进，增强高校思想政治理论课的实效性，发挥社会实践的强化作用，重视爱国主义教育的方式方法，充分发挥网络优势，抓住重大事件的契机，切实发挥高校辅导员的作用。

最后，进一步增强工作活力。积极开展学习、课外活动、学生工作、志愿服务、第二课堂等方面的特色活动，既要打造传统特色项目，又要有创新好玩新鲜的适合专业特点的特色活动，利用网络优势进行宣传，让爱国教育深入人心。

四、专家点评

牡丹江医学院党委副书记张德才点评：以习近平同志为核心的党中央高度重视爱国主义教育，颁布的《新时代爱国主义教育实施纲要》是培育与践行新时代爱国主义的思想引领和指南针，把爱国主义教育贯穿国民教育和精神文明建设全过程，对聚焦解决新时代爱国主义现实难题有着现实意义。本案例针对大学生很多不理智的言行和非理性的方式进行思想教育，这也正是值得我们思想政治教育工作者反思，更需要我们辅导员进行教育和引导的内容。本文思路清晰，创新性强，有着很好的教育意义和实践意义。

作者简介

王尊博，中共党员，硕士研究生、讲师，国家级心理咨询师(三级)、国家级就业指导师(中级)，2019年黑龙江省高校辅导员年度人物(入围)。先后打造市级精品项目“四维一体”思想政治教育品牌，创办“科研育人平台”等特色项目；发表相关论文33篇、专著6部，主持黑龙江省哲学社会科学研究规划年度项目1项、厅局级项目1项，参与项目3项，个人获得政治荣誉17项；担任牡丹江医学院“心海”辅导员工作室负责人，兼任“高校辅导员工作室”编审；创建了第一个全国“时代楷模”曲建武图书室。

打造思政“同心圆”
构筑铸魂育人新生态

常州大学　孙潘

一、做法简介

常州大学石油化工学院深入学习贯彻习近平新时代中国特色社会主义思想和党的二十大精神，贯彻落实全国教育大会精神，在坚定理想信念、厚植爱国主义情怀、加强品德修养、增长知识才干、培养奋斗精神、增强综合素质六个方面苦下功夫，面向学院学生，以主题教育宣传实践活动为载体，引导学生牢固树立爱国爱校、勤奋学习的思想意识；传播主旋律、弘扬正能量，建立起多圈层、同向同行又融会贯通的思政育人“同心圆”，形成了铸魂引领的育人新生态。

二、具体措施

(一)力促主体微转化：从“听众”变身“主讲”

积极探索、致力创新大学生思想引领和价值引导方式，一改往日“老师讲、学生听”的思政教育模式，创建“青年讲师团”理论宣讲团，打造“石化青年说”榜样宣讲团，充分调动了青年学生学习的主观能动性，实现学生由“坐着听”到“站着讲”的角色转变。

面向教师、学生及校外专家，积极发现、选拔、培养一批政治坚定、善于面向青年传播党的理论主张的优秀青年讲师，组建“青年讲师团”理论宣讲团，深入青年中，深入基层党支部、团支部，展开面对面的交流活动，以学生喜闻乐见的形式让青年把党的理论入耳、入脑、入心。打造“石化青年说”榜样宣讲团，着力讲好学院青年典型在创新创优、扶贫济困、自强励志、筑梦圆梦等方面的成长故事、奋斗故事、奉献故事。用榜样的力量激励广大青年培育和践行社会主义核心价值观，树立远大理想，增强奋斗精神。

（二）党团同向同行：从“示范”迈向“广泛”

大力实施学生党员先锋培育工程，积极探索发挥学生党员先锋模范带头作用的新模式，实现党的组织和工作在学生学习生活中的全覆盖。搭建学生党员亮身份、树榜样、担责任的生活平台，促使宿舍、班级成为学生高尚情操培养、优良学风培育的重要阵地，以党员学生带动舍友，党员宿舍影响其他宿舍的辐射传播方式，促进学生互帮互助共同发展。依托学院“红色邻里”党建品牌，充分发挥党员先进性，实现党建带团建优势，充分发挥党员示范作用，让党员影响更多学生，使全院形成广泛的学习、争先效应。

构筑学生党员“1+2+3”继续教育模式，坚持“由点到面、线上线下、共建共享”的工作思路，按照“一轴（以‘三全育人’理念贯穿全程）、两线（理论实践相结合、线上线下相结合）、三驱动（实施‘三个一’工程）”的路径搭建学生党员党风全方位建设体系。深入推进青年大学习，积极开展主题党日、团日、志愿活动，夯实“四个一”团支部活力提升计划，严格落实“三会两制一课”制度，深入实施“班团一体化运行”机制，营造创新创业氛围，精准开展创新创业教育。

（三）驱动学业扶智：从“普遍”引向兼具“精准”

紧紧围绕立德树人根本任务，坚持“以学生为本”，推进“全员育人、全过程育人、全方位育人”理念落地落实，着力提高大学生思想政治教育和人才培养质量，深化卓越学风建设。注重课内与课外、班级与宿舍、线上与线下的有机结合，坚持落细落实，强化典型示范，将学业帮扶从普遍引向兼具精准，让更多学困生受益。

组建党员公益性互动课堂，党员带头帮助学习有困难学生。“晨曦社”是由学院学生党员及入党积极分子自发组织的，广大青年团员踊跃参与的公益性互动组织，旨在通过“社群共学、党员帮学、相互督学”的模式，帮助学困生及时解决学习困难并且激发学习兴趣，实现学习问题上不搁置、知其难并解其难的目的。

（四）构筑思政“同心圆”：从“独唱”转入“合唱”

立足思想引领的“圆心”，以提升育人质量和成效为“半径”，充分发挥各育人主体协同育人的力量，构建起以价值引领为主线、以人格塑造为核心、以能力提升为基础、以全员协同为支撑的思政“同心圆”。充分发挥育人品牌的“同频共振”，在思想引导过程中挖掘特色、孵化品牌。在思想引领、社会实践、创新创业、资助育人、党团建设等方面充分调动各方力量，实现各部门、教师队伍、思政队伍的聚合效应。

三、启示思考

组合理论学习、榜样学习、实践锻炼、文娱活动等第二课堂模块，聚焦用习近平新时代中国特色社会主义思想引领青年，用青年的力量影响青年，增强“四个意识”、坚定“四个自信”、做到“两个维护”，推动宣讲活动自发性、常态化开展。大力实施“青年讲师团”计划，深入推进“青年大学习”行动，举办一系列“青马工程”培训；突出榜样示范带头作用，用先锋伟人事迹感染青年，以身边榜样力量影响青年，让具有不同优秀特质、可亲可信可学的青年典型带来他们的真人、真事和真情实感；感召学生进行社会实践锻炼，让学生接触社会、了解社会、服务社会，促进大学生素质教育，加强和改善思想政治工作，培养创新意识和实践能力，引导学生健康成长和成才；着力围绕广大青年学习贯彻习近平新时代中国特色社会主义思想开展重点宣传，充分报道开展主题宣传教育实践活动的成效，集中展示全院师生的良好精神风貌。

四、专家点评

常州大学石油化工学院学工办主任、副教授王文奎点评：该工作案例以主题教育宣传实践活动为载体，以“青年讲师团”“石化青年说”“红色邻里”“晨曦社”四大育人品牌为依托，从理论宣讲、社会实践、文娱活动等日常思政活动着手，创新开展学院思政工作，传播主旋律、弘扬正能量。该工作案例活动形式多样，内容新颖，主题鲜明，特点突出，适合推广开展。

作者简介

孙潘，女，中共党员，常州大学石油化工学院团委副书记，讲师，教育学硕士，国家三级心理咨询师，国家初级就业指导师，全国大学生化工设计竞赛优秀指导老师，第十三届江苏省大学生文化节之江苏省大学生新媒体设计大赛优秀指导教师，校优秀工作者，校心理健康教育宣传月活动优秀指导老师，校大学生暑期社会实践优秀指导老师。

跟天哥看天下，让自己懂价值
——辅导员工作案例“天哥看天下”

湖南大学　韩笑天

一、做法简介

国无德不兴，人无德不立。习近平总书记一贯高度重视高校的人才培养工作，要求把立德树人作为教育的中心环节。高校的育人目标是把我们的学生培养成社会主义的合格建设者和可靠接班人，而其标准就在于学生能否主动践行社会主义核心价值观。习近平总书记 2014 年在北京师范大学和青年学生座谈时强调，青年应该自觉践行社会主义核心价值观。而如何让当代大学生自觉践行社会主义核心价值观，也是辅导员工作所要着力思考的问题。

思想政治教育既需要第一课堂的教学，也需要第二课堂的有力补充。在这一背景下，我积极探索创新第二课堂思政教育的活动形式，在每月一次的年级大会上设置“天哥看天下”的环节，将时事热点与思政教育相融合。这个环节时长是 20 分钟左右，内容是和同学分享本月的热点时事或话题。社会热点往往是同学们耳熟能详的话题，因此本身就具有一定的吸引力。同时，我根据学生成长的不同阶段，将社会主义核心价值观的国家、社会和个人的三个层面分别对应融入大一、大二和大三的年级会之中，让同学们既关注到时事，又对社会主义核心价值观有具体的认知。

二、具体措施

“天哥看天下”活动主要是以我为讲述分享的主体，通过微博内容、视频节选内容，展现热点事件或话题所蕴含的社会主义核心价值观的内容。根据学生的不同阶段，为同学们分享不同层面的社会热点话题。

（一）分享阶段设置

第一阶段，关心祖国，培养爱国情操。大一刚入学的新生，正处于非常单纯和理想化的阶段，处于渴望对国家进一步充分认识的阶段。因此，在大一阶段，我选取合适的案例，向同学们介绍我们国家在经济建设上为什么越来越富强，在政治建设上中国式民主为什么是更有效的民主，在文化建设上我们的文明优越性体现在哪里，在社会建设上越来越和谐是如何实现的。

第二阶段，了解社会，努力奉献社会。在二年级，同学们逐步走向了成熟，对于社会话题有了自己的看法。正所谓“学生的思想阵地我们不占领就会叫敌人占领”。因此在这个阶段对于热点话题的解读和引领就更加重要。我们通过对热点事件的解读，帮助同学们了解什么才能促进和实现社会的自由、平等、公正、法治，激发社会活力；培育同学们正确的现代公民社会观念，推进社会主义政治文明建设；使同学们拥有正确的社会公平正义观，使发展成果更多更公平惠及全体人民。

第三阶段，认知自我，争做合格公民。在三、四年级，同学们将面对就业和重新选择专业方向，开始谋划未来发展方向。因此，我们更需要在同学们进行人生选择的时候，强化争做社会主义合格公民的引导。让同学们更加了解合格社会公民的基本要素，辅助同学们在人生选择中作出正确的决定。

（二）话题来源选择

“天哥看天下”话题主要集中在热点话题和时事，所以话题选择决定了活动的成与败。“天哥看天下”话题就必须来源于同学们常用的信息查阅和交流的平台，因此选择话题主要源于重要的历史时刻、相关的综艺节目、微博热搜等。

1. 历史时刻承载厚重记忆

作为一个具有厚重历史和悠久文化的国度，我们国家具有非常多的重要历史时刻。这些历史时刻的话题，极容易激发同学们的爱国热情，也可以让我们更好地了解中国社会应该发展的方向。例如，2019 年是新中国成立 70 周年，因此 2019 年 10 月的社会热点就是系统梳理新中国成立以来的辉煌成就。1950 年 10 月 19 日是中国人民志愿军跨过鸭绿江奔赴朝鲜前线，开始伟大的抗美援朝新征程的日子。因此，我在 2018 年 10 月给 2018 级同学分享的热点就是纪念抗美援朝并延伸到中美贸易战的解读，引发学生思考。

2. 综艺节目赢得学生共鸣

当前很多综艺节目非常火爆，深受同学们所喜爱。在很多综艺节目中，也具有传递正能量的素材，一旦我们选取合适素材，综艺节目的明星就已经在同学们的脑海中帮我们进行观点的论述，让我们的工作效果事半功倍。例如，2018 年 11 月的《奇葩说》，陈铭在其中讲述了一段根据自身经历批判键盘侠的论述，很快成为热搜。基于此，我在年级会上播放了这段视频，引导大家抵制网络暴力，维护网络文明，引起了很多同学的共鸣。

3. 微博热搜引发同学思考

微博因为字数短，和综艺节目相比，不一定能够清晰表达发言人意图，但其传播的速度要比综艺节目更快，因此容易在同学们之中广泛传播引发思考。2019 年 2 月，学术问题成为微博热搜。在该月的分享中，通过微博我梳理了整个事件的发展过程，呼吁大家把诚信作为立身之本，引发了同学们思考。

(三)话题呈现形式

选择合适的方式才能让一个话题变得生动有趣，是保证抬头率的重要手段。除了传统的 PPT 和综艺节目的播放，还有一些方式可供选择。

1. 热门电影

热门电影是同学们喜欢观看的电影，选择其中的片段讲解会增加吸引力。例如，2019 年 12 月上映电影《叶问 4》，影片讲述的是叶问前往美国和徒弟李小龙一起，扭转部分美国人对中国人的看法。这一主题和《叶问 2》有相似的地方。因此在 12 月的分享中，我以《叶问 4》话题开头，辅以自己在叶问故居参观的收获，播放《叶问 2》的片段，向 2018 级学生传达平等的理念。

2. 动漫

很多人可能提起动漫就想到了日本动漫，但目前国内也出现了很多质量优秀的动漫。这些优质的动漫可以供我们选择。

3. 当事人分享

当事人分享可以极大地增加我们分享的可信度，尤其是热门事件的见证者和参与人。在香港相关事件上，我在 2019 年 9 月份邀请了一位在香港就读的学生回学院分享，当他表示经历了这些让他更加明白什么是爱国，国家为什么要富强，我们为什么要听党话跟党走时，全场掌声雷动。

三、启示思考

思想政治教育是辅导员的工作主线，习近平总书记 2016 年 12 月在全国高校思想政治工作会议上的重要讲话中提出“因事而化、因时而进、因势而新”，因此我们在培养人、引导同学们践行社会主义核心价值观时，要不断探索。

通过“天哥看天下”的尝试，也取得了不错的效果。第一，“天哥看天下”抓住社会热点话题，引起学生共鸣。并通过分享，引导同学们对社会主义核心价值观有了更具体的认识。第二，该活动的分享形式是多样的，有播放电影、综艺节目视频、动漫，分享微博和邀请见证人，多样的形式让活动内容更生动也更真实。第三，该活动具有整体的规划，并不是因热点而定主题，而是因主题而选热点，让活动更有系统性，符合学生成长的认知过程。

我所带的学生积极关注社会、投身社会实践，从而在思考中引发行动，在行动中锤炼思想。我所带的学生党员组成的本科生第二党支部入围教育部第二批全国样板党支部建设名单。学生积极投身社会实践，涌现出包括暑期“三下乡”优秀团队在内的社会实践团队 7 支，先后有 50 余人在公益活动、志愿活动中获奖。

因此，我认为辅导员在日常思政教育中要做到三点：

一是避免空话，注重真情实感。当代大学生生长在信息爆炸的年代，对于空话大话有一种天然的抵触。因此，我们在进行思想政治工作时，就需要避开大话空话这些雷区，选取真实的案例来打动学生、感染学生，这样才能取得教育的意义。

二是避免老旧，注重与时俱进。思想政治教育不应该停留在课本中，如果我们的观点不能帮助同学们解决现实中的问题，显然是教育的缺陷。因此，我们要积极与时俱进，选取最新鲜最“热点”的话题，主动与学生分享、进行互动。让同学们学会用正确的方式分析问题、思考问题，这才是真正的“授人以渔”。

三是避免单一，注重形式丰富。正所谓兴趣是最好的老师，如果我们停留在一种手段上，往往会让学生失去了解的兴趣。因此我们不但要选择合适的内容，更要选择多样的、同学们喜闻乐见的方式进行演绎。用丰富的形式激发兴趣，用扎实的内容感染学生，我们的思政教育才能起到应有的效果。

四、专家点评

湖南大学学工部管理办主任、全国优秀教育工作者、全国高校优秀辅导员、第十届全国高校辅导员年度人物提名奖获得者、第三届全国辅导员职业能力大赛二等奖获得者茹娜点评：青年学生处于思维活跃、乐学好辩的年龄阶段，所以辅导员引导其正确辨析社会热点、焦点，从而逐渐树立健康向上的“三观”更显重要。本案例作者韩笑天老师既是辅导员，也是湖南大学辩论队教练。他正是利用擅长辨析、辩论的个人特长，在引导学生树立正确的“三观”的道路上，利用“天哥看天下”的活动形式，与学生充分互动，建立起了“关注热点话题—深入辩论问题—学会明辨是非—树立健康‘三观’”正循环工作模式。多年来，韩老师价值引领成效显著，他所担任党支部书记的学生党支部入围第二批全国样板党支部建设名单，他本人先后获得第七届湖南省辅导员素质能力大赛一等奖、教育部“两学一做”特色作品奖等荣誉。希望更多青年辅导员如天哥一样，在价值引领的道路上，与学生一道看天下、知天下、胸怀天下、建设天下！

作者简介

韩笑天，男，讲师，湖南大学数学学院辅导员，学院分团委书记，学院本科生第二党支部书记，全球生涯教练(BCC)。获得湖南省辅导员职业技能大赛一等奖。获得湖南省“三下乡”优秀指导教师、湖南省研究生辩论赛优秀指导教练、湖南大学共青团先进个人、湖南大学学生工作先进个人称号。获得湖南大学“长缆”奖教金和“华为”奖教金。

第二章

价值引领——党团和班级建设

党支部搭建红色文化“学—悟—践”平台

中南大学　高佩茹

一、做法简介

自中国共产党成立以来，在长期的革命斗争和社会主义建设进程中，孕育了内涵丰富、具有不同时代特点的红色精神。习近平总书记多次强调，要不忘初心、牢记使命，把红色资源利用好、红色传统发扬好、红色基因传承好，让革命事业薪火相传、血脉永续。

中南大学机电工程学院航空航天本科生党支部将传承红色文化与丰富组织生活进行有效结合，依托“三会一课”，不断丰富思想教育活动开展形式，定期开展专题学习讨论、情景感悟教育、红色基地教育及主题实践教育，融合演讲、配音、话剧、摄影等多种艺术形式，打造丰富多彩、生动形象、情理交融的红色文化“学—悟—践”活动平台，开展红色育人主题实践教育。

具体内容包括三个方面：一是学习教育，增强党内知识学习，丰富党内学习方式，促进红色文化内化；二是感悟情景，通过开展“沉浸式”“体验式”“融入式”“启发式”四种感悟情景活动，强化红色文化认同；三是践行担当，通过开展“宣讲红色故事”“创作红色作品”“选树红色先锋”“践行红色承诺”主题活动，助力红色文化传承。

二、具体措施

(一)学习教育，促进红色文化内化

(1)增强党内知识学习，提升党性修养。一是开展党课学习活动，学习党的光辉历程，了解党的光荣传统，加强爱国主义、集体主义、社会主义教育，引导支部党员做“四讲四有”合格共产党员，践行社会主义核心价值观；二是开展专题研讨活动，在思想碰撞中深入挖掘红色文化的内涵，接受红色文化的洗礼；三是组织学生党员充分利用“学习强国”等网络平台了解党建资讯，开展

“每日打卡”学习活动，学习党建知识，接受党性教育；四是定期组织线上答题活动、线下知识竞赛，检验学习效果、巩固学习成果。

(2)丰富党内学习方式，提高学习效果。一是干部带头学。党支部委员要带头示范，要先学一步、学深一层，同时要做表率、当标杆，在支部学习中主动带学、领学、教学、帮学，引导其他党员加强学习、深化理解。二是教师领着学。支部邀请院内优秀党员教师讲党课、传经验、提意见，加强师生沟通，使学生党员加深对红色文化的理解。三是支部集中学。以党支部为单位，以“三会一课”为载体，通过集中学习、讨论，努力增强政治意识、达成思想共识。四是党员自己学。在集中学习基础上，发动全体党员在“学”上用真功，自主学习，积极思考，努力补齐思想短板、坚定信仰信念。

(二)感悟情景，强化红色文化认同

(1)“沉浸式”感悟情景。组织支部党员观看《金刚川》《半条被子》《觉醒年代》等红色影视作品，组织合唱《没有共产党就没有新中国》等红色文化歌曲，为开展主题教育营造氛围，让党员同志在活动中感受红色文化的博大精深和民族传统的真谛，加深对所学内容的理解。

(2)“体验式”感悟情景。支部成功举办“红色经典”影视配音大赛、“红色故事会”演讲比赛、“不忘初心、牢记使命”微党课竞赛，通过演绎经典让同志们切身感受革命先烈艰苦卓绝的奋斗历程，在红色历史情境下汲取力量，在红色文化熏陶中滋养灵魂。

(3)“融入式”感悟情景。支部积极利用本地红色资源，通过参观、聆听红色故事、重温入党誓词等一系列“寻访红色之地”革命传统教育，带领支部党员重瞻革命圣地、重走红色之路，体验先辈们遗留下来的足迹和光辉。开展老红军、老党员寻访慰问活动，分享他们的人生经历和所见所闻，挖掘经典故事并精心整理成文。

(4)“启发式”感悟情景。支部专门建立“红色读书角”，定期组织党员开展“读书会”“学习感悟分享会”“推荐红色经典”活动，引导支部党员细心品味耐心“读”、带着感情真心“学”，在分享交流中传播知识，在思想碰撞中升华思考，在沟通启发中迸发动力。

(三)践行担当，助力红色文化传承

(1)开展“宣讲红色故事”活动。以支部作为试点，18 名学生党员参与学习、感悟、践行，组建“红色故事宣讲团”，实现支部党员全覆盖。从理想信念、时代典型、入党动机、光辉历史等方面切入，创新性地为党员及群众呈现一堂堂生动的宣讲报告。宣讲团三站宣讲，走进新生军训现场，走进军事理论课堂，走进小学生课堂，宣讲覆盖学生 300 余人。后期计划将由党员带头辐射积极分子、班级全部同学以及研究生，继续扩大覆盖面和影响力。

(2)开展“创作红色作品”活动。支部举办“重忆峥嵘，镌刻党魂”主题作品征稿活动，鼓励党员通过文学艺术作品反映建党百年来，在党的领导下发生的沧桑巨变，运用多种方式感染更多的群众传承红色基因，抒发爱党爱国之情。

(3)开展“选树红色先锋”活动。支部通过挖掘选树身边的榜样，举办“优秀党员先进事迹报告会”、制作“榜样”“良师”“标兵”等系列推送，充分发挥身边典型的示范作用，用身边事教育身边人，鼓励人人争做“育人楷模”“红色先锋”，用实际行动投身祖国伟大复兴的浪潮中去。支部培养了湖南省高校“百佳大学生党员”、湖南省优秀共产党员、湖南省“向上向善好青年”、湖南省芙蓉学子、中南大学十佳大学生、中南大学自强不息道德模范人物等一大批优秀党员。

(4)开展“践行红色承诺”活动。支部鼓励党员时刻不忘“为人民服务”初心，牢记“航天报国”使命。在疫情期间，支部党员勇担责任，以不同的方式投身于家乡疫情防控工作；在日常生活中，支部设立“党员示范岗”，支部党员亮身份、树形象、乐奉献、显作用；在志愿服务上，支部党员有的坚持爱心支教4年，有的放弃待遇优渥的工作选择去扎根基层，还有的积极报名应征入伍，选择参军报国。不同的是选择，相同的是党员同志们践行红色承诺的决心。

三、思考启示

(一)思考

(1)由“核心带动”到“人人行动”，让红色文化“动”起来。在思想层面，组织党员重点学、层层学、系统学；在行动层面，组织党员老带新、新促旧、共同感染群众。由点及面，形成支部党员全覆盖、党员辐射群众的良好态势。

(2)由“理论学习”到“深化践行”，让红色文化“实”起来。由学到悟到践，三个层次的活动教育，由浅入深地将科学理论内化于心，外化于行，充分发挥红色文化的理论先进性、价值导向性和精神激励性，最后将思想力量灌注于行动中去。

(3)由“单一型”到“多样化”，让红色文化“活”起来。丰富学习内容、拓展活动场地、创新活动模式和表现形式，多维度、多方式协同联动，共同助力红色文化传承，有效增强大学生思想政治教育的吸引力和感染力。

(二)启示

(1)既遵循规律又创新发展，做到因事而化、因时而进、因势而新。一是组织活动建立在思想统一、目标统一的基础上，增强党员参与的信心和积极性；

二是把握党员的需求点和兴奋点，真正去了解党员所思所想，通过活动解决党员思想困惑和实际问题；三是顺应时代发展特点，抓住主流主脉，创新教育模式。

（2）综合各类资源，实现全员、全过程、全方位育人。一是协同各方力量，充分动员教师、学生、党员、群众等各个角色，形成育人合力；二是多角度融合，保证既有输入又有输出，以促进内化的知识有效外放；三是多维度挖掘资源，拓展活动场所与形式，以促进精神内涵的丰富性和活动形式的多样化。

四、专家点评

中南大学机电工程学院党委副书记李玲芝：此案例结合习近平新时代中国特色社会主义思想和党的二十大精神，贯彻落实党史学习教育要求，活动主题鲜明，重点突出，有较强的思想性和政治性；活动形式新颖，以演讲伟人故事、合唱红色歌曲等方式丰富组织生活，能让更多的党员参与活动，把榜样的精神植入党员思想深处，有利于激发党内活力；可行性和适用性强。但是，其活动形式还有待进一步拓展，建议与时俱进丰富选材，创新活动内容，扩大影响力和覆盖面。

作者简介

高佩茹，女，中共党员，中南大学机电工程学院辅导员，学生党支部书记，团委副书记，讲师，获教育部中国大学生在线“校网通十佳指导教师”称号、湖南省第一届高校辅导员综合能力提升示范观摩活动一等奖、湖南省研究生思想政治教育研究与实践优秀论文一等奖、湖南省高校就业创业指导课程教学竞赛二等奖等荣誉奖项30余项。

重构学生班级认同，助力走出关系冷漠
——班级活动参与度不足现象背后的思考

西安建筑科技大学　綦玥

一、做法简介

某日，所带一班级学生团支书、班长来到办公室，向我倾诉内心苦闷："老师，我们班凝聚力实在是不行——团支书组织个团日活动，各有各的借口，不去参加或者迟到。"说话时，班长流露出无奈与伤心，我在安慰之后仔细了解了具体情况，决定就他们班开展专项辅导。询问发现，该班一共 30 人，其中女生 5 人，进入大一第二学期后，班级组织开始出现涣散，部分班委履职不认真甚至不履职，班里同学开始出现两极分化，忙于转专业的同学、沉迷于电脑游戏的同学均开始增多。平日里，班级氛围沉寂，班级群聊不活跃，通知消息回复率低，部分学生消极参与班级事务，给班级的正常运转造成干扰，从而导致在学校、院系组织的活动中，该班级完成的情况和质量也均明显差于别的班级。

二、具体措施

班级是高校开展教育教学、组织学生活动等的基本单位，是学生自我教育、自我管理、自我服务的主要载体。大学生班风养成对于学生正确价值观树立、集体意识培养和综合能力提升具有重要的教育引导意义。习近平总书记在全国高校思想政治教育工作会议上指出"要坚持把立德树人作为中心环节，把思想政治工作贯穿教育教学全过程，实现全程育人、全方位育人"。班级中出现的凝聚力差、集体意识淡薄、活动参与度不足等非学业问题其实也正是日常思想政治教育问题的集中体现。因此，该问题是一例主要因为"精致利己主义"错误思想导致班级建设和管理的困境问题，其中也涉及学生干部队伍建设和学习目标与生涯规划两大方面问题。

(1)"精致利己主义"错误思想是班级组织涣散的根本原因

为了全面了解班里同学思想状况从而"对症下药"解决问题，我在当天晚自习结束后便让班长组织召开班会，全班同学到场发表自己的意见，我全程参加但不参与组织发言。听过每位同学的“肺腑之言”后我发现，班级里除了个别同学在回答“你为什么不参加团日活动?”以及“你觉得学习和班级活动冲突吗?”这两个问题的时候提及“咱班”“集体”“班委们”和“互相理解”这些字眼，其他绝大多数同学都是以“我想自习”“我觉得自己吃饭时间不足”“我要全心准备转专业考试”等理由作为自己不参加活动的“挡箭牌”，这种“精致利己主义”思想总是让他们觉得从组织身上得到自己想要的利益是应该的，但是组织的要求不能和他们个人利益产生冲突，一旦冲突就是“强迫”“不自由”甚至“不合理”。正因如此，“班里的活动是班委们的事情，我感兴趣了参与一下”“班级发展好坏于我意义不大，反正我这学期结束就可能转专业走了”以及“我觉得你活动组织安排得不好，虽然我也想不出更好的方案”等错误思想与态度成为腐蚀班级凝聚力、造成班级组织涣散的“罪魁祸首”。

(2)基本素质欠缺与制度约束缺失导致活动出勤参与情况差

一方面，该班很多同学在班委发布会议召开时间或工作安排后不回复消息，自己有事情临时到不了不回复请假，对于班委组织的活动或工作安排有看法不回复意见，这种“三不”行为的形成无疑是“尊重与互相尊重”这一基本道德素质的欠缺。另一方面，作为一名共青团员，自觉参加团组织教育活动，接受团组织分配的工作是其义务，是纪律规定，是政治要求，不存在“讨价还价”“商量探讨”的余地，纪律意识、规矩意识的缺失让其已然违反纪律却浑然不知，这也凸显了从严治团以及思想政治教育引导工作的迫切性。例如，班长日常通知安排会议出勤率差，告知辅导员会参会后全员按时出勤，这一“差”一“全”的现实印证了制度约束、管理约束对于班级日常管理的重要性。据了解，该班活动开展一般都是临时安排，没有制度性文件或班级规章制度就学习活动、学期任务进行统一部署，班级的工作落实缺少监督，奖惩工作也不规范，这些日常工作的“差一点”最终让决策畅通“差很多”，进而导致本次事件的爆发。

(3)干部工作意识差与优良学风建设缺位造成班级两极分化

大学期间的学生干部在工作组织过程中需要全面的综合协调和组织管理能力，更需要正确开展工作的艺术。作为班级自我管理的主要组织者，面对的班级同学来自全国各地，其思维方式、生活习惯等有着较大差异，其自我素质及队伍建设如果不到位，容易使班级一盘散沙，为滋生“小团体”提供土壤，进而危害到整个班级。班级中 8 个班委，理应各司其职，但团日活动，组织委员因私事缺席且未报告，带来了显著的负面影响；班级中同学沉迷于网络游戏，学习委员和生活委员未及时加以正确引导，也未汇报反馈给辅导员老师；班级内学业帮扶机制不完善，生活作息督导机制不健全最终导致班级内开始出现两极分化。

(4) 班级文化建设滞后，集体荣誉感缺失

大学因为相对宽松自由的环境，学生在高校生活中，往往社团、社团联合会、学生会以及兴趣小组等各种组织的活动较多，而以专业为背景的班级组织的活动相比有所弱化。另外，在网络影响下，人与人之间交流线下相比线上也不断减少，导致学生在现实生活中的交流越来越少，人际交往能力、团队合作能力不能得到很好提升，导致班级氛围沉寂，同学之间隔阂日渐增多。

基于上述分析与判断，我分别采取了以下措施进行教育与引导：

(1) 围绕“批评与自我批评”即刻开展主题班会。班委向我反馈问题当天，即刻安排召开班级紧急会议。将班里问题挑明摆在桌面上，以平等、开放、客观、务实的态度将班里的突出矛盾、每位同学的核心关切进行充分讨论，组织班里每一位同学发表自己的意见，充分聆听每一位同学的建议，找到班级问题爆发的核心症结——“精致利己主义”思想，班委带头开展批评与自我批评，对履职不到位，多次不参与集体活动、团日活动的同学进行班级及学院通报批评和团内纪律处分。

(2) 组织开展班级团建活动，加强班级学生干部队伍建设。将班级讨论活动制度化，一月开展一次，一月汇报一次；组织课外趣味篮球赛与羽毛球赛，通过比赛增强班级凝聚力、同学协作意识，打破宿舍单元局限和“小团体”。针对学生干部队伍建设，通过确立完善班级班委对班主任述职答辩和主要学生干部期末对辅导员述职答辩机制，增强学生干部的责任感与工作压力。此外，针对学生干部工作意识差、能力不突出这一问题，邀请高年级学长以及学院学生会主要干部为该年级定期开展专题技能指导，完成工作基础技术性保障。

(3) 开展生涯规划教育等活动，增强专业认同感归属感。通过召开主题班会，邀请高年级学生、研究生走进班级，为大家讲解大学适应、专业学习等，做好朋辈交流；邀请青年教师、班主任进班级，就专业发展趋势、专业学习规划等与同学们开展交流，在探讨中寻求共识，树立目标；进一步加强专业认同教育，为低年级学生做好专业发展和大学本科四年学业设置讲解工作，增进专业归属感，避免出现转专业盲从现象。

三、启示思考

经过上述多项工作措施的相继落实，班级里的同学们深刻认识到了自己的问题，在班会结束后的半个月中，我陆续收到 20 余份自发手写的检查反思，微

信上也收到了学生们恍然大悟后的感谢："谢谢老师，您的提醒确实点醒了我们。"看到趣味运动比赛后班里同学积极转发的朋友圈信息，我明显感受到了一个团结奋进、焕然一新的班级正在形成。如今，该班也涌现出多名能力突出且成绩优异的学生骨干苗子，学习基础较差的同学也能够做到"上课前排坐，自习自觉学"，年级活动的出勤情况明显好转。

本次问题的顺利解决，让我更加认同了"立德树人"的重要意义，明白了思想政治教育工作如何深入人心，也带给我如下工作思考：

(1)要引导学生进行生涯规划，了解专业发展，做好自我定位。在学生生涯规划的同时，引导学生树立目标，合理规划大学生活，积极探索适合自身发展的道路。同时，要引导班级制定集体的发展目标和方向，凝聚共识，达到"我为人人，人人为我"的目标。

(2)要积极建设一支高素质的学生干部队伍，要尊重和发展学生个体积极性，全面锻炼学生。一方面，要培养学生干部，在方式方法上对其予以指导；另一方面，对班级学生干部要从严要求，为普通同学做好表率，有了高素质的学生干部队伍，才能使班级的运转事半功倍，也才能起到以点带面的良性影响。

(3)要以学风建设为牵引，以班级文化建设为"催化剂"，以制度建设为保障，形成良好班级氛围；要加强德育教育和纪律意识教育，通过奖罚措施，使"红线思维""底线思维"成为学生规范自身学习、工作和生活的自觉认同。

(4)要大力推动"从严治团"和"第二课堂成绩单"制度落地落实。共青团是学生在校期间思想政治教育的重要渠道，要通过硬约束倒逼学生自主遵守纪律；要通过氛围营造、理论宣讲等多种方式帮助大学生在人生成长的重要阶段树立正确的人生观、世界观和价值观，扣好人生的第一粒扣子。

四、专家点评

西安建筑科技大学土木工程学院党委书记、副教授张成中点评：此案例结合习近平新时代中国特色社会主义思想，有较强的思想性和政治性，对于开展生涯规划教育和活动，增强专业认同感归属感具有重要意义，可实施性强，可推广性强，值得向各高校推广。

作者简介

綦玥，男，中共党员，西安建筑科技大学土木工程学院团委副书记、本科生辅导员，助教，在读硕士，陕西省"溪涧清源"辅导员工作室联席主持人，陕西省全民国家安全人民防线宣讲团成员，获全国国家安全人民防线宣教比武“风采奖”、第三届陕西高校团干部素质能力大赛(专职团干部组)一等奖、陕西省高校辅导员素质能力提升训练营“业务标兵”奖、校优秀共产党员称号、校十佳辅导员称号、陕西省优秀共青团员称号等荣誉。

“懒惰的羊”变形记：学生干部惰性管理的案例分析

苏州城市学院　毋张明

一、做法简介

高校团学组织学生干部是大学生思想政治教育和学生工作管理的重要参与者和得力助手，是大学生进行“自我教育、自我管理、自我服务”的骨干力量，但因为外在与内在的多种原因，有的高校学生干部容易出现工作惰性、热情减退的现象。本案例通过教师工作层面，充分了解学生干部真正的内心诉求与自我期望，做到耳听六路，眼观八方，将心比心，以诚换诚，明察秋毫，换位思考，共同探讨，总结归纳；通过学生工作层面，精准定位学生干部惰性养成的原因，做到耐心疏导，合理配置，搭建平台，增加竞争；通过高校育人层面，适时进行正确有效的教育与引导，提高学生干部的工作热情与积极性，不断完善学生组织与学生干部管理制度规范，注重学生干部的价值认同，突出在实践中养成教育，加强学生干部培训，建立学习型学生组织。对团学组织学生干部进行有效的惰性管理和引导，能够充分调动学生干部在高校学生工作中的基层战斗堡垒作用，能够在学生群体中起到榜样示范与价值引领作用，能够保障学生组织在高校学生管理、教育、服务工作中的重要纽带作用，能够有利于高校思想政治教育工作与创新工作的开展，能够在学生工作中紧跟时代步伐，因事而化、因时而进、因势而新。

二、具体措施

小杨同学在大一时，通过学生组织选拔，成为团学组织某部门的干事，在工作了一个学期后，开始出现消极情绪、缺席组织例会、懒散对待学生组织工作等情况，到了学期末，组织内部的综合考评也落到后几名，并声称自己下学期要拉着其他学生干部一起退出学生组织。

此案例反映的是团学组织学生干部因工作惰性导致态度消极、热情减退等问题。

问题关键点：

(1)如何了解学生干部真正的内心诉求与自我期望？

(2)如何精准定位学生干部惰性养成的原因？

(3)如何适时进行正确有效的教育与引导，提高学生干部的工作热情与积极性？

(4)如何完善和提高管理育人的效果，充分发挥学生干部的榜样示范与价值引领作用？

解决思路和实施办法：

1. 耳听六路，眼观八方，将心比心，以诚换诚

主动关心学生组织里的各类情况，了解每一位学生干部的思想动态。在发现小杨同学有这种惰性出现后，不急于约谈他，而是先通过身边的学生干部，了解到小杨同学的具体情况后，再主动进行谈话与教育。在谈话过程中，认真倾听，坦诚以待，引导小杨同学多讲多开口，说出自己内心真实的想法与诉求，并在谈话过程中表现出对他的关心与重视，让他感受到老师真心诚意关注他的发展，是站在他的角度上考虑与解决问题的。

2. 明察秋毫，换位思考，共同探讨，总结归纳

在耐心倾听完小杨同学的陈述后，以朋辈的姿态与其聊天，并引导着他一起探讨、共同总结惰性养成的原因，找出自己属于哪一类别。经过共同探讨发现，小杨同学属于好奇心与兴趣减弱，自我期待与职位期待值降低，在进入学生组织后，由于日复一日从事繁杂与基础性的工作，理想与现实的差距导致了心理落差，对学生组织的期待值降低，从而失去了兴趣，于是想拉着其他学生干部一起退出组织，以体现自己的个人影响力。

3. 耐心疏导，合理配置，搭建平台，增加竞争

结合与小杨同学的沟通情况，对其惰性养成的原因进行分析梳理，并让他自己意识到所存在的问题。了解其真实的想法与内心诉求后，帮助其设立能够达成的目标，进行工作任务的新分配。使用学生干部轮岗制度，合理利用“鲶鱼效应”，促使内部良性竞争，提高学生组织活力与竞争力。将小杨同学安排在适合他的岗位上面，针对他的兴趣与特长，让他做相对应的学生活动组织者，同时教师在这个过程中给予其针对性的指导。在过程中育人，能够有的放矢，提高学生的责任意识与归属感。

4. 完善管理制度，注重价值认同，突出实践养成，加强学生干部培训，建立学习型学生组织

要进行有效的学生干部惰性管理，就必须完善管理制度，形成一系列长效机制，学生干部在工作中才会有方向、有目标，学生工作才会有规可依、有规可据。制度是外壳，价值观认同是核心，实践是最佳的解决路径，在实践中出现的问题，也只有在实践中才能更好地解决。学生干部培训则是渠道，帮助学生干部树立为学生服务的观念，不断提高岗位素养和思想政治素质，提高日常的工作能力与水平，增强不畏压力、勇于担当的心理承受能力。在发现、探索、成长中不断提升，营造出整体良好的氛围，引导学生干部消除惰性，塑造为有共同愿景、有创造力、有不断学习能力的学习型学生组织。

三、启示思考

（一）对待学生组织的不良风气要“早发现、早治疗”

学生干部与教师之间亦师亦友，但是在管理学生干部时，既要“抓得紧”又要“放得开”。人性化管理不等于人情化管理，如果惰性一旦养成，将会迅速扩散，应当在不良风气的苗头出现后及时发现、关注、解决问题。

（二）对待学生工作要“望、闻、问、切”，其关键在于疏导

在得知情况后，不能简单粗暴地进行强制处理，应当从多方面、多渠道了解具体情况后，再制定完善的处理方案。在处理问题过程中，尽量不要一开始就站在学生的对立面，这样学生很容易有对抗心理，无法从根本上解决问题，甚至会适得其反。教师与学生谈话中应当表现出同理心，引导学生自我剖析，说出内心真实诉求，找出问题的真正关键点进行疏导。

四、专家点评

苏州城市学院计算科学与人工智能学院党委副书记胡荣点评：此案例结合习近平新时代中国特色社会主义思想，对高校学生干部的培养具有重要意义，可实施性和可推广性较强，值得各高校的学工同人参考借鉴。

作者简介

毋张明，男，硕士，讲师，苏州城市学院计算科学与人工智能学院团学办主任、党支部书记。获江苏省高校学生管理优秀著作三等奖、江苏省高校网络教育优秀作品三等奖等荣誉。主持省市校级课题10项，发表科研论文30篇。

“观闻问切”把脉络，“学思悟践”见初心
——基层党组织学习贯彻习近平新时代中国特色社会主义思想路径探索

昆明理工大学　魏彬

本人与团队成员先后成功申报了“高校学习贯彻习近平总书记系列重要讲话路径探索”项目、“探索‘一领双驱四平台’路径，开启‘党建·家’建设新模式”项目。这两项项目经过培育研究以及经验传递，以昆明理工大学城市学院地球科学技术系党总支为试点，着眼于以点带面、示范带动、整体提升的目标，结合“两学一做”学习教育、主题教育，围绕“进课堂、进党校、进支部、进网络、进社区”，逐步探索出一条学习贯彻习近平新时代中国特色社会主义思想的工作路径——“观闻问切”把脉络，“学思悟践”见初心，大大提升了基层党组织宣传思想工作水平，并具有特色亮点以及较强的可操作性。

一、做法简介

“观闻问切”把脉络，强调的是基层党组织工作方法的创新，即改造学习贯彻习近平新时代中国特色社会主义思想工作中传统的“每月主题不连贯、简单灌输传递”方法，借用我国中医“望闻问切”四诊法，遵循大学生学习的基本规律和特点，循序渐进，从课堂认知到付诸实践，从单方传递到多方讨论，再到主体一方的主动思考，创新工作方式，让学习宣传贯彻习近平总书记重要讲话精神鲜活起来，并在大学生中广泛引入视线、引起兴趣、引发转载、引导讨论，提升学习活动的普遍性，最终达到“参与面广、实效性强、传播度高”的学习目的。

“学思悟践”见初心，强调的是学生党员学习成果评定的创新，即优化传统的“学完即结束、考试是唯一评定”方法，通过学习、思考、实践过程的循环往返，领悟习近平新时代中国特色社会主义思想的精神实质，检验学生党员将学习、思考、领悟、实践的精神实质外化为具体行动的真实情况。

“观闻问切”把脉络，“学思悟践”见初心是一个相辅相成、循环贯通的体

系，基层党组织工作方法的创新带动着学生党员学习效果的提升，学生党员整体素质的改善反过来也会推动基层党组织的优化。

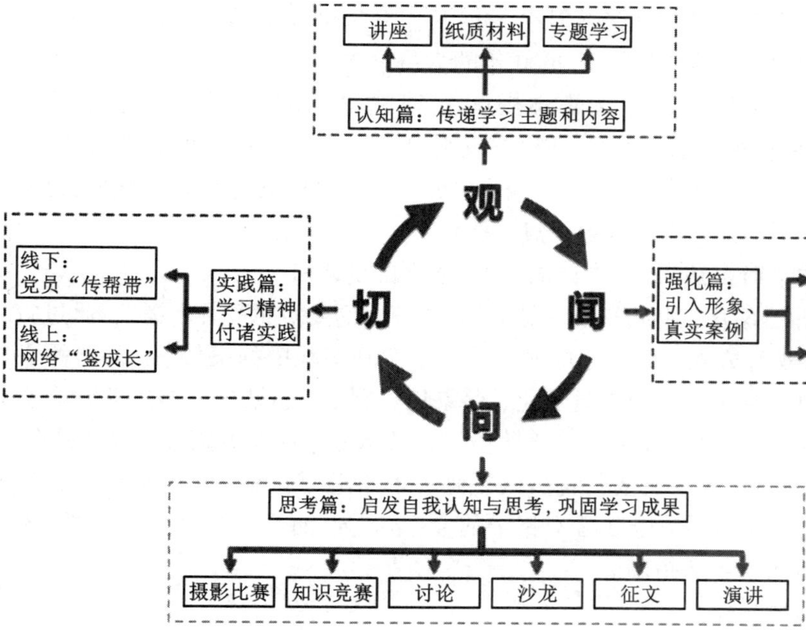

二、具体措施

大学生思政理论学习要遵循大学生学习的基本规律和特点，要从无到有，由浅入深，将理论转化为实践行动，“观闻问切”的路径设计正是符合大学生学习特点的实践探索。

（一）观：读原文、学理论，掌握学习要点

“观”即从无到有，由浅入深，引入视线，重点加强理论学习，是学习新思想的“认知篇”，学生学习的主题、内容、重点一定要先给予一个单向传递，符合学生一直以来接受的讲授式学习方法。认知篇通过专题学习、讲座、纸质学习资料等方式，让学生基本掌握学习的理论要点。

工作案例操作：

为了保证停课不停学，切实做到“理论学习不断线、责任意识记心间”，在抗击疫情的关键时期，地科系第二党支部落实学院党委关于疫情防控的相关工作要求，深入学习贯彻习近平新时代中国特色社会主义思想，巩固和深化“不忘初心、牢记使命”主题教育成果，充分发挥党组织战斗堡垒作用以及党员的先锋模范作用，“我是党员，力所能及一起抗‘疫’！”为主题的三月党员活动日通过“学习强国”音频会议如期举行。学生党员深入学习《习近平总书记在统筹推进新冠肺炎疫情防控和经济社会发展工作部署会议上的重要讲话》，大家纷纷表达学习感言，并郑重写下2020年的党员承诺。

开展“相约学习课堂，为青春指点迷津”主题活动，以习近平总书记“7·26”重要讲话精神为学习背景，以“习近平总书记历年对青年重要讲话精神”为切入点，引入学“习”课堂新形式，采取“5+1+27”模式全员互动，纵观习近平总书记重要讲话，为大学生青春指点迷津！

（二）闻：听身边人讲“中国故事”，强化自我认知

“闻”即形象化，引起兴趣，是对所“观”理论要点的“强化篇”，通过宣讲会、实地参观等方式，引入已将理论要点落实到实践中的案例，让习近平新时代中国特色社会主义思想更直观化、形象化。例如，邀请校内国家奖学金获得者、“互联网+”创新创业大赛获奖队伍等榜样人物、团队开展主题为“那么远、这么近”宣讲会，让广大基层党员认识到习近平总书记的“五点希望”“八字真经”“十六字诀”不再是与自己不相干的文字口号，而是有温度、有深度、有力度的学习警句与生活指南。

工作案例操作：

为拉近新时代大学生与“逆行者”英雄间的距离，了解“让党旗在疫情防控斗争第一线高高飘扬”是习近平总书记和党中央对各级党组织和广大党员提出的明确要求，更是对新时代大学生的时代号召。昆明援鄂医疗队临时党支部书记作为主讲人带来主题为“赤壁战疫——用工匠精神打赢抗疫防控阻击战”的讲座，从自发请愿到出征赤壁、奋战一线，再到凯旋昆明，主讲人与党员同志们分享了此次援湖北医疗行动的过程与感悟，从一位见证者的角度向大家讲述了抗疫背后的故事。

组织同学们开展了“重走讲武堂，廉洁自律在我心”主题活动，全体党员集体宣誓，在庄严的《国际歌》中党员们重温入党誓词；组织同学们前往云南省第五强制隔离戒毒所开展了一次实地警示教育活动，通过实地参观、警示教育以及话剧观看，同学们不仅意识到毒品的危害之大，更增强了在廉洁自律道路上的禁毒意识，体会到了习近平总书记党风廉政建设和反腐败斗争的必要性；开展以“寻·青春路上与党同行的你”为主题的树典型·学先进宣讲会，通过8名优秀同学的分享，让同学们深刻体会到如何去规划自己四年的大学生活，如何去实现自己的远大目标，如何坚定理想信念，宣讲会采取“推荐人推荐+宣讲人宣讲”的形式，由“大一·初体验、大二·享成长、大三·学霸讲、大四·学长说”四大模块组成。

（三）问：学以致用、启发思考，巩固学习成果

“问”即启发自我认知和思考，巩固学习成果，是对学习成果的“思考篇”，对照理论知识和成功的实践案例，思考如何转化自身的学习成果。思考篇通过沙龙、讨论会、知识竞赛、征文、演讲、摄影比赛等形式，交流思想，切实领悟学习的要义，分享自己对习近平总书记系列重要讲话精神的认识和感悟，在竞赛中获得提升和进步。

工作案例操作：

为了深入学习贯彻习近平新时代中国特色社会主义思想，学习贯彻党的二十大精神，进一步激发学生爱党爱国爱社会主义，发扬学生党支部在学思践悟中夯实理论武装的优秀传统，反馈师生党员在2020年度的学习成果，地球科学技术系党总支、分团委开展了一年一度特色学习活动“新时代、新思想、新作为”知识竞赛。

为帮助同学们更好地理解习近平总书记重要讲话精神，以文艺的形式宣传党的十九大精神，讴歌美好生活、讲好中国故事、弘扬中国精神、传播中国声音，在大学生中开展了“青春路上与党同行的你”系列文化活动，用书法、绘画、摄影和征文等形式传递对党和祖国的美好祝福，为党和人民事业增添源源不断的正能量，为党的十九大胜利召开营造了良好氛围。

（四）切：付诸实践、领悟实质，内化于心外化于行

“切”即将学习精神付诸实践，是学习路径中最重要的“实践篇”。实践是检验真理的唯一标准，习近平新时代中国特色社会主义思想就是在实践经验的基础上提炼、升华而成的，必将在指导实践、推动实践中发挥出力量。线下通过党员“传帮带”的形式，检验学生思政理论知识的学习氛围和学习成果，通过专业实习、志愿服务、社会实践等形式将理论与实践相融合，深化理论认知，把握学生党员对习近平新时代中国特色社会主义思想的理解程度并加强其践行的决心，检验学生党员将学习、思考、实践、领悟的精神实质外化为具体行动的真实情况。

工作案例操作：

组织“周末爱心行”志愿者活动，同学们陪老人们聊天，分享养生常识以及时事政治，老人们讲述了年轻时候的光辉岁月和当时困苦生活下的坚强品质。此次活动增强了大学生的社会责任感，亲身体会了《习近平的七年知青岁月》中的正能量。

开展“一段文字・一段思考”深入学习习近平总书记重要讲话宣讲会，在90名投稿师生中选拔了12名学生和3名老师进行宣讲，“一段文字”均出自习近平总书记历年来的重要讲话，“一段思考”则是师生结合自身学习、生活与工作的真切感悟。宣讲会分为“习近平总书记对大学生的希望”“高校教师立德树人”以及“廉洁自律在我心”三个篇章。通过“一段文字 · 一段思考”系列活动，地科系师生党员同志们不仅养成了学习习近平总书记重要讲话精神的习惯，还让大家充分认识到我们这一代青年人是祖国的未来，是社会上富有朝气与创造性的集体，我们应该更努力地学习，掌握技术与本领，为实现中国梦而不懈奋斗。

学生基层党组织通过“观闻问切”把脉络，理清学习贯彻习近平新时代中国特色社会主义思想的路径，让学生党员“学思悟践”见初心，学习付诸实践，将理论理解深刻，同样为下一次的学习过程奠定了良好基础，形成正向循环。

三、启示思考

“观闻问切”把脉络，“学思悟践”见初心是以基层学生党组织就学习习近平新时代中国特色社会主义思想路径探索为研究对象，旨在为高校基层党组织的常态化学习提供较规范的可实施性方案的综合研究，其研究成果可实际运用于日常工作中，对于一线思政工作者也有着一定的启示思考。

（一）紧跟习近平新时代中国特色社会主义思想，把握大学生学习贯彻这一思想的重要意义

青年是国家的希望和民族的未来。当代大学生是社会上最富有朝气、创造性和生命力的群体。一直以来，党和国家一直都高度重视青年工作，关心青年的成长进步，提出了一系列有关青年工作的重要论述。从 2013 年的“五点希望”到 2014 年的“八字真经”，从 2015 年的“十六字诀”到 2019 年的“六点要求”，都是习近平总书记关于当代青年成长成才论述的集中体现。在党的十九大报告中，习近平总书记用 200 余字的篇幅专门谈到青年。这是党和国家对青年的殷切期待，也是对青年的谆谆嘱托，极大地激发了广大青年，尤其是当代大学生投身新时代的热情，为接力建功中国梦指明了前进方向，注入了强大动力。因此，推进大学生学习宣传贯彻习近平新时代中国特色社会主义思想对发展中国特色社会主义事业、巩固党的执政基础、促进青年自身发展都具有重要意义。

（二）洞察新规律，遵循高校思想政治教育“因时而进、因势而新”的现实需要

高等教育的根本任务是立德树人。2017 年 12 月颁布实施的《高校思政工作质量提升工程实施纲要》指出：“要不断开创新时代高校思想政治工作新局面，

形成‘三全育人’格局，着力培养一批担当民族复兴大任的时代新人。”把新思想全方位融入大学生思想政治教育过程，是高校建设发展的必然选择，是巩固高校意识形态阵地的重要步骤，是落实高校“立德树人”这一根本任务的现实需要，是指导、加强和改进高校大学生思想政治教育工作的必然要求。

当前，高校思政工作质量与党对思想政治教育立德树人、育人成才的更高质量要求存在差距。如何适应新时代、新形势的变化和当代大学生的思想行为特点，开展大学生学习习近平新时代中国特色社会主义思想教育的工作路径研究，不断更新和探索思想政治教育的方法和载体，丰富高校学生思想政治教育内涵，增强思想政治教育的针对性和实效性，让学习、宣传习近平新时代中国特色社会主义思想鲜活起来，并在大学生中广泛引入视线、引起兴趣、引发讨论，最终达到学思用贯通、知信行统一的目标，实现高等教育“立德树人”的根本任务，是高校思想政治教育“因时而进、因势而新”的现实需要。

（三）扎实新做法，持续提升日常思想政治教育“润物细无声”的作用力

2016 年，习近平总书记在全国高校思想政治工作会议上强调：“提升思想政治教育亲和力和针对性，满足学生成长发展需求和期待，其他各门课都要守好一段渠、种好责任田，使各类课程与思想政治理论课同向同行，形成协同效应。”一线辅导员通过紧跟习近平新时代中国特色社会主义思想，洞察新规律，创新出新做法后持续激发学生认知、情感和行为的认同，最大化提升日常思想政治教育“润物细无声”的作用力。

四、专家点评

昆明理工大学城市学院地球科学技术系主任、党总支书记夏永华点评：“观闻问切”把脉络，“学思悟践”见初心是以基层学生党组织就学习习近平新时代中国特色社会主义思想路径探索为研究对象，旨在为高校基层党组织的常态化学习提供较规范的可实施性方案的综合研究，其研究成果可实际运用于日常工作中，对基层党组织的党员活动日如何开展、如何创新工作方式、如何学习宣传贯彻习近平新时代中国特色社会主义思想鲜活起来，最终达到“参与面广、实效性强、传播度高”的学习目的，具有学术参考价值及应用指导作用。

作者简介

魏彬，女，中共党员，昆明理工大学城市学院团委书记，副教授，管理学硕士，国家二级心理咨询师、全球生涯教练（BCC），先后获得教育部宣传教育中心组织的“非凡十年·我的教育故事”宣传展示优秀作品、省级最受学生敬佩辅导员、省级思想政治论文二等奖、省级“三下乡”社会实践活动先进个人、校级优秀教育工作者、学生日常思想政治教育工作先进个人、“互联网+”大学生创新创业大赛优秀指导教师、优秀共产党员等30余项荣誉称号。

“情”“理”之中的六毛钱班费

西南民族大学 陈鑫婕

一、做法简介

本案例是关于辅导员日常事务管理方面的做法，主要集中在舆情管理、班级管理和价值观引导工作。这是一场在班级 QQ 群里，因未征求全体同学同意用班费复印资料，而引发的群体思想观念争执。事件梗概如下：期末将至，课程备考需要打印复习试卷。张同学前往打印店途中，在班群询问是否还有需要打印的同学，她一同帮忙打印，共有 26 名同学响应回复。打印完后，她在班群告知同学们是用班费印的。此事立即引发了李班委的质疑，在班群里直接质问她为什么要拿班费给部分同学印试卷，六毛钱也是自己的权益。于是，两位同学以及班级的部分同学在班群争吵起来，一边认为几毛钱没必要斤斤计较，一边认为班费也是自己的利益，不能随意征用。辅导员舆情监控发现班群里同学们在热火朝天争吵，火药味浓，不利于同学们之间的友好相处。在处理事件过程中，辅导员通过关注舆情，翻阅班群聊天记录，侧面搜集信息，研判问题严重情况；通过“键对键”的方式把握阵地话语权，主动发声，加强引导；事后分别沟通，化解心理负担；鼓励献策，完善制度，促进班级和谐团结；把握契机给同学们上一堂“情”与“理”的思想教育课，引导学生正确认识问题，扭转了针锋相对的局面，教育引导学生看待一件事情没有绝对的对与错，增加相互理解，握手言和，共续美好同窗情。

二、具体措施

(一)关心关注网络舆情，侧面搜集研判情况

班群是学生日常管理工作中传递信息的常用渠道，同时也是大学生学习、生活、交流的主要阵地。辅导员要密切关注班级动态，当班级中出现群体价值观念的矛盾时，辅导员要高度重视，掌握情况，开展相应工作。此案例中，辅

导员随时关注班群动态，掌握大学生思想状态，及时发现舆情。在了解事件前因后果时，注意方式方法，翻阅完整聊天记录(要避免断章取义，不可妄贴标签)，分别与当事人沟通掌握情况。辅导员了解到，张同学是出于好心，自己在复印资料时，想帮有需要的同学也复印一份，如果人少，就各自转账给自己。让她没想到的是班里有26名同学需要她帮忙复印，每位同学的复印费是六毛钱，收取很不方便，于是她向班长表达了用班费支出的想法。班长想，仅是十几块，又是给同学们复印资料，表示支持。于是，这才有了她在班群告知同学们用班费支出的话语。而李班委则认为，张同学没有征得同学们同意，就私自用班费去复印资料，这样对没有复印的同学是不公平的。今天是六毛钱可以这样，明天就可以因为别的事情破例，不利于今后班费的管理。两位同学的出发点都没有错，两边"阵营"的同学也都觉得各自的想法没有错。

(二)把握阵地话语权力，主动发声加强引导

辅导员在遇到群体思想观念冲突时，要牢牢把握话语权，把握契机进行引导，让学生们厘清问题所在，解开心结，促进班级团结和谐，同时也有助于完善班级管理制度。

了解事件的来龙去脉后，辅导员在班群对全体同学作出了如下说明："各位同学，打印试卷的事情，陈姐说一下：第一，于理，李同学是对的。因为这是班费，每个人都有缴纳。对于每个同学来说，这是普惠性的。每一位同学都有资格知道并决定这笔钱的适用范围。第二，于情，张同学是对的。因为张同学的出发点是为班级大多数同学服务，特别是张同学主动提出帮忙。按照少数服从多数的原则，同意的人数过半，可以决定班费开支。所以，这次支出是有据可循的。第三，从这件事可以看出，任何事情没有绝对的对错。李同学和班长都在履行自己的职责，只要情理都能让人接受的，我们都应宽容地去接纳它、包容它，张同学热心为大家服务的行为更是应该值得鼓励的。类似的情况在今后的学习、生活和工作中会遇到更多，我们不仅生活在道理中，也生活在情感中。所以，今天的这个事情，不分对错。这次的开支由陈姐来出，希望同学们能多理解包容，相互尊重!"

辅导员发言后，学生们纷纷在班群表示支持辅导员的想法，再没有出现争执的情况，辅导员化解了此次班级危机，挽救了可能"分裂"的班级关系。26名同学意识到自己也应当在班级管理的问题上承担相应的责任，事后主动补交了26份六毛钱复印费。

(三)事后分别沟通，化解心理负担

辅导员发声后，再次与当事人进行沟通，了解心理状态，肯定做得好的地方，切勿有思想负担。

（四）鼓励献策完善制度，促进班级和谐团结

事后，鼓励同学们建言献策，完善班级班费管理制度，进一步加强对班级干部的业务培训。此次事件，加强了同学们之间的沟通，扫清了心理障碍，化解了班级矛盾，促进了班级团结。

三、启示思考

（一）辅导员要敢于“管事情”

舌头与牙齿都有打架的时候。来自五湖四海的大学生在一起学习生活，拥有多元化的价值观实属正常。如若产生矛盾后，尤其是出现这样的群体价值观冲突的矛盾后，辅导员放之任之，坐视不管，同学们之间很可能因此在心中埋下“膈应”的种子生根发芽，班级的凝聚力和向心力不再俱存，班级如同一盘散沙，班级的管理工作也将难以开展。因此，辅导员要敢于“管事情”，发现问题，及时解决问题。

（二）辅导员要勇于“说事情”

辅导员是大学生在大学里接触最多、最信赖的人，辅导员的一句话对学生具有非常大的引导力。当班级里发生群体思想冲突时，辅导员一定要站出来发声，不要躲在事件背后，要敢于把握契机，敢于发声，给学生们上一堂生动及时的育人课。这不仅是出于一位班级管理者维系班级秩序稳定的初衷，更是作为一名思想政治辅导员立德树人的实践。

（三）辅导员要善于“圆事情”

事件发生后，辅导员要善于“圆事情”，即“圆”学生，“圆”制度，“圆”自己。第一，辅导员要注意考虑当事人的情绪，善于沟通、及时疏导，避免当事人出现情绪失调；第二，辅导员要完善班级管理制度，避免下次同类情况发生；第三，辅导员要反思自我工作，提升思想水平、育人能力，在思想引领方面做到更准、更深、更强。

四、专家点评

西南民族大学马克思主义学院副教授王秀民点评：辅导员的工作内涵，从工作方法的角度看，要善于“导”。案例中的辅导员工作，一是了解实情，二是有方法。“了解实情”是及时发现班级动态，从学生在班群的言论着手，正面与侧面把握情况，准确作出事件研判。这里的“实情”考验辅导员洞察事件本质的能力，这与工作经验积累密不可分。“有方法”是及时采取措施，把握话语权，引导价值，将“事中”疏导集体情绪与“事后”疏导个人情绪两手抓，完善管理制度，做好工作总结。该案例取得了如期的育人效果。这是一个成功的育人案例，体现出辅导员对工作的敏锐度和责任感。

作者简介

陈鑫婕，女，中共党员，西南交通大学马克思主义理论专业博士在读，西南民族大学马克思主义学院讲师，国家三级心理咨询师。讲授“毛泽东思想和中国特色社会主义理论体系概论”“习近平新时代中国特色社会主义思想概论”等课程。主持四川省教育厅课题两项。曾获“党在我心中”第十届国家民委青年读书演讲活动优胜奖，第六届四川省高校青年教师教学竞赛(决赛)思想政治课专项三等奖，成都市大中专学生志愿者暑期文化科技卫生“三下乡”社会实践指导活动优秀指导教师，“党在我心中”第十届国家民委青年读书演讲活动西南民族大学选拔赛一等奖，西南民族大学暑期社会实践活动优秀指导老师，西南民族大学第八届青年教师教学竞赛思政组一等奖，西南民族大学第四届辅导员职业技能大赛演讲比赛优胜奖，西南民族大学第五届辅导员职业能力大赛最佳人气奖，西南民族大学青年马克思主义者培养工程校级班青年讲师团讲师，西南民族大学第二届青年教学标兵等。

学生干部队伍应该怎么带，泉哥有话说

浙江水利水电学院　吴伟泉

一、做法简介

加强党团和班级建设是辅导员常用的工作方法之一，也是思想政治教育的基本方式之一。面对学生干部队伍周期短、流动快等常态问题，本做法打破“一锤子”“一阵子”等“作秀式”“盆景式”和不解决实际问题的“绣花拳”工作方法，坚持虚功实做、难事长做，把当下改和长久立结合起来，从制度建设着手，构建学生干部队伍“思想、学习、工作、生活”的四维工作体系，明确方向；从团队打造着眼，在青春奋斗中培育、继承、发展“核心价值观”，凝聚精神；从品牌设计着力，设计前瞻性、整体性、格局性项目，跑起来、向前冲，提升实效。“不忘初心、牢记使命，不是一阵子的事，是一辈子的事。”学生干部队伍建设也是如此，坚持立德树人根本任务，在思想政治教育的生动实践中关照青年、服务青年、引领青年，开辟牢固阵地、留下过硬业绩。

二、具体措施

“人才自古要养成，放使干霄战风雨。”求学期间，有一段学生干部经历，通过基层党团组织有体系、有理论、有实践的压担、蹲苗和历练，坚定理想信念、练就过硬本领、勇于创新创造、矢志艰苦奋斗、锤炼高尚品格，增强自身的脚力、眼力、脑力、笔力，是学生干部青春岁月的珍贵记忆，更是思想政治教育引领“关键少数”的重要内容。

（一）立规矩、树家风

因工作需要，笔者曾管理学生团干部队伍七年。七年时间，共主持召开112次团学例会，历任干部都印象深刻。开会向来准时从不等人、开会只讲工作没有废话、开会必须落实不浮表面。久而久之，马不扬鞭自奋蹄，学生干部早已耳濡目染、习以为常。或许工作成就并不突出，但形成了作风务实、为人踏实、工作扎实的好家风。事实是最好的佐证，很多离任干部都会怀念每年雷打不动的 16 次工作例会。甚至，毕业干部会跟笔者来要会议纪要的模板，因为工作所需。如今，仍然放在案头的会议纪要，已经纸张泛黄、字迹模糊，但“三岁看大、七岁看老”的习惯，却如化雨春风，护着这个小家、护着这个队伍。

“忠厚传家久，诗书济世长。”一个学生干部队伍，就像一个家庭一样，需要优良的家风、家教、家规和家训，并一代代地传承下去，不仅有利于学生队伍的管理机制建设和工作效能发挥，更有利于青年学生干部在锻炼中成长，在成长中锻炼。好的家风，影响着一个人的品质和行为。因此，在学生干部队伍管理的过程中，要管、严管、真管、细管、长管，从细枝末节入手、从家长里短着眼，只有小处不随便，才有可能管好大节。

如果穿着拖鞋进办公室，不论有多紧急多重要的事儿，回去穿好鞋子再来；如果进入军训场地，要么不去，去就得穿鞋子、长裤子，不打伞、不站阴凉处，因为不能乱军心。坚决匡正队伍风气，为青年成长营造健康氛围。

工作汇报的图片中，不允许出现酒瓶子、桌场子；不允许把干事称之为“小干事”；开会前必须理论学习 15 分钟，从《共产党宣言》到《20 岁无资本无未来》，系统地阅读经典著作，读原著、学原文、悟原理。

笔者在管理学生干部的七年里，坚持“对症定制”，25 条内部制度、规定和说明尽可能保证任何工作都有制可依、有规可守、有章可循、有序可遵，不断提高学生干部队伍管理的科学性和实效性，如果不能，那就定第 26 条、27 条，不仅体现了理论与实践相互促进的辩证哲理，也推动了学生干部队伍工作的规范性和科学性。

（二）画愿景、铸精神

铸造学生干部队伍的精神，是队伍建设、青年成长的基础内容。当然，精神不是一开始就固定成型的，它的创造和实践，是经由历届学生干部共同努力，通过不同的途径方式，不断更新蝶变而成的，是学生干部世界观、人生观、价值观的生动展示，也是基层学生组织的内核和精华部分。“风云市政　青春领袖”第三人（笔者工作的学院为测绘与市政工程学院），叫相菀婷，人称“最老主席”。那年暑期，在“主席团必须参加‘村小二’项目”的要求下，作为毕业年级的她，担起队长重任。然而，在工作过程中，遇到了洗澡没有热水、睡觉没有空调、上班步行数公里、工作还受冷遇等问题，当家里人都希望能接她回家时，她却说：“我是队长，如果我就这样当了逃兵，别人怎么看，队员怎么办。”于是，她秉持“狭路相逢”的勇者精神，克服困难、积极面对，坚持到了最后。而这，不是偶然，也不是个例。因为“狭路相逢”的勇者精神，就是要把学生干部锤炼成召之即来、来之能战、战之必胜的尖刀铁拳。

毛泽东同志说过："人是要有一点精神的。"一个学生干部队伍，同样需要一种团队精神。精神，是一种心灵的力量，来自青年学生干部对使命和愿景的文化认同。不论是组织还是个人，精神和愿景，都是创造卓越的基础、成长发展的基石。而精神的提炼，不是一蹴而就、人为挖掘的，它是需要我们在管理学生干部的过程中，文火慢炖，注重引导、积淀、挖掘、提炼，自然形成的一种强大的精神力量。

笔者所带的学生干部队伍已经有了这样一种惯例，迎新、军训、晚会、运动会、社会实践，但凡大活动、大场面、大考验的时候，总会有人带头喊口号，振奋士气、凝聚人心，这已经成为一个团队特有的精神信条和文化符号，进而形成了一个可以长久涵养后来人的精神谱系。

"同心山成玉，协力土变金。"优秀的，从来都不是"皮一下"的个人，而是永占"C 位"的团队。共同的精神和愿景，是学生干部队伍的螺旋桨，推动着队伍朝着更高、更远、更好的方向努力，并不断地更新、丰富精神，而真正被内化于心的精神动力，又像永动机一样继续鞭策着青年学生自我教育、自我管理、自我服务、自我监督，甚至在职场上发扬光大。

（三）用方法、常陪伴

引导学生干部运用马列主义立场、观点、方法分析处理实际问题，更好地认识事物发展规律，提高思维能力、决策能力和驾驭能力。有一年，笔者在带队社会实践的过程中，发现同学们的问卷效率很低，500 份有效问卷，到最后，相当一部分"内部消化"。仔细观察后，笔者发现，同学们在问卷时，不注重场合，就地拉人，不注重方法，开口就问。笔者没有刻意地去想办法，只是自己也尝试着去发问卷，发现在大太阳底下拉人问卷，确实很难。学生告诉笔者，可以转战商厦。一到室内，问卷数量上去了，却发现接受问卷不是营业员就是老人小孩，问卷的效度极低。

"我们可以进行公交问卷。"经过一年的反复论证后，在次年社会实践的培训会，笔者与同学们一起探讨。在某地开展为期数天的社会实践，乘坐城区公交的时间不少于 3 小时/天。在一趟公交车上，确保安全的前提下，完成数十份问卷，相对容易，且公交乘客男女老少、工农商兵成分齐全。公交环境，也能使大部分人愿意"帮这点小忙"，嘴热的还会与你攀谈几句，甚至还会有意外惊喜，有时候，苦苦找不到的传承人可能就是你对面的这个问卷者，世界就是这么奇妙。

于是，问卷难，不再难。

工作，可以抱大腿，但不能拖后腿。学生干部队伍承担着大量的中心任务和事务工作，在指导和管理过程中，切忌单向要求、硬压指标，要努力通过"趟深水、涉险滩、共患难”，共同了解问题的症结根源、方法形式、思维效能，共同尝试扬长避短、扬长克短、扬长补短，搬掉“绊脚石”、突破“天花板”。而这个前提，就是要科学运用历史唯物主义基本原理和方法论。

学生干部要有“学会思想、学会说话、学会做事、学会办文、学会为人”五把刷子。学生干部要有“一二三四五”的总体目标和“要实、要精、要活”的工作方向。学生干部要从“走出去　迎进来”中去“偷拳头、取正经”，在深度分析的基础上，使自己的世界观和方法论不断论证、更新、转化和创造。

千秋基业，人才为本。其实，学生干部队伍是一支可爱、可信、可亲的队伍，只是，需要“催化剂”去激发他们的潜能、涵养他们的思维，蹲下来、扶上马、陪着跑，不失为一种好的陪伴和方法。天福的“七彩市政”、姿姿的“紫藤计划”、李亮的“时空模式”、阿飚的“彩虹学堂”、菀婷的“村小二”、岛主的“百桥汇”、韩珂的“4G 时代”，都曾在众人的陪跑下，为风云市政这一美好画面设计了不可或缺的一帧。

“路虽远，行则将至；事虽难，做则必成。”学生干部队伍的经营和成长，是一个不完美的人带着一群不完美的人去创造完美的过程。只要勇敢地试、大胆地闯，坚定信仰、信念和信心，虚功实做、难事长做，把话说小、把事做好，定能带出好队伍，打出漂亮仗。

三、启示思考

近十年的工作经验，让我深刻地体会到，学生干部队伍的培养和打造，关键在于两点。其一，加强理论学习。尤其要加强习近平新时代中国特色社会主义思想，坚定理想信念，做到知行合一，只有这样才能真正让青年学生通透地知晓，学生干部做什么、身后留什么，因此带着问题和责任读原著、学原文、悟原理，能确保推动学生干部队伍强化理想信念和承担使命担当的同时，推动工作、解决问题。其二，勾勒发展蓝图。一张蓝图绘到底，万事从来贵有恒。学生干部就像韭菜一样，一茬一茬地换，想法、做法、办法也在不断更新和变化，如何破解“一阵子”“一锤子”做法，关键在于是否有一张助力成长着的蓝图能够管五年、十年甚至更长的时间。只有这样，才能将个人奋斗融入伟大复兴中国梦的同时涉险滩、破坚冰、攻堡垒、拔城池，以此保证学生干部队伍茁壮成长、脱颖而出。

四、专家点评

温州大学团委副书记(主持工作)、副教授易招娣点评：该做法在学生干部队伍管理上下足了“常”和“长”的功夫和劲头，数年如一日，实属难得，又将十年功夫行文于笔端，又是难得。在文中能见其“高度”，察其“温度”，有其“效度”。在带学生干部队伍时做到了“活”。如理论学习系统化、经常化，确保了学生干部结合青年特质和实际工作学懂弄通，通过“公交问卷”巧妙解决了社会实践中的问卷顽疾，就是学以致用绝佳典范。如品牌活动的顶层化、长久化，确保了学生工作的整体谋划、综合施策，以“七彩市政”为蓝图，在思想引领、组织建设等方面提供了生动范本，更是可以把蕴藏在青年身上的创造能量和活力激发出来。在总结做法经验时做到了“妙”。一切好的语言皆是因在工作中的深思而来，才能将带学生队伍的点滴写活，才能将以规矩成人，在愿景中成才促进学生干部的发展，使青年人人都能成才、人人皆可出彩。该经验做法真正做到了抓住学生工作的“关键少数”，具有思想与操作上的示范性与可复制性，具有推广价值。

作者简介

吴伟泉，浙江水利水电学院辅导员，全国辅导员年度人物入围奖、浙江教育新闻年度人物、浙江省优秀辅导员、浙江省辅导员素质能力大赛二等奖、浙江省故事会金奖等荣誉获得者，“天外天”曲艺文化育人工作室负责人。

注：该文在2019年荣获第二届浙江省高校辅导员优秀网文评选活动一等奖。

淬炼一支队伍
——学生骨干管理经验谈

河南师范大学　刘晓涵

一、做法简介

众所周知，高等学校学生骨干是一个年级、一个班级有序运转的关键，只有将年级学生骨干队伍建设好，才能保证辅导员其他职责的有效落实。那么作为辅导员，如何带好一支队伍呢？首先，要结合年级实际情况制定学生骨干队伍建设规划。在这里我将重点谈一谈年级学生较多，实行小班管理的学生骨干建设经验：年级实行年级委对接辅导员，班委对接年级委的工作方法；年级层面设置年级长、年级团支书、办公室、组织、生活、学习、宣传、文娱、自律、心理、体育、保卫等涉及年级常规工作的各个委员，班级层面只设置班长、团支书、学委三名委员。如此“排兵布阵”可以避免辅导员直接对接众多班委，产生主要负责人分工不明确等问题，也有效改善了因主要负责人不明确，需要指定负责人而带来的所谓“能者多劳”的不平衡关系，使得年级学生管理工作层次分明、责任明确、井然有序。年级学生骨干队伍类似于小型的团学组织，既相互独立，又紧密团结，同时通过例会制度，将年级学生骨干“拧成一股绳”，不断树立服务意识，培养工作能力，解决工作问题，提高工作效率。

二、具体措施

(一)细化职责，落实每一层责任

我所管理的年级共有学生几百余人，因专业特点，实行小班化管理，每班人数30左右。学生骨干队伍分为年级委员、年级团总支成员和班级委员三种类型：年级委员统领年级工作，下设年级长1人，副年级长4人(年级4个专业各1人)，办公室1人，生活委员、学习委员、宣传委员、文娱委员、自律委员、心理委员、体育委员、保卫委员各1人，每位副年级长分管两位年级委员。年级团总支主要负责通过团日活动，对年级学生进行思想价值引领，下设年级团

支书 1 人，组织委员 2 人，宣传委员 2 人，直接对应管理班级团支书。班级委员下设班长 1 人，团支书 1 人，学习委员 1 人。

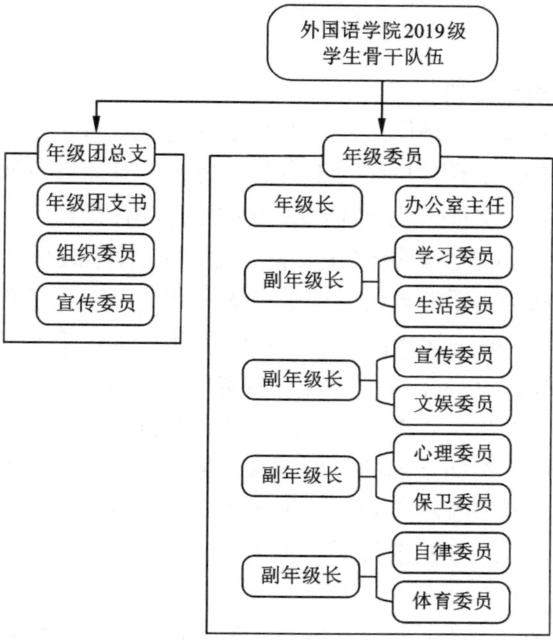

年级委员方面，年级长的作用举足轻重，其主要职责在于：一是高效、充分地完成老师和年级分配的任务，能合理分工、牵头指导、总结反思和汇报；二是在一定基础上敢于、能够大胆创新地为活动开展提供新想法、新思路，并妥善布置工作。副年级长分管各自工作领域，协助年级长完成任务。工作开展时，辅导员可选择直接与工作相对应的副年级长交代，副年级长根据实际情况可以联系分管的两位年级委员来共同完成。目前年级具体分工情况为：生活和学习为一组，宣传和文娱为一组，心理和保卫为一组，自律和体育为一组。组合对应的做法可以适当减轻年级长的压力，保证职务不虚设、工作不落空，让每一位年级骨干都尽到应尽的责任，做好应做的工作，得到切实的锻炼，并通过在协助老师、服务同学的过程中得到大家的认可和尊重，保证年级工作的高效、有序进行。年级委骨干之间相互独立，各司其职，在一些年级性的创新工作上，众志成城、合力完成，不仅保证了大家的日常交流和团结协作，而且避免工作扎堆到一人头上而带来的学生心理不平衡等问题。年级团总支方面，其工作往往直接由学院团委安排，但由于院团委对接多个年级，工作当中往往是学生和学生对接的方式，辅导员不易清楚校团委和院团委的具体工作和动态。因此在团总支的管理上，辅导员要求团支书在接到学院团委安排的工作后，第一时间将工作要求和工作计划向辅导员汇报，辅导员审批通过后再进行信息传达，确保辅导员对年级工作的全面掌握。班级委员方面，班长统一部署，统一安排，负有关键责任，团支书与学习委员协助开展工作，任务分类管理，有序高效完成。

（二）团结协作，统一每一个目标

整体离不开部分，部分离不开整体。年级委和年级团总支对于年级具体事务责任到人、分工细致，虽是有不同职责的年级学生骨干，但却有着同样的目标，即为年级的同学们服务。这里举几个在年级中实行的卓有成效的行动。

一是合力了解学生心理状态，解决学生实际问题。面对年级学生人数较多，辅导员往往不可能做到深入了解到每一位学生的实际情况。为了更好地了解学生，听取学生心声，切实解决学生问题，我带领年级学生骨干开展宿舍分管制，具体做法为一名年级委负责 2~4 个宿舍，落实每周深入寝室查寝、了解大家学习生活情况。每周查寝时，年级委通过深入宿舍和同学们聊天，建立起更加信任的关系，同时方便观察同学们的生活情况、情绪变化；当寝室长发觉室友有任何异常变化时，也能够及时上报，与年级委一同反映给辅导员，以便辅导员第一时间掌握学生信息，方便进行下一步工作，将解决心理问题和解决实际问题相结合，化风险于未然。

二是工作群内信息互通，保证下发信息准确。为保证年级委所发布的信息都准确无误无歧义，任何年级委下发通知之前，都会先将拟好的通知在年级工作群中拟发一遍，大家都认可过后，及时发至辅导员处，辅导员对所拟通知进行终审，通过后便可发布于各班工作群中。这样的做法，一方面潜移默化地提高了学生骨干对关键信息的提取能力和语言文字表达能力，另一方面也很大程度上确保了信息的准确传达和年级工作的高效开展。

三是成立年级文字小组，文字稿件保质保量。为保证年级新闻稿件书写质量，年级宣传委员和团宣委员成立新闻交流微信群。任何稿件的书写安排，在初稿完成后，撰写人都要发至该微信群，由集体进行批评与指正。统一修改通过后，负责人将稿件发予辅导员进行终审。在这项工作最开始之时，一篇稿件可能需要修改很多次，但随着大家相互批改，写作水平显著提升，如今甚至可以做到一篇稿件只需修改一次，甚至无须修改直接通过。

（三）强化例会，解决每一个问题

守好一段渠，种好责任田。年级学生骨干是年级精神面貌的集中体现，必须保证他们合力维护年级学生的根本利益，并将“为同学们服务”的思想入脑入心，做好服务同学的同时，要起到模范带头作用。为了总结年级学生骨干在工作中出现的难点问题，不断明确工作重点，强调工作初心，防止年级学生骨干出现懈怠、功利的思想，我在年级队伍建设中实施了严格的例会制度，例会每双周在固定时间进行，不断帮助学生骨干明确为每位年级学生服务的目标。

例会往往分为两个部分，一是解决工作中出现的具体问题，二是学生骨干思想价值的引领。各个委员大部分的工作是相互独立的，甚至一些工作无须发布公告，但私下却需要投入大量时间和精力，比如文宣方面，年级的所有活动都依靠他们进行新闻写作。因此，为了让大家能够切实了解年级的工作和每位年级委员的付出，我要求 5 位年级长作为代表，在例会上分别进行工作汇报。但每两周一次的例会，需要汇报的工作量相对来说较大，所以采取电子汇报制，即例会前一天，年级办公室主任会将各年级长的工作汇报电子版进行统一汇总，在群内进行公示，方便大家提前查看，一定程度上节约了例会时间。电子版工作汇报需要提出问题，说明效果，进行反思。辅导员召开例会时可根据电子工作汇报表把握会议重点，将年级长提出的问题进行解答，对效果和反思进行评价，有效改善了例会作用。此外，年级委和团总支也会与班级委员召开年级学生骨干大会和分管委员小会：年级学生骨干大会，主要是传达年级工作内容，从宏观上帮助各位年级骨干树立正确的工作理念，养成正确高效的工作方法；小会则是针对具体工作进行指导和要求，交流和反思。每次例会都会形成会议记录，方便辅导员老师根据会议记录进一步进行工作的指导。例会制度的开展，很大程度上减轻了辅导员老师的工作负担，确保了工作精神的有效传达，同时解决了年级学生骨干的工作诉求。

三、启示思考

年级工作效果、班级队伍建设均离不开辅导员的工作方法和个人魅力，在我看来最优质最高效的工作方法就是淬炼一支有理想信念、有本领担当的学生骨干工作队伍。对学生骨干的管理和培养不能只是建立在减轻辅导员的工作负担之上，而应该落实辅导员人生导师和知心朋友的角色，做到真正为学生骨干启迪思想和引领价值，让他们在工作中，真实地感受到自己每一天的提升和进步，在肯定声中拥有获得感。

辅导员要真心实意和学生交朋友，以诚待人，以情动人，保持工作中严肃，生活中活泼的相处方式，让学生感受到辅导员老师的可爱。只有辅导员对学生抱有一颗真诚培养的诚心，学生骨干才能带着这种感动和情怀全力以赴地投入到为同学服务当中去。为人师，有着其他职业所不能获得的感受与感动，而这一切都是相互的，让学生感受到你对他们的真心，感受到你对工作的认真，感受到你的工作能力，他们才能信服你支持你，才会遵循共同的工作目标和工作

汇报人：许子峻　主要负责年级体育、安保工作

序号	时间	工作内容	负责人	参与者	工作效果	工作反思	备注
1	11/12	国家安全征文活动	李丹阳	2019 级 全体同学	同学们都积极踊跃报名，我们 2019 级报名同学在三个年级中占比最大	1. 本次活动在学组的建议下采取建群的方式进行，让各班有意愿报名的同学都进群 2. 采取这种方式不仅可以节省时间而且可以直接让报名同学了解活动详情	无
2	11/12	统计 2019 级同学的视力信息	盛飞燕	2019 级 全体学生	最后的数字格式不明确	excel 水平还需进一步提高	无
3	11/14	民族知识竞赛新闻稿	盛飞燕	2019 级 全体学生	写新闻稿这一项技能欠缺	多向支点、兰格取取经	无
4	11/14	“见字如面”书信朗读活动	李丹阳	2019 全体同学	由于本次活动需要制作视频，使用压缩包，需要运用到计算机知识，所以报名同学的人数没有其他活动那么多。但报名同学都能按时上交作品，保质保量	1. 本次活动中有同学报错名，以后一定记得提醒同学们看清活动后再报名，避免造成麻烦 2. 向同学解答问题时说话不可随意，要谨记说的每句话都不仅代表着自己，更代表着年级	无

续表

序号	时间	工作内容	负责人	参与者	工作效果	工作反思	备注
5	11/15	男生宿舍510、511、514查寝	许子峻	寝室人员	1. 男生宿舍寝室关系都比较好，没有打架现象发生 2. 与大家进行交流发现大家的学习劲头还是挺足的，只不过个别同学喜欢玩游戏，也提醒过他们不要影响学习和宿舍室友休息	发现了自己的一个很大的错误，有时不能准确地叫出大家的名字，有点尴尬，以后需要更加多多关注大家的日常生活	无
6	11/15	安全信息统计	车丹阳	2019级全体同学	1. 各班都能积极上报班里出现的安全问题 2. 所有同学都能自觉配合，积极反映情况	自己应该再多关心关心同学，积极了解他们的生活，了解他们遇到的问题	无
7	每天	阳光晨跑	许子峻	外院2019级全体同学	大部分同学都会进行跑操，有小部分同学不遵守纪律，不进行跑操	大家都比较反感跑操，需要我们去积极耐心引导，开始我也是反感跑操的，但仔细想想其实还是有好处的。大家可以早起，自然而然就会早睡，也有助于爱熬夜的问题，对健康有好处	无

总结：1. 群众是基础，作为年级干部就是要去服务大家，态度上不能傲慢，要去做对大家确实有益的事情。

2. 在工作时难免会遇到一些同学的不理解，这时候年级干部要克制住自己的情绪，耐心给大家解释其中的缘由，解开心结，不能让同学有什么误解。

思路来建设班级、建设年级。学生工作是一份苦差事，但更是一份甜蜜的事业。育人重在育德、育心！孟子说君子有三乐，其第三乐便是“得天下英才而教育之”，看到一个个祖国的未来在自己的带领下不断变得更加优秀，不就是我们作为人民教师、育人工作者最大的幸福吗？

四、专家点评

河南师范大学外国语学院党委副书记、博士曹崇点评：党团和班级建设是高校辅导员九大职责的重要组成部分，重在组建有担当有能力的学生骨干队伍，开展行之有效的管理工作。此案例是大学生骨干管理的优秀案例，凸显出辅导员刘晓涵对于学生管理的独到见解。做法简明扼要，指出“排兵布阵”需要结合实际，打破工作分配不平衡的状态；通过细化责任、团结协作和开展例会，确保措施有效落实，重在解决学生群体的实际问题，增强学生骨干使命感与责任感。本案例富有启迪性、引导性，具有较高的可操作性与借鉴意义，值得推荐。

作者简介

刘晓涵，女，硕士，讲师，中共党员，河南师范大学外国语学院党委副科级组织员、辅导员。获得河南省第八届辅导员素质能力大赛一等奖、河南省辅导员优秀论文一等奖、新乡市“名班主任质量奖”、河南师范大学微党课比赛一等奖、河南师范大学文明教师等荣誉。

建设“感恩奉献”服务型学生党支部
——以经济学院“X^2 计划”为例

西南政法大学　王颖茜

一、做法简介

习近平总书记指出：“基础不牢，地动山摇。只有把基层党组织建设强、把基层政权巩固好，中国特色社会主义的根基才能稳固。”当前，部分高校基层党组织存在组织弱化、缺乏战斗力等问题，如何加强和改进新时代高校学生党支部建设高校思想政治工作者亟待解决的问题。

为贯彻落实党中央关于基层党组织建设的相关要求，经济学院党支部开展了“X^2 党员志愿服务实施计划”。

所谓“X^2 计划”，即将“知感恩　讲奉献”在党支部中重点培养，以志愿活动为载体，通过策划组织学生党员参加志愿服务活动，将此理念贯穿到实际学习生活中，并以此通过“一传十、十传百、百传千”，以求达到幂次方的宣传效果。

自“X^2 计划”开展以来，党支部采取定岗定责制度，围绕“知感恩　讲奉献”这个主题，以学习为基础，通过“三会一课”对党员进行党性培养、党建知识普及，再以开展支部组织生活为平台，以志愿活动来传播理念，使学生党员自觉用实际行动来践行感恩、奉献自我。

二、具体措施

（一）工作创新设计

“X^2 计划”启动后，为宣传“知感恩　讲奉献”这个主题，需要通过不同的实践活动的开展进行传播。首先，在党支部大会上，经支委会研究在党支部内设五个服务岗，对应成立相应服务小组，各小组按照组员特长进行分工，分别负责活动策划、文书、组织、宣传、活动执行、后勤保障等工作。在党支部确定各个小组的具体实施活动后，各小组由四个责任人担任各自活动工作组的负责人，负责统筹安排小组成员相关工作。其次，成立以支部委员为代表的活动绩效评定小组，负责对每次活动进行相应的评分工作，作为党员考核的组成部分，如在民主评议会中作为评选优秀党员与优秀党组织生活的重要指标。

（二）工作创新内容

根据分工和实际需要，设置五个服务岗，具体内容如下：

1. 党务知识宣讲岗

学生党员通过搜集整理党务知识、历史知识等资料为其他同学进行宣传和解读，使其他同学对国家大政方针和最新理论知识有及时了解。定期向入党积极分子提供入党知识资料，不断加强入党积极分子对党的全面认识。通过实地参观形式，结合我党历史背景与相关知识，向预备党员、入党积极分子、学生代表宣传革命先烈，缅怀感恩先辈的浴血奋斗，才有了我们今天的美好生活，教育同学们知感恩。此外，以定期讨论和自我述学形式，要求党员代表分享自己周围的先进人物事迹、正能量故事以及学习感受，向先进人物学习，向正能量学习，时刻准备奉献。

典型活动：

（1）感恩生活、缅怀革命先烈。

实地参观红岩魂陈列馆，结合我党历史背景与相关知识，向预备党员、入党积极分子、学生代表宣传缅怀革命先烈，感恩如今美好生活。

（2）《发现周围的美》长期活动。

该活动以“发现周围的美”为主题，于每月开展一次网上讨论，要求党员代表分享自己周围的先进人物事迹、正能量故事，通过讨论强调奉献精神的伟大。

2. 专业学习互助岗

通过组织策划读书会、英语视听会、“一对一”帮扶成绩排名靠后的学生等活动，为同学们提供专业辅导、英语辅导、考证辅导、考研辅导以及就业辅导等，帮助同学们在专业知识和技能方面得到提高的同时，促使同学们发扬感恩奉献、团结协作精神。活动开展至今，已有部分成绩排名靠后的同学提升很快，为了感恩同学的帮扶，主动参与“一对一”分享其逆袭的学习经验，以及主动参与帮助其他人。这一岗位的实施充分实现了“X^2 计划”以奉献精神为宗旨的目的。

3. 校风学风建设观测岗

以抓学风建设和校园文化建设为主，树立道德模范，提升服务意识，增强感恩奉献观念。主要做法有：为营造优良学风氛围，学生党员自觉担任课堂考勤员，对到课情况进行考勤，党员带头做好课堂笔记，带头在各项考试中遵守考试纪律。通过开展“做文明标语、传道德观念、明亮校园、低碳节能”等活动形式，培养学生党员为校园的人文环境贡献自己的一分力量。

4. 公益活动服务岗

公益活动服务岗作为“知感恩　讲奉献”教育系列活动的主要服务岗，以在校内校外开展助人助学活动为主要内容，秉着正确的道德观念、理想信念，感恩奉献精神的弘扬、责任意识的培养帮贫扶困、助人助学。主要做法有：通过优秀同学自愿捐赠所获得的奖学金，以及募集物资资金的形式，建立爱心基金。通过策划举办一系列趣味融资活动帮助困难同学完成微心愿。通过设立爱心小书架，传阅闲置书刊等活动，传递奉献、友爱、互助、进步的志愿服务精神，同时促进全体同学感恩奉献意识提升。

5. 活动绩效评定、材料编辑岗

主要负责制定工作计划，招募活动志愿者，管理学生党员日常工作，对学生党员服务项目进行评估和考核，以及服务动态材料整理编辑发布等。

截至目前，通过设岗定责制度，支部成功策划实施了多起以感恩、奉献精神为主题的一系列志愿服务型活动，较好地落实了“X^2 计划”的要求。

三、启示思考

(一) 工作成效

开展“X^2 志愿服务计划”以来，除了党支部内部成员自觉践行，入党积极分子和非党员同学也自发地参与到活动中来，感恩、奉献精神不仅仅是党建的要求，更逐渐成为学院全部学生素质的培养要求，极大地增强了学生的实践能力和服务意识，“知感恩、讲奉献”的精神已经深深根植于支部成员的心中。

感恩奉献系列活动的开展，不仅让同学们意识到感恩、知晓感恩，懂得感恩，感恩他人的奉献；知晓奉献，奉献是道德的传递，在感受到关爱的同时，以后也能奉献出自己的爱心，回馈他人，更重要的是树立了同学们勤学、修德、明辨、笃行的品德修养，以及用行动扛起肩上所肩负的重任。感恩情怀、奉献精神已经潜移默化地影响学生，将他们培养成德才兼备的人才。

此外，学生党支部作为高校校园文化建设的重要力量，引领着校园文化建设的方向，在党支部培养感恩、奉献的精神，形成了较好的校园文化建设氛围。作为基层党支部，充分发挥了基层党支部的战斗堡垒作用，促进了党建工作和大学生思想政治教育工作的顺利开展，确保了党的领导核心地位和思想政治教育工作的首要地位，形成了高校党建和思政工作的新局面。

(二)工作经验

1. 集中组织与分散参与结合

理念观念需要实践才能不断增强体验，仅仅依靠集中组织的实践活动执行计划，无论是在频率或是人员参与限额远远是不足的。因此，在集中组织活动的同时，鼓励同学分散参与学校、市级、国家级、国际级的志愿活动，并鼓励定期参加，以达到理念根植之目的。

2. 每个党员各司其职

将活动岗分为文书、宣传、活动执行、后勤工作组，职能分工明确，五个小组在举办活动时可以形成四个六人的工作组，活动开展效率提高。

3. 建立联系点，举办系列活动

志愿活动不能只开展一次两次，对外开展志愿活动，应建立联系点，持续定期举办系列活动，才能真正达到志愿服务的效果。

大学生的成才之路必不可少的，便是拥有一颗感恩之心，懂得奉献，树立良好的道德理念，才不枉大学生活，才能在走上社会之后，生活更加开心幸福。做合格大学生党员，要带头知感恩、讲奉献。建设服务型党支部，感恩、奉献精神的培养是关键。在建设服务型学生党支部的问题上，支部将继续以弘扬“X^2 计划”理念为宗旨，以志愿服务活动为载体培养学生的感恩、奉献意识，逐步扩大“X^2 计划”理念的影响力和效果。

四、专家点评

西南政法大学经济学院党委书记余劲松点评：此案例结合习近平新时代中国特色社会主义思想，有较强的思想性和政治性，对于建设服务型学生党支部，增强学生党员责任感认同感归属感具有重要意义，可实施性强，可推广性强，值得向各高校推广。

作者简介

王颖茜，女，国家安全学博士研究生在读，讲师，中共党员，西南政法大学经济学院辅导员。在“大我青春”2022暑期社会实践成果展示中，指导学生撰写的“关于经济相对落后城市提档升级，以奉节县为例”获优秀实践报告。曾获西南政法大学柯泰教书育人奖、军训优秀干部、优秀共产党员等荣誉称号。主持省部级科研项目2项，校级科研项目3项，发表学生工作相关文章5篇。

知在天外　行在桃园
——构建“社会实践+”大学生党员党性锻炼平台的探索与实践

天津外国语大学　王少珺

一、做法简介

“知在天外　行在桃园”优秀大学生党员赴街道社区社会实践锻炼项目，是选拔优秀大学生党员深入街道机关科室、社区党委，开展制度化、定点式、固定化、双向式的基层党性实践锻炼，通过体验党建基层工作、理论结合实践、磨炼意志品质，“学以致用、知行合一”，不断提升大学生党性修养，形成全方位、全过程街校实践育人协同工作机制，奏响基层党建新乐章的特色案例。

之所以取名为“知在天外　行在桃园”是来源于“知行合一”这句古语，同时又因为此项目是在2017年学校与河西区政府签订的“知·行”实践育人共同体框架下开展的。在学校里，我们在知识的海洋里遨游，在天外这片沃土上尽情汲取知识，所以我们“知在天外”，但“纸上得来终觉浅，绝知此事要躬行”，博学需笃行，“行”是行走、去做，去身体力行，大胆实践。“桃园街”作为实践锻炼的载体，所以取名为“行在桃园”，努力践行，做到知行合一，笃行方能致远。

案例以培养造就“中国特色社会主义事业合格建设者和可靠接班人”为目标，以提升“大学生党员党性修养”为主题，创新性构建“社会实践+”大学生党性锻炼平台工作体系，即围绕“社会实践锻炼岗”这一条主线，通过全方位“实践锻炼岗前培训”，全员“双导师1+1”倾心指导实践活动，全过程“线上线下一体化”大数据记录实践等“三全贴心”服务，开展“红色观影之旅，红色教育之旅，红色文化之旅，红色微视频大赛”四大红色育人品牌活动，将大学生党性修养提升融入社会实践全过程，形成全方位、闭环式、街校实践育人协同工作机制，正面引领当代大学生党员“不仅要在思想上入党”更要在“实际行动中入党”，深刻体验“为人民服务宗旨”，在社会实践中成长成才，最终成为锻造中华民族伟大复兴的中流砥柱。

二、具体措施

（一）案例解决问题

习近平总书记曾寄语当代大学生，不仅要有求学求知的热情，而且要有心系国家的担当，做到知行合一、学以致用。大学生党员是学生中的骨干分子，也是党和国家建设事业的重要力量和生力军。当前，高校对学生党员发展工作非常重视，从入党积极分子的确定到党校的学习、培养、考察都非常严格，但是如何保证大学生党员从“思想入党”后做到“实际行动入党”；如何让他们成为预备党员甚至是正式党员以后，加强党性修养、提升党性锻炼；如何让未曾经历过“枪林弹雨”一直生活在“蜜罐”中的95后、00后，深刻理解“为人民服务”宗旨，并且成长为“强国一代”，都是摆在我们面前的一道道亟须回答的“严肃考题”。本案例通过“实践锻炼+”新模式，让大学生党员从纸上理论下沉“蹲苗”到基层实践，多历练、长见识，强本领、蓄能量，始终坚定理想信念，全面提升党性修养，增强为人民服务的本领，树立“小我融入大我”的爱国主义情怀。

（二）解决思路

做好顶层设计，将党性培育融入实践前、中、后“三全育人模块”，通过构造闭环式“社会实践+”模式，突出“四大红色育人项目”，实现大学生党员党性修养提升。

（三）方法与实效

“知在天外　行在桃园”优秀大学生党员街道社区实践培养项目于2019年开始实施，开展一年以来，已经分派两个批次75名大学生党员在桃园街道8个机关科室和8个社区同时展开社会实践。具体实践岗位工作内容和实践目的如下页图表：

1. 创新“社会实践+”载体和方式

一是通过学校自主设计的综合素质实践学分平台，招募大学生党员、记录实践锻炼时长，运用科学化、系统化的管理平台记录大学生党员成长。

二是首创“双导师1+1”制度，每个社区街道和学生所在学院均配有实习实践指导教师，在学校接受思想引领和学习理论知识，在社区基层党支部书记作为实习实践指导教师，对其加强党性引领，通过深入基层群众，为群众办实事谋利益，和基层党员社区干部学习工作经验，与基层群众打成一片，将“为人民服务宗旨”牢牢印刻在心间。

三是量化党性修养考核指标。将实习实践出勤时间、实践工作量、实习实践证明和导师评语等作为支部考评和评奖评优的重要考量依据，让每一位实践的大学生在工作中有方向，在行动上有指南。

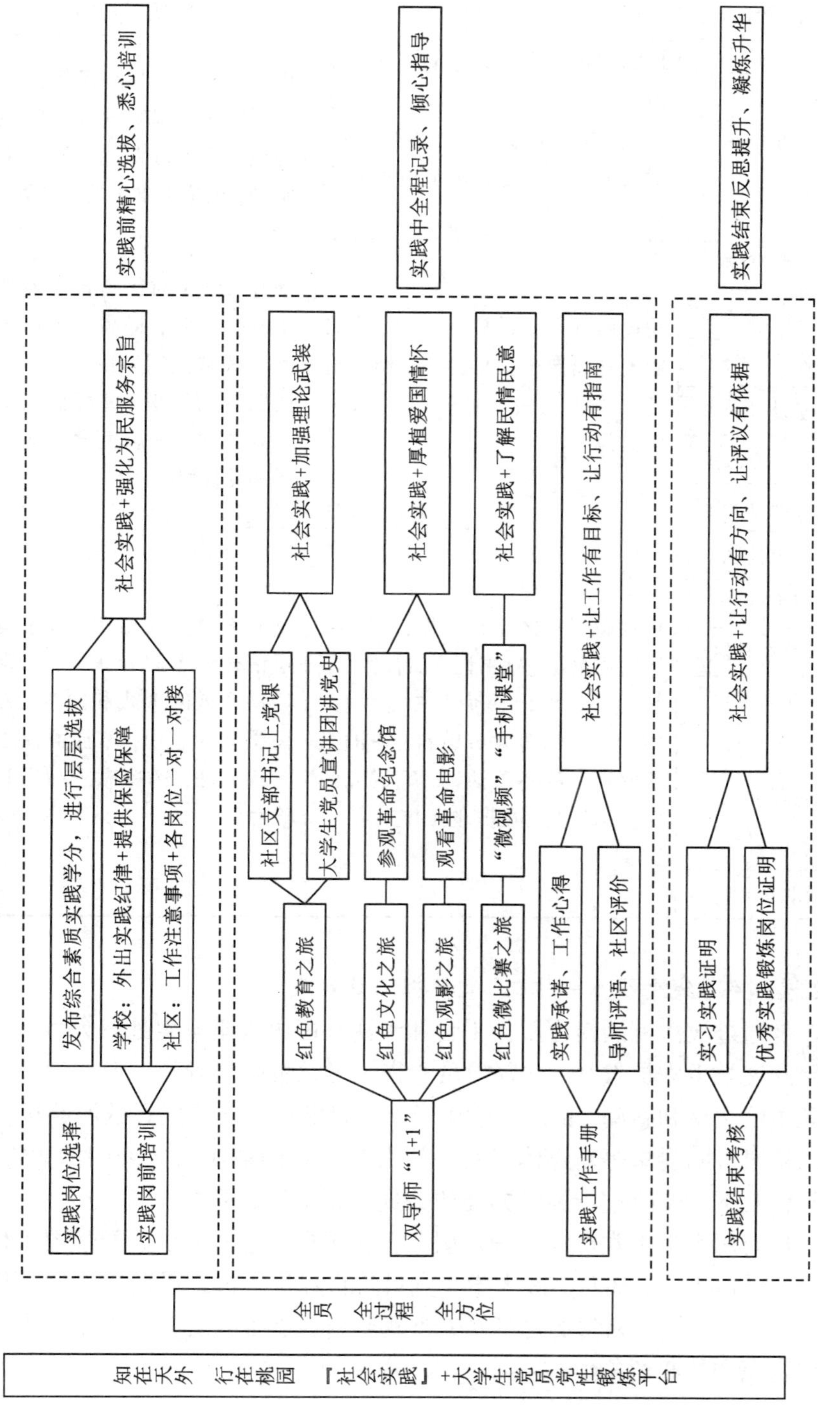
知在天外　行在桃园　『社会实践』+大学生党员党性锻炼平台
全员　全过程　全方位
实践前精心选拔、悉心培训
实践岗位选择
实践岗前培训
发布综合素质实践学分，进行层层选拔
学校：外出实践纪律+提供保险保障
社区：工作注意事项+各岗位一对一对接
社会实践+强化为民服务宗旨
实践中全程记录、倾心指导
双导师“1+1”
红色教育之旅
红色文化之旅
红色观影之旅
红色微比赛之旅
社区支部书记上党课
大学生党员宣讲团讲党史
参观革命纪念馆
观看革命电影
“微视频”“手机课堂”
社会实践+加强理论武装
社会实践+厚植爱国情怀
社会实践+了解民情民意
实践工作手册
实践承诺、工作心得
导师评语、社区评价
社会实践+让工作有目标、让行动有指南
实践结束反思提升、凝炼升华
实践结束考核
实习实践证明
优秀实践锻炼岗位证明
社会实践+让行动有方向、让评议有依据

<table>
<tr><th>科室/社区</th><th>岗位简介</th><th>实践目的</th></tr>
<tr><td>党建办公室</td><td>协助组织街道主题教育、党员学习、党日活动等，参与社区党建巡查，参与党建工作方案的制定、材料的撰写，完成科室负责人交办的其他工作</td><td>提升大学生对城市基层党建工作的了解和认知，提高大学生表达沟通、组织协调能力和公文写作水平，锤炼大学生的综合素质</td></tr>
<tr><td>党政办公室</td><td rowspan="6">协助做好科室的资料汇总、文件收发和简要公文的办理，组织好各项活动，完成科室负责人交办的其他工作</td><td rowspan="6">提升大学生对街道各职能部门的了解和认知，提高在工作中发现问题和解决问题的能力，强化为民服务的意识，掌握群众工作的方式方法，锤炼大学生的意志品质和党性修养</td></tr>
<tr><td>党群办公室</td></tr>
<tr><td>公共服务办公室</td></tr>
<tr><td>社区建设办公室</td></tr>
<tr><td>公共安全办公室</td></tr>
<tr><td>公共管理办公室</td></tr>
<tr><td>连荣里社区</td><td rowspan="8">协助做好社区党建工作，配合社区党委书记、副书记开展社区“不忘初心、牢记使命”主题教育，“三会一课”等党务资料，协助组织好社区的各项活动，完成社区党委书记交办的其他工作</td><td rowspan="8">提升大学生对城市基层党建、基层治理的了解和认知，丰富社区活动开展的形式和内容，强化为民服务的意识，掌握群众工作的方式方法，锤炼意志品质和党性修养</td></tr>
<tr><td>庆荣里社区</td></tr>
<tr><td>元兴新里社区</td></tr>
<tr><td>罗兰花园社区</td></tr>
<tr><td>照耀里社区</td></tr>
<tr><td>津港路社区</td></tr>
<tr><td>广顺园社区</td></tr>
<tr><td>西楼北里社区</td></tr>
</table>

2. 全过程“线上线下一体化”大数据记录实践

一是通过天津桃园街道服务平台和天津外国语大学学生处官方微信等新媒体平台开展学生党员教育，刊登学员心得、实践教师指导语、天外学子的桃园之行等微信文章和新闻，记录大学生党员在桃源街道实习实践的心路历程。

二是通过问卷星等新媒体工具调研大学生在两期实习实践中的感想感悟、存在问题及下一步改进措施等方面的数据，形成调研报告。

三是启用大学生党员实践锻炼服务工作手册，通过手册记录学习工作心得和感悟，同时社区干部对实践大学生党员进行评价。记录砥砺奋进心路历程的同时，获得党性提升和党员自我修养自我革新，全面提高大学生党员为人民服务宗旨意识和核心竞争力。

3. 形成特色实践红色育人品牌活动

一是红色教育之旅。按照课程化模式设计实践活动。通过开展“社区支部书记讲党课”，邀请街道基层党委书记讲授党课，将党的理论知识和为人民服务的宗旨融入其中，夯实理论基础；组建“大学生党课宣讲团”，反哺社区，通过网络和定期开会，线上线下的集体备课，为社区群众带来生动的党课，以视频、表演、志愿服务等多种形式开展，为党的理论宣传注入活力，为社区党课学习注入新鲜血液，也让大学生通过在基层实践锻炼，扎实深入理解全心全意为人民服务的宗旨内涵。

二是红色文化之旅。定期开展以弘扬爱国主义教育，厚植爱国主义情怀为主题的红色革命纪念基地参观活动，通过认真观看展品、详细阅读史料，让党员们感受到热情澎湃、热血沸腾的革命年代，无数革命先烈为党和人民前赴后继、不畏牺牲的铁血精神，将爱国主义思想和为人民服务的宗旨深深根植于同学们心中。

三是红色观影之旅，定期开展以“重温红色记忆，传承爱国精神”为主题的红色观影活动，进一步加强天外大学生党员的爱国主义情怀培育和党员素养的提升，引导广大大学生党员树立正确的世界观、人生观和价值观，永远保持艰苦奋斗的本色和积极进取的精神。

四是通过开展“我眼中的桃园”主题微视频大赛，进一步加强大学生党员对基层工作的认识与体会，了解民情民意，激发大学生创新灵感，展示大学生多元视角，展示最真实的社区环境和工作服务常态。通过微信公众号的渠道分享此次实践活动的真实故事，在学校和社会引起广泛反响。

三、启示思考

案例品牌活动形式新颖、覆盖面广、教育效果好，学生满意度高。河西区委领导就实践育人共同体和大学生党员实践锻炼等工作来我校调研，参加在我校举办的桃园地区第 18 届“安居节”主题活动，高度评价此案例，案例入选《红色聚力　品质河西》天津市河西区城市基层党建共建项目成果汇编。本案例有如下特色：

制度化：建立全方位、全过程街校实践育人协同工作机制，充分发动社会基层力量，为当代大学生党员搭建平台，积累基层工作经验。优秀大学生在桃园街社区实践培养计划，旨在深入推进我校与河西区政府“知・行”实践育人共同体建设任务，全面贯彻落实“不忘初心、牢记使命”主题教育的安排和要求，不断增强大学生党员的党性修养，选拔优秀大学生党员，深入街道机关科室、社区党委，引导大学生党员体验党建基层工作、理论结合实践、磨炼意志品质。

系统化：通过“本科综合素质实践学分”将实践学分化、系统化、科学化、制度化；团队从成员的招募、课程设置、实践育人品牌活动等各方面都制定了详尽的规章制度和严格的工作纪律，实践过程中每个学生通过统一的工作记录本记录实践时长与工作内容，并纳入档案，每个人每次实践有章可循。

常态化：根据每个人的课表严格规定实践时间，严格执行考勤，固定分配在八个社区、八个科室开展固定化、常态化实践锻炼。

双向化：实践锻炼实行“双导师 1+1”制度，学院导师和社区基层党支部书记将党的理论知识和实际工作相结合，对学生给予全方位实习实践指导；将学校工作经验运用到街道工作中，同时将街道工作者的经验运用到学校工作中。

四、专家点评

天津外国语大学学工部副部长、高级政工师赵修洪点评：知在天外　行在桃园——“社会实践+”大学生党员党性锻炼平台充分发挥了外国语大学坐落在桃园街道的优势、充分体现高校人才优势和地方政府的资源优势，通过“社会实践+”，将“三全育人”工作落实落小落细，构建新型街校共建协同育人新模式，直面新时代大学生党性修养新问题，让大学生党员在体验基层工作中不断磨炼意志品质，深刻锤炼党性修养、强化使命担当，成为有理想、有担当的社会主义建设者和接班人。项目开展以来，吸引了学生党员的踊跃报名，已有 75 名学生走上岗位，走进基层。“贵在有知、成在有行”，项目用新时代年轻人的青春与活力，奏响基层党建共建新乐章，引领大学生党员在“知行合一”中成长成才。

作者简介

王少珺，女，硕士，讲师，天津外国语大学辅导员，实践育人辅导员工作室负责人，国家二级心理咨询师，红十字应急救护培训讲师，YABC（青春善言行）同伴教育者，获得天津市大中专学生志愿者暑期社会实践活动先进个人、天津市教育系统关心下一代工作先进工作者、校级大学辅导员年度人物、教工先锋岗标兵、青年管理干部基本功大赛一等奖等荣誉称号，荣获天津市高校辅导员优秀论文一等奖、天津市“思政上水平”征文一等奖、全国外语外贸院校学生工作年会征文三等奖。主持天津市高校思想政治工作精品项目、天津市首批大学生思想政治教育专项课题（实践育人专项）、天津市教育工作重点调研课题、天津市教育系统调研课题等多项科研项目，参与课题研究 11 项，发表论文多篇。

注：该案例曾入选天津市河西区城市基层党建共建项目成果汇编，案例活动曾多次被河西有线、河西融媒等新闻媒体报道，大学生党员参与录制视频《河西区庆祝新中国成立 70 周年快闪视频》和红色育人活动也广受好评和关注，曾被遴选代表学校推荐参加天津市高校实践育人示范基地申报。

开展“三求”计划 发挥“三个效应”
——以微党课促进学生党支部建设

湖南大学 韩笑天

一、做法简介

思想政治教育是辅导员的工作主线，因此开展党的理论教育和培养学生党员成为辅导员回答习近平总书记提出的高等教育“为谁培养人”的重要举措。我作为学院本科生党支部书记，结合信息碎片化的传播特点，带领支部成员探索以拍摄短视频和微党课为支部学习和党员培养的方式，从而起到促学促做作用。为强化理论学习效果，我组织党支部支委会多次专题研究，决定以长沙及周边丰富的红色资源和学院身边党员、身边故事作为学习载体。在学习方法上，首先以体验式的学习方式，通过边实践边学习让理论知识在支部成员中留下深刻印象；次以融入式学习方式增强支部党员参与的积极性及参与的深度；以分享式学习方式要求支部党员以讲促学扩充自身的知识面和深度，并制作成微党课或短视频增强党性教育的吸引力，对更多同学进行党的理论教育。支部在两年内，共拍摄制作微党课 6 部，短视频 26 部。其中《长沙会战狼烟起、共产党人定乾坤》获评 2018 年教育部全国“两学一做”微党课特色作品。《我的党费》获评湖南大学“我和我的祖国”微党课第一名，支部微党课教育方式被立项为湖南省德育实践项目，湖南大学特色党建工作案例。支部入围第二批“全国党建工作样板支部”培育创建单位名单、获评湖南大学党建工作样板支部、先进党支部。

二、具体措施

(一) 开展“三求”计划

为了提高微党课和短视频的教育质量，支部以学懂讲好为目标，开展“三求”计划为微党课做好充足准备，让每个支部成员固本强基，加强学习。

1. 实施“求实”计划，系统实践学习

引导支部成员共同整合资源，系统学习。长沙作为全国历史文化名城，具有丰富的红色资源。支部以历史事实为依据，增强微党课和短视频的说服力。为了避免零散式学习，支部进一步细化实践学习的内容，对长沙红色资源进行整合。同时我们将党史分为四个阶段，即中国共产党建立初期、抗日战争解放战争时期、新中国建设初期和当代社会主义建设时期。以半年为一个小周期，每个小周期围绕一个历史阶段的革命前辈、先进典型进行集中学习和拍摄。目前支部在中国共产党成立初期这个周期围绕新民学会旧址和李富春故居拍摄微党课作品1部，在抗日战争解放战争时期这个周期围绕八路军驻湘通讯处、长沙天心阁和第六战区日军在湖南大学受降的旧址拍摄微党课1部。围绕不同时期进行集中教育学习，支部成员做到对当时社会了解，对人物精神熟悉。

2. 实施“求是”计划，积累身边故事

为了让微党课和短视频更接地气，我和支部成员一起从生活实际出发，实事求是地挖掘身边人和身边事，再和同学们一起讲述身边人和身边事，探索党员成长规律和党性教育的重要性。在社会热点和重大的节日，我和同学们一起讲述热点故事。围绕着暑期三下乡、燃烛志愿者服务活动等学生特色活动，我们在活动中寻找素材。结合学生党员的成长和退休老师的回忆，我们在人生中寻找党员的价值与意义。

3. 实施“求真”计划，强化理论基础

支部进一步细化学习的内容，理论学习更加注重以马克思主义经典著作为基础，学习马克思主义的真谛。支部邀请学院党委书记、马克思学院的相关老师进行指导。将学习和拍摄相互结合，并根据微党课内容，结合习近平新时代中国特色社会主义思想进行学习。在学习过程中，支部成员在习近平新时代中国特色社会主义思想指导下，摘录案例，制作案例集和解读。

通过开展“三求”计划，支部学习让拍摄的微党课和短视频从多个维度丰富微党课，提升党课质量。从内容上，由历史题材发展为历史题材和身边故事相结合；从形式上，将微党课的传播平台已由网站平台发展为网站平台和短视频平台相结合；从主讲人上，从支部书记自己讲到支部成员轮流讲。让微党课主题更鲜明，内容更丰富，形式更灵活。

（二）发挥“三个效应”，增强微党课可持续性

为确保以微党课和短视频形式开展党性教育的可持续性，要注意在工作过程中发挥支部书记的“头雁效应”、微党课的“示范效应”和支部的“星火效应”。

1. 发挥支部书记的“头雁效应”

支部书记带头积极探索微党课拍摄与推广的方式，积累相关经验。支部书记带领支部成员围绕拍摄主题，寻找适合的教育素材，形成内容精编、党课制作和拍摄剪辑的责任分工。作为支部书记，我会在拍摄微党课前根据拍摄的内容，主动寻找资料进行学习，并将学习的成果及时和支部成员分享。在拍摄中，不但自己主动地带头拍摄，也会和支部成员一起讨论，指导大家更好地完善拍摄内容。

2. 发挥微党课的“示范效应”

以往支部的学习和教育经常给党员留下蜻蜓点水的感觉，单向输出的多，双向分享的少。但是因为需要拍摄微党课和短视频，支部成员每个人都既是导演又是演员。这就要求支部成员需要围绕拍摄内容阅读大量文献，更需要不断练习和强化。同时，这也给了我和支部的老党员一个对年轻党员示范学习的机会。例如 2019 年支部在三下乡过程中，围绕湖南怀化铜湾烈士纪念碑拍摄微党课，我带领支部成员走访当地文化站站长，阅读网络资料和当地文献，先后四次前往纪念碑拍摄，形成作品。

3. 发挥支部的“星火效应”

支部将拍摄的微党课和短视频在学院的公众号和同学们喜闻乐见的短视频软件中播放，以微党课为星星之火，在同学们之中形成燎原之势。两年内，支部共拍摄制作微党课 6 部，短视频 26 部。其中《长沙会战狼烟起、共产党人定乾坤》获得 92 万次点击量，荣获 2018 年教育部“两学一做”特色作品。支部以党建带团建的工作理念，和学院团委一起在抖音短视频上进行微党课的宣传教育，一个月内获得千余次的点击量。引导学院研究生党支部、本科生第一党支部等多个支部均进行微党课的拍摄。

三、启示思考

基层党组织是党在基层的毛细血管，也是辅导员做好党团工作的重要抓手。因此努力建设好学生党支部，辅导员义不容辞。通过我的工作实践，对建设学生党支部有三点思考：

第一，抓支部建设必须具有载体。如果我们对党员的理想信念教育只是单纯的说教，很难使学生将思政教育入心入脑。而一旦我们赋予了思政教育合适的载体，思政教育就会焕发出强大的生命力。因此抓支部建设，必须选择合适的载体，让党员同学们在实践中学，在实干中做，学习的效果才会大大增强。

第二，抓支部建设必须重在身教。辅导员工作的主线就是思想政治教育，肩负着为党培养人才的重要使命。我们每名辅导员都是党员，因此都有义务在学生党支部中指导工作。但是面对 90 后和 00 后的学生党员，辅导员需要扮演好自身角色，不做局外人，而要做局内人进行陪伴，和学生党员一起成长，才更容易赢得他们的信任，成为他们的人生导师和知心朋友。

第三，抓支部建设必须扩大影响。抓好支部建设，不仅是提升支部内每名党员的自身理论修养，更需要每名党员都成为党的理论和党的故事的发声器。扩大党支部的引领效应，让更多的同学对党的理论了解、认同和实践。只有不断放大党支部建设的引领效应，让支部党员意识到支部建设的重要意义，支部党员在建设过程中也才更具有干劲，也才能在全体同学中以点带面，实现思想政治教育更好的效果。

四、专家点评

湖南大学数学学院党委书记、研究员程卓蕾点评：韩笑天老师在学生党建工作上进行了深入思考，以微党课为抓手促进了学生党员支部的发展，两年来成效显著。他所担任党支部书记的学生党支部入围第二批全国样板党支部建设名单，他本人先后获得第七届湖南省辅导员素质能力大赛一等奖、教育部“两学一做”特色作品奖等荣誉。

首先，该计划积极探索基层党支部抓党建的创新做法。积极开展“三求”计划，在求实求是求真上下功夫，以理想信念教育为主线，边实践边学习，强化理论基础，以身边故事为素材，通过微党课和短视频传播平台，为基层党支部的思想政治工作增加了新的工作平台。

其次，本计划尝试探索促进学生党员积极学习的有效手段。韩老师找准了加强理想信念教育的着力点，通过讲故事、录视频制作微党课、编辑发布短视频的手段，激发学生党员的学习热情，巩固了学习效果。

最后，该计划彰显了辅导员队伍网络思政的示范效应。该计划具有一定的可持续性和示范效应。从前期工作来看，微党课的成果获得了教育部等部委的认可，具有一定的可借鉴作用，也展现了辅导员队伍在网络思政的力量。

作者简介

韩笑天，男，讲师，湖南大学数学学院辅导员，学院分团委书记、学院本科生第二党支部书记、全球生涯教练（BCC）。曾获得湖南省辅导员职业技能大赛一等奖，湖南省三下乡优秀指导教师，湖南省研究生辩论赛优秀指导教练，湖南大学共青团先进个人、湖南大学学生工作先进个人，获湖南大学“长缆”奖教金和“华为”奖教金。

“三推两创”
——班级建设创先争优的经验分享

湖北大学　许良发　马菲　余欢

一、做法简介

本文以湖北大学生命科学学院为例。截止 2020 年上半年，学院现有行政班级 38 个，在册辅导员 6 名、班主任 35 名。2014 年以来，学院依托辅导员、班主任和学生干部，从学生工作属性和学生日常管理出发，着眼班级建设核心人，聚焦班级建设核心事，特别是结合“班主任管理、班级制度、班级文化、班级干部”等层面内容，分两步走，扎实开展了有关班级建设的丰富探索与有效实践。

一是聚焦三件事，开展“三推”：推运行规范，设班级制度；推班级意识，树班级文化；推专业特色，创班级品牌。

二是着眼两组人，开展“两创”：着眼班主任科学管理，创和谐氛围；着眼班干部素质提升，创标杆引领——最终促进学生自我教育、自我管理和自我服务的养成。

二、具体措施

(一)操作过程

1. 聚焦三件事，开展“三推”

第一，推运行规范，设班级制度。

一个好的班级，一定要有好的班规。班级制度的建立首先要体现“公平、公开、民主”原则，对班级事务管理规范、班级成员的日常行为起到良好的示范和约束作用。主要是分三步走。一是，逐步实现班级管理制度、班委工作制度、寝室作息制度等班级管理制度全覆盖。二是，结合学院大一申请转专业学生偏多影响班级管理实际的基本院情，制定了转专业调寝制度、专业分流调寝制度，以班级为单元调整，化整为零。三是，结合学风建设目标，六年来坚持开展每年一届的院级学风建设月活动。建设月期间通过召开年级大会、日常事务通报大会、学习委员大会等，稳定专业思想，指导生涯规划，回归教育初心。

第二，推班级意识，树班级文化。

主要是立足文化、文体和学风，开展丰富多彩、卓有成效的班级活动，不断挖掘和提升班级文化内涵与品位，增强班级意识，强化班级理念，丰富班级文化。主要做法有三点：一是以文化元素为特色。鼓励班级设计班徽、班服、班Q、班歌等元素，鼓励开展专业班级联谊、男女寝室联谊等活动，定位班级文化，提升班级凝聚力。二是以文体活动为平台。通过开展院内班级拔河比赛、班级篮球赛、“3+3”班级排球赛、班级跳绳比赛、乒乓球赛等，借助文体活动，打造班级文化品牌。三是以学风建设为契机。涌现出15生试、18生科D等自习班级和16生试、16生技产业等科研班级，推荐16生技产业等7个湖北大学“二五一十”创建工程之（校级候选）样板班级。另外，2019届8个毕业班升学（出国）率过半的研霸班级有4个（15生试、15生技产业、15生工A、15生工B）；2020届9个毕业班升学（出国）率过半的研霸班级有5个（16生试、16生技、16生技产业、16生科、16生工A）。

第三，推专业特色，创班级品牌。

主要是做到三大特色进班级。一是科研竞赛进班级。比如，16生试班举办班级学术科研交流班会，展示试点班级的科研特色与传统风采。二是药学竞赛进班级。比如，18药学班先后参与承办“我药成长”知识竞赛（全省邀请赛），班级带头，全员受益。三是专业实践进班级。如学院每年组织全体新生以班级为单位走进光谷生物城（武汉国家生物产业基地）参观见习，开阔视野。多年举办“达尔文杯”生物秀暨主题活动展演，生动揭示生物科学奥秘；每年隆重举办学院年度表彰、迎新晚会、毕业晚会，班级热情高、PK上舞台。

2. 着眼两组人，开展“两创”

第一，着眼班主任科学管理，创和谐氛围。

班级管理讲究科学谋划、分层递进，主要有四个层次的体会。一是督促班主任不断学习。通过召开班主任学期沙龙、年级班主任月度例会，分享典型事例、交流思想、总结经验。还结合转专业、专业分流、保研宣讲、调换寝室、征兵工作等契机，召开班主任专项会议，布置工作，互通有无，形成共识。二是授权班主任参与管理。通过听课查课、请假审批、查寝管理、明确责任与义务，了解学生。三是邀请班主任担任评委。班主任通过参加班级评先评优、院级十佳大学生竞选、学院文体活动啦啦队等嘉宾评委，激发带班责任，为班级发声，为班级代言。四是开展班主任评先评优。学院坚持六年通过全班学生打分、辅导员互评、院领导班子评价等途径综合评选出院级优秀班主任六届，通过颁发奖状奖金、沙龙经验交流等形式，着力营造争先创优的和谐氛围。目前，院级优秀班主任每年领取班主任津贴(奖励)人民币6500元。每届都有班主任入围湖北大学十佳班主任、优秀班主任。

第二，着眼班干部素质提升，创标杆引领。

班级学生干部的选聘和培养需要高标准、严要求。一个好的班集体应是班级同学共同进步、多方共赢的集体。班干部对班集体的贡献，贵在先锋带头，重在以点带面，难在综合提升。生科院每年召开党校(团校)培训、学生干部培训大会、团学组织大会、班委培训大会、寝室长(网格员)大会、生活委员(心理委员)大会等等，通过会议传达信息、布置工作，不断提升班干部的综合能力和服务同学的本领。

(二)实际成效

湖北大学生科院立足学生学习本职，提升学生生活质量，涌现出一批班级先进典型和榜样示范，班级建设取得新的突破和成效。

1. 立足学生学习本职

通过开展评选院十佳大学生、院十佳特长生和表彰各类积极分子，特别是通过开展"生科名人堂"先进展示树典型、国奖获得者讲台演说立标杆、优秀毕业生宣讲奋斗话经历，引导新时代青年学生"重学习、看青春、展风采"。

2. 提升学生生活质量

组织校级文明寝室(书香斋)评选和院级文明寝室(特色寝室)、优秀寝室长评选，选聘网格员(寝室长)、心理委员，展示特色寝室、学霸寝室、研霸寝室等生活园区先进典型，促进当代大学生生活质量不断提升，促成与学习任务的良好互动和良性循环。

3. 涌现一批先进集体

6年来，学院先后涌现出湖北大学首届私人订制班级风采展示冠军班级、亚军班级，涌现出湖北大学首批自育寝室、首批自育班级、首批样板班级、湖北大学校级、院级先进班级等若干。学校、学院树立标杆班级和榜样班级，同时配套给予颁发证书、奖励班费等激励措施。长江出版社2018年编辑出版的专著《学生自我教育协同创新的理论与实践——以湖北大学为例》(全国高校辅导员工作精品项目成果之一)登载了湖北大学生科院先进班集体建设经验介绍材料。

三、启示思考

(一)理论层面

班级是学生日常教育管理的普遍组织形式与基本行动载体。高校学生班级建设依赖于辅导员、班主任的顶层设计与管理水平，依赖于班委、学生干部的服务意识和执行能力，依赖于全班同学的实践配合与积极努力。班级建设任务在辅导员工作“九大职责”中举足轻重，大有可为。

（二）实践层面

6 年来，湖北大学生科院继承学院班级建设优良传统，立足班级基本建设，遵从学生成长规律，以实现学生“自我教育、自我管理、自我服务”为目标，结合行政班级数量偏大、各班人数规模较小等学院实际，从“在于严、在于爱、在于精、在于细”探索实践，以点带面，稳扎稳打，开拓创新，不断梳理总结出以班级建设为核心代表的优秀学生工作成果。

“唯有不忘初心，才能风雨兼程。”我们认为，理工科学院要不断继承和充分发挥相比文科学院更有优势的学风建设传统与工作业绩创新。一方面，班级建设既要重点从学风建设、出国考研等方面做好谋划和突破；另一方面，班级建设要明晰分配辅导员、班主任、班干部和班级成员的主要职责，力促全院上下全员付出，齐心协力。

（三）有关建议

班级建设贵在谋划和创新，重在实干和积累。高校班级建设只有以促进学生“自我教育、自我管理、自我服务”为目标，既结合学生工作实际特点，又发挥学院现实和传统优势，才能不断丰富“三全育人”的理论探索与创新实践。

四、专家点评

湖北大学党委学工部部长杨元业点评：高校学生班级建设的关键首先在于事，归根在于人。湖北大学生科院六年多来从班级制度、班级文化、班级品牌着手，依靠班主任和班级干部，重点结合“三推”“两创”的创新试点路径和争先创优目标，先后涌现出先进班集体、学霸班级、研霸班级 30 余个，曾代表兄弟学院先后在学校学生工作例会、副书记学工研讨会等平台汇报和交流，成为班级建设方向学工经验成果突出的标杆性学院之一。

在当今环境下，高校学生班级建设与日常管理内容的相似度较高，如何将班级管理经验在新时期总结成为学生工作探索与工作经验梳理深度融合的典型，成为学生工作系统性和整体性战略布局合二为一的典型体现，成为“人无我有、人有我优”的典型体现，是值得兄弟学院之间互通有无、共同学习成长的新任务、新命题。湖北大学生科院“三推两创”班级建设经验做法有创意、有深度、有成效，值得推广。特别是对于地方院校特别是理工科学院如何提升班级建设特色与水平，对于高校学生工作事务改革创新，对于新时代高校实现“三全育人”目标，具有一定的示范借鉴意义和实际指导意义。

作者简介

许良发，男，硕士，讲师，湖北大学生命科学学院党委副书记、湖北大学首批学生德育工作特色基地(“SKY 启明星”工作室)负责人、湖北大学首批立项培育辅导员工作室(“青春同行 525”辅导员工作室)主持人。

马菲，女，硕士，讲师，湖北大学生命科学学院党办副主任、学生党务中心主任、2018 级本科年级辅导员。湖北大学“青春同行 525”辅导员工作室骨干成员。

余欢，女，博士，讲师，湖北大学生命科学学院研究生辅导员、2019 级本科年级辅导员。湖北大学“青春同行 525”辅导员工作室骨干成员。

“写、诵、讲、绎”
——浸润红色经典　培育明德青年

广州大学　陈楚敏

一、做法简介

本做法是在思政辅导员担任学生党支部书记，指导发挥党支部堡垒作用和打造支部特色品牌工作建设的案例。案例中的人文学院学生第五党支部委员均为非毕业班的本科生，共有正式党员 17 人，预备党员 27 人，培养考察入党积极分子近 500 人，他们分别有来自广州大学人文学院汉语言文学、历史学、汉语国际教育三个专业的学生，成员大多充满活力，策划能力和组织能力突出，但由于过去支部开展的活动以校园内的政治学习为主，对支部活力和积极性调动还不够充分，因此，我们于 2018—2019 学年，从我院党委打造的“红色经典”系列教育品牌(即红色诗文百篇、红色影视 30 部、红色书目 30 本)学习素材以及学生专业特点出发，坚持“人文党员先锋行”的育人理念，指导组织开展以“写、诵、讲、绎”为工作主线、以“浸润红色经典　培育明德青年”为主题的党日活动。

二、具体措施

站在新时代、踏入新征程，高校的思想政治工作新使命和意识形态工作依然任重道远。事实上，我们也看到了高校里有部分大学生的思想也出现了政治立场不坚定、盲目追求西方文化思潮所谓的“民主自由”思想、享乐主义，甚至陷入民族虚无主义等不良现象，这也给高校思想政治工作敲起了时代的警钟。党的十八大以来，习近平总书记多次强调对“红色基因”传承的重要性，要“让信仰之火熊熊不熄，让红色基因融入血脉，让红色精神激发力量”。

因此，我们学生第五党支部积极响应开展红色经典系列活动，发挥红色基因优质养分在支部青年党员和入党积极分子信仰教育、爱国主义教育、革命文化赓续等方面都有着独特的功能与魅力，培养更多明德青年。

(一)写——30天抄写红色经典诗词60首活动

文以载道，诗以言志。一首诗，承载着先辈的红色基因，组织支部学院全体党员认识、了解、识记学院党委精选的60首红色经典诗词，在2019年4月的30天里，党员们每天需抄写两首诗词作品、设计封面、写下读诗心得并装订成集，由学院书法专业教师进行评审。

21天帮助形成习惯，支部党员在30天的红色诗篇中书写豪情壮志与人文情怀，在时间与空间的跨越中产生时代的共鸣、感悟信仰的力量，更好地提高文化修养，对革命文化的自信心和民族认同感。

(二)诵——经典诗词赏析、品诵、奏唱、展演

2019年5月，支部结队来到了广东省四大名园之一“顺德清晖园博物馆”，参加“传诗韵文化，育有德之人”的主题文化活动——清晖诗会展演，集体朗诵诗歌《花香新景》《新使命，我们一起高歌前进》，发出了属于新时代青年的心声与表达了勇于担当的志气，诵读展演更是受到了佛山市顺德城市网的头版专访报道。

另外，我们还围绕经典诗词《沁园春·长沙》《水调歌头·明月几时有》《明日歌》等，以赏析、品诵、奏唱三种形式展开一场赏诵唱相结合的视听盛宴、一次与经典诗词的深邃对话，充分汇合了人文、音艺、经典、红色多种元素，丰富了党日活动开展形式。

(三)讲——党员先锋讲好红色故事

寒暑假时，青年当实践。支部全体成员回归到家乡所在的社区、街道、村落去探寻风俗人情、红色基因，讲好属于自己家乡的红色故事，为大家介绍了众多红色学习基地：佛山简氏别墅、广州起义烈士陵园、广东省饶平茂芝军事会议旧址、潮州市饶平县黄冈镇、海陆丰农民运动的旧址、十贤祠之寇公祠、潮阳之南的潮阳地区、兴道书院、雷城、高州市革命烈士陵园等地；重新认识了我们的革命先辈：周恩来、叶挺、彭湃等。

(四)绎——亲身演绎时代红色回忆

追本溯源，东方潮起珠江水，水润万物泽人心。支部书记与支委们将支部党员自由分组，要求在假期实践时做好取材整理，结合支部“讲好家乡红色故事”大赛素材以及戏剧与影视系部、历史系部等专业背景优势，联动入党积极分子分组亲自重新演绎了广州黄花岗起义中“革命新娘”卓国华、见证改革开放40年的“深圳姊妹花”、中共三大会址背后的历史等精选红色故事，精心制作红色微视频，参加广东省教育厅“新时代　新作为——立志·修身·博学·报国”主题教育系列活动(爱国主义教育类作品)，充分联动了支部党员与入党积极分子的力量和激发学生创造力，把专业理论知识和党史、地方史融入实践活动中，亲身感受国家的发展、民族的力量和家乡发展的来之不易。

三、工作成效

（一）凸显专业特色，红色承延赓续

红色基因，在与专业特色相关的党日活动中得以延续，通过开展红色经典诗词抄写、“诵、唱、品”，进行诗词深入学习、发掘自身“根与魂”的红色基因，讲好自己的红色故事，最终层次递进到亲身演绎，这都充分彰显了支部文化底蕴深厚和人文党员的自身风采，在红色经典浸润中明德尚行、知德慎行。

（二）注重活动实效，提升支部组织力

活动开展围绕“写、诵、讲、绎”四大角度，主线明晰、注重实效，有组织、有计划地开展一系列的党日活动推进党员的红色教育，更好地提升了党支部的组织力与青春活力。

（三）成果丰硕，坚固支部堡垒作用

党日活动围绕“浸润红色经典　培育明德青年”主题开展了5次支部组织生活，多次联动入党积极分子，3次走出校园且累计走访调研14个城市，学生党员、入党积极分子参与总人次达373，影响面广，且取得丰硕的活动成果。

（1）支部成员亲身演绎红色微视频《眷》《红色印忆的重温与追寻》终获广东省教育厅“新时代　新作为——立志·修身·博学·报国”主题教育系列活动二等奖和三等奖，系全校获奖数量最多的一个学院。

（2）支部本次党日活动，项目成功立项“广州大学2019年优秀党日活动”（学生党支部组），并最终获得项目评选组高度评价，取得了决赛一等奖，全校仅两个。

（3）参与佛山市顺德清晖园诗歌展演获顺德城市网的头版报道。

（4）党支部获评“广州大学星级党支部”、人文学院年度“优秀党支部”等集体荣誉称号。

学生第五党支部本次主题党日活动的顺利开展，通过当前青年党员学子喜闻乐见的方式来开展丰富的校园文化活动，带动彼此更深入地认识、了解、感受和创新我们的红色文化，并取得了累累成效，很好地坚固了党支部堡垒力量，让党员更有归属感和自豪感，团结一致、履行使命、集体奋进。

四、启示思考

（一）红色经典教育，有助于稳固青年大学生的理想信仰、坚定对党忠诚的信念

在当前的时代局势下，红色资源的开发与利用对于高校稳固青年学子的理

想信仰教育有着不可替代的功能与作用，红色资源是我党在特定历史时期领导全国各族人民在一直以来的革命斗争和社会主义现代化建设中形成的特殊物质与精神财富。结合人类发展规律科学的角度来看，二十几岁正是世界观、人生观、价值观的重要定型时期，支部党员们能在人生的重要阶段汲取红色资源的优质养分，将会更加深入地了解现今美好生活的来之不易，有助于带动学生主动学习党史国史，坚定党员对共产主义的信仰追求和对党忠诚的初心信念。

(二)深化和利于更好地开展高校爱国主义教育工作

我国历来重视爱国主义教育工作，在高校教育中其重要性和必要性愈加凸显，我们应以丰富多样的形式在学生党支部中开展红色资源教育学习和实践活动，让学生党员从理论上和实践上更深入地认识到近现代以来祖国发生的巨变，这也有助于推进爱国爱党工作建设，真正做到“党建带动团建，团建促进班建”，以逐步渗透到每一位大学生校园文化生活点滴中。

(三)发挥专业优势，彰显文化育人的魅力

习近平总书记多次强调要增强我们的“四个自信”，坚定文化自信以建立社会主义文化强国，当中的文化底气来源于鲜明独特、奋发向上的革命文化和承前启后、继往开来的社会主义先进文化，这些革命文化和社会主义先进文化都是我们宝贵的红色资源财富。本次党员教育系列活动，我们做到了结合我院学生的专业背景优势，彰显高校思想政治文化育人魅力所在，同时也增强了青年学子对国家民族历史与文化层面的高度认同感、自豪感。

五、专家点评

广州大学学生处(学生工作部)副处长(副部长)、政工师廖勇点评：人文学院党委素来重视学生党员全面发展与素养提升工作，本次党日活动以“写、诵、讲、绎”为工作主线，开创了“红色+专业”“党建+专业”的党建工作新思路，更好地调动了青年党员的参与积极性与丰富党日活动的开展形式，以浸润红色经典，追寻红色记忆，赓续红色血脉，传承红色基因，坚定党员的文化自信与提高个人品德素养。红色资源是我们党艰辛而辉煌奋斗历程的见证，是最宝贵的精神财富，可谓“中国式经典”。在高校开展思想政治工作中，特别是青年党员的培育过程中，党支部书记能够充分利用好这些资源来开展支部工作和支部建设，从思想文化导向和实践活动强化两个方面来入手，从理论学习和实践活动来带动，并能在开展中发挥学生专业特长，以“项目”带动，以“项目”评选促进党建工作总结凝炼，这种方式值得鼓励和借鉴推广。

作者简介

陈楚敏，女，讲师，广州大学人文学院学工办副主任、学生党支部书记，博士在读，曾获广东省高校辅导员素质能力大赛二等奖、广东省高校辅导员年度人物入围奖、广州市党建诗词创作二等奖，指导学生参加广东省“追寻红色记忆”爱国主义类视频征集获二、三等奖等。

学生第五党支部支委名单：支部副书记姚光韵、组织委员谭婉君、宣传委员黄嘉嘉、纪检委员陈晓冰。

“雨润初心”党建品牌项目

大连海洋大学　王建东

一、做法简介

“雨润初心”党建品牌项目是大连海洋大学水产与生命学院本科生党支部在广大学生党员、积极分子、共青团员中，深入开展马克思主义、中国特色社会主义、党的建设等理论学习、研究与实践，提升学生政治理论素养，增强“四个自信”，自觉成为社会主义事业建设者和接班人的党建工作新尝试，是广大学生开展马克思主义理论学习研究与实践教育上迈出的新步伐，是党建工作模式的新探索。

“雨润初心”是认真贯彻党的十八大报告“立德树人”的教育方针，以“重立志、善学习、勤反省、常践行”的人才培养理念为指导，通过思想引领、方法指导和实践锻炼等方式，引导学生树立正确的价值观，提高自身的创新意识和能力，形成完善的人格结构，将仰望星空与脚踏实地融合在一起，结合知、情、意、行的思想品德教育规律，抓小、抓细、抓实，春风化雨，打牢思想教育基础，推动党员、团员青年自我认识、自我要求、自我实践，沿着正确的道路健康成长，成为党和国家的合格建设者和可靠接班人。“雨润初心”以社团为依托，以时间发展为主线，根据党员、团员的发展规律，针对党史党情的了解程度，辅以不同的主题活动。制定党建品牌项目计划，分为以下四个方面：“以史为鉴，引领成长”“讲红色经典，树理想信念”“引行为文化，促知行合一”“扬精神文化，领校园风尚”。

二、具体措施

“雨润初心”党建品牌项目以宿舍、班级、社团、团委、党支部为抓手，通过对历史认知问题研究、宣讲，进一步加强党员、团员青年对党的宗旨、历史使命认识；通过对老一辈革命家和优秀共产党员的事迹讲述，加强党员、团员青年党性修养和先进思想政治品质修养；通过组织参与公益活动、社会调查等力所能及的社会实践工作，履行党员、团员青年先锋作用与推动社会进步的历史责任与义务。

（一）以史为鉴，引领成长

专题报告或讲座是学校对师生进行形势政策教育的一种主要途径，对于师生认知国际国内形势，认同党和国家的大政方针与政策，认清形势发展的趋势与大局，树立科学的世界观、人生观、价值观，在各种形势面前保持清醒的头脑、保持正确的政治方向具有至关重要的作用。因此，每学年将组织开展以"党情引领成长，红色点亮青春"大学生文化素质教育为主题的讲座、报告会。从挖掘历史事例入手，正确认识世界及中国国情，开展党史学习教育，认清中国共产党产生与领导中国革命的历史必然和中国共产党先进性与领导中国走向复兴的历史必然。为确保党史报告会与"以史为鉴，引领成长"主题讲座取得实效，在具体实施过程中，严把"三道关"。一是"组织关"。报告会与主题讲座由水产与生命学院本科生党支部与马克思主义学院总体协调、统筹和督导，分社团与学院内本科生党员两个层面分头开展、齐头并进。二是"师资关"。党史报告会主讲人主要从党史理论研究者中选取，不仅要有广博的党史知识、精湛的授课技艺，更须兼备良好的师德师风。三是"内容关"。在活动开展前，由学院党总支召集各主持人进行集体备课，开展头脑风暴，强调注重针对青年大学生存在的理论和现实困惑，以及所关注的热点问题进行释疑解惑，主动与青年大学生互动交流，努力使报告与讲座生动活泼，扎实有效，真正为青年大学生接受和欢迎。截至目前，已开展各类讲座、报告共计 52 场。

（二）讲红色经典，树理想信念

通过开展多种形式的讲座以及报告会，进一步加强了党员、团员青年对党的宗旨、历史使命的认识，也坚定了党员、团员青年对党的先进性、实现中华民族伟大复兴的历史必然性的信念。"讲红色经典，树理想信念"主题系列活动具有清晰的总体过程设计和立体的实施层次（个人、团支部、社团）。在了解了党史党情的情况下，将自己学到的知识与自身结合起来。通过"激情燃烧的岁月"演讲比赛、"春雨行动"故事大会等活动形式，讲党的卓越领导人或普通优秀党员开展革命斗争与社会主义建设的故事，加深党员、团员青年的革命传统教育，内化于心，强化党员归属意识与荣誉意识，增强宗旨意识与理想信念追求。也可以结合社会热点问题开展演讲、辩论，讨论党员、团员青年在社会主义建设与实现中国梦伟大事业中的责任与义务，强化党员、团员青年爱党、爱国和建设祖国的先锋作用与精神。截至目前，共开展演讲比赛、辩论赛 26 场。

（三）引行为文化，促知行合一

经过讲座、演讲等系列活动的充电、储备和积淀，党员、团员青年的知识结构更加完备。学院将结合纪念日、节假日等每学年组织开展至少四次公益活动和社会实践活动。例如"学雷锋，在行动"公益活动、"中国梦，海洋情"社会实践活动等。在进行一系列公益活动及社会实践活动时，本着自愿报名的原则，也可以自行组队进行社会实践活动。以活动为载体，使广大党员、团员青年自觉履行党和国家赋予的责任与义务，培养良好的行为习惯，增强党员、团员青年的使命感、荣誉感和自豪感，完善思想教育内化与外显全过程，达到教育的根本目的。截至目前，共开展实践活动、志愿服务 76 次。

(四) 扬精神文化，领校园风尚

"雨润初心"是构建校园文化的重要载体。社团能让党员、团员青年间的感情更为深厚，沟通更为顺畅，丰富多彩的活动也能让大家感受到不一样的大学生活。因此，2016 年 7 月 1 日成立"雨润初心"师生党建社团。"雨润初心"师生党建社团，在水产与生命学院和马克思主义学院的指导下，以"雨润初心"社团为教育主题，组织开展系列工作，逐步建设成为以师生党员为主体、积极分子为骨干、广大团员青年广泛参与的优秀社团，达到自我教育、自我组织、自我实践，自觉成为党和国家合格建设者和接班人的教育工作目标。截至目前，社团开展各类校园文化活动、社会实践活动 100 余次。

三、启示思考

"雨润初心"党建品牌项目计划，致力于引导每一名大学生加强党员、团员青年对党的宗旨、历史使命的认识，坚定党员、团员青年对党的先进性和只有共产党才能救中国和发展中国，实现中华民族伟大复兴的历史必然性的信念。

(一) "雨润初心"用党的伟大成就激励人

引导青年人把弘扬革命精神与人格塑造结合起来，不断丰富报告内容，创新教育载体，强化教育效果。中国革命精神是一个内涵十分丰富的范畴，包括了马克思主义和中国实际相结合的科学精神，全心全意为人民的奉献精神，勤俭节约的奋斗精神，以及与时俱进的创新精神。通过专题知识讲座对这些精神进行解读和宣讲，使青年学生可以从中丰富自己的精神世界，塑造健康的人格。

(二) "雨润初心"用党的优良传统教育人

引导青年学生把学习党史与把握时代主旋律结合起来，注重学用结合，把爱国之情、报国之志转化为勤奋学习、立志成才的实际行动。转变教育观念，引导学生联系中国共产党的历史实际、中国社会的实际，以及中国共产党自身建设的实际来学习党史，使学生正确认识国家的前途命运，正确认识自己的社会责任，增强爱国主义热情和报国之志，激发为国家、社会做贡献的学习动力和远大理想。

（三）"雨润初心"用党的成功经验启迪人

引导学生把颂党恩与感恩教育结合起来，使青年学生常怀感恩之心、敬重之心和责任之心。感恩是中华民族的传统美德，是高尚的道德修养，是做人的基础。引导学生思考为什么要学会感恩、向谁感恩、如何感恩的过程中深刻理解今天幸福生活的来之不易，拓展社团活动、社会实践等党史学习教育载体，增强大学生对自己责任，对父母负责和对社会负责的意识，进一步促进人与人、人与社会、人与自然之间关系的和谐。

（四）"雨润初心"用党的历史教训警示人

引导青年学生把跟党走与理想信念教育结合起来，使青年学生树立和坚定崇高的共产主义信念。党史学习教育通过生动感人的事例和英雄人物为素材进行教育，克服空洞说教的不足，加强课堂外与学生的思想交流，及时了解学生的思想动态，必要时释疑解难，从而使大学生增强对中国特色社会主义伟大事业的信心，坚定中国特色社会主义理想信念和共产主义远大理想。

四、专家点评

大连海洋大学机关党委书记、研究员王红琳点评：大学时期是青年学习和成长的黄金时期。大学生只有把自己的发展与社会发展相统一，把个人的追求与建设祖国、服务社会相统一，把自己的世界观与指导社会发展的正确思想相统一，才有可能真正成为历史发展的栋梁。王建东老师认真研究新时代大学生的成长规律，研究学生成长与社会环境的互动规律，研究大学生成长过程中的心理变化规律，开展的"雨润初心"党建品牌项目是在科学理念指导下的具体工作实践，通过开展经典阅读、时事评论、演讲比赛、论文征集、名师讲座、小组讨论、网络论坛、社会考察、参观访问等形式，能有效地帮助大学生拓展世界眼光，广泛学习新知识和新技能，提高综合素质，不断增强为祖国和人民服务的本领，真正成为政治过硬、技术过硬、能力过硬的新一代建设人才。

作者简介

王建东，男，硕士，副教授，团中央全国学校共青团研究中心特聘副研究员，大连海洋大学水产与生命学院党委副书记、本科生党支部书记，国家二级心理咨询师，荣获全国高校辅导员年度人物入围奖、大连好人、大连市最美高校辅导员等荣誉。

巧用“1 册 3 时 5 组” 端正大学生入党动机

重庆三峡医药高等专科学校 杨林

一、做法简介

学生 A 入校之初鲜明表达需要在大学期间完成入党的强烈诉求。学生表示：毕业后的入职单位需要党员这个身份。结合辅导员九项职能职责，学生入党动机偏差是典型的大学生思想理论教育、价值引领类问题和党团与班级建设类问题。在认识上学生将入党作为入职的身份加持和特殊通道，将党员身份作为一种功利性的筹码标签，未能拥有对党的信仰信念的正确理解、坚定坚守，存在功利型、荣誉型的入党动机偏差。

端正入党动机能不断加强党的党风廉政建设，可以永葆党的生机和活力，是培养合格共产党员的关键前提和重要基础。高校辅导员肩负着为我们党发现、培养、输送优秀青年的光荣职责。“政治辅导员”身份作为高校辅导员的第一属性，是辅导员职业生涯的重中之重、首要之责、身份自觉，理应在日常大学生思想政治教育中，将学生党建、党团工作摆在突出位置，把握好大学生思想引领和成长的“总开关”。

二、具体举措

遵照《中国共产党发展党员工作细则》《普通高等学校学生党建工作标准》精神和有关规定，各级党组织遵循发展党员工作十六字方针：控制总量、优化结构、提高质量、发挥作用，保证新发展的党员质量，保持党的先进性和纯洁性。

针对学生入党动机出现偏差等思想引领问题，高校辅导员结合上述系列规章制度以及班级学生实际情况，除了与学生和家长及时深入沟通、谈心谈话、讲清规则、化解矛盾之外，由个案推演到群体，辅导员可通过“1 册 3 时 5 组”的创新路径，来加强班级学生的理想信念培养教育，引导学生正确认识我们党，纯洁入党动机，积极向党组织靠拢。

（一）入党申请人一人一册——一心向党成长记录

向每一位积极向党组织靠拢的青年大学生，制作印发《一心向党学生成长手册》。成长手册内容涵盖入党申请人基本信息、个人成长计划目标、大学生发展党员流程图、入党申请人政治理论学习计划、成长实践劳动奉献记录表、关键时刻挺身而出优异表现登记表、思想小结荣誉奖励等内容。每周收取检查一次，每半个月师生集中开会，集中讨论交流一次。通过印发成长《手册》，有利于辅导员和培养联系人跟进每位入党申请人的最新思想动态和行为方向，掌握学生成长轨迹，综合评估学生思想进步情况，从而更有针对性更具时效性地加强大学生思想引领。

《手册》主要融入学生德育、智育、劳育三个方面的内容。《手册》制作有四方面意义：一是发展大学生党员时坚持把政治标准、政治品格、思想品德放在首位；二是引领大学生加强党的创新理论知识学习，尤其是加强对《共产党宣言》《中国共产党章程》以及习近平新时代中国特色社会主义思想等内容的学习；三是《手册》中的劳动教育和感恩奉献，引领大学生从知、行两方面加强党的宗旨教育；四是将《手册》中的综合表现纳入大学生推优入党考核，以检验和提升日常思想政治教育在学生培养中的重要作用和效果。

（二）新生老生毕业生——三生三时抓好党的知识普及

习近平总书记强调："我们党立志于中华民族千秋伟业，必须培养一代又一代拥护中国共产党领导和我国社会主义制度、立志为中国特色社会主义事业奋斗终生的有用人才。"作为党的教育事业的一分子，辅导员这一闪亮的名称，肩负着激励青年学子在全面建设社会主义现代化国家新征程中勇当开路先锋、争当事业闯将的时代重任。

欣逢盛世，青春正当时，不负好时代。为把握好青年学生"拔节育穗"这一关键期，加深学生信仰深度培养，增强、巩固学生对党的忠诚信仰，引领学生坚定理想信念，厚植家国情怀，辅导员需把握好青年学生成长"三个重要时节"：

1. 大一新生入学时，教育讲授到位

新生入校后，辅导员策划并主讲"青春心向党——党的基本知识普及"微课堂，陆续在开学第一课、主题班会、青年马克思主义者培养工程、班团干部培训等课程上，分步骤融入党的基本知识讲授。

具体包括：入党的基本条件、党员的基本要求、发展党员的基本程序，以及入党申请书、思想汇报、自传、入党志愿书、转正申请书等内容的基本写法与范文分享。通过系统、全面、规范的党的基本知识传播普及，"下好"大一新生思想引领的"先手棋"，教导新生在多元文化、网络信息冲击下，能拥有清醒的政治立场、政治信仰。

2. 老生发展推优时，宣传解释到位

传递红星计划：遵照发展党员十六字方针，在基层党组织指导下，坚持慎重发展均衡发展，坚持入党自愿和个别吸收相结合原则，辅导员协助支部开展学生党员教育培养工作，将学生党员发展的具体文件精神、推优发展指标、工作开展流程、推优量化考核等细则，向每位学生宣传解释到位。

传播红旗声音：辅导员在大一学年和大二学年的培养阶段，同步指引学生学习党的光辉历史、创新理论、性质宗旨、基本路线、优良作风、权利义务、先进典范等，帮助学生克服盲从型、功利型、虚荣型、荣誉型入党动机偏差。

3. 学生毕业离校时，跟进衔接到位

传承红色基因：青年的价值取向决定了未来整个社会的价值取向。习近平总书记以扣好人生“第一粒扣子”为喻，语重心长告诫青年“功崇惟志，业广惟勤”。

站在落实好为党育人为国育才初心使命的高度，辅导员上好应届学生离校前的最后一次党课，是学生毕业前的重要一课，旨在进一步引导学生牢固树立共产主义理想信念，在工作岗位上牢记党的优良传统、优良作风、廉洁纪律，构筑起步入社会后“拒腐防变”的思想道德堤坝，铭记初心、为民服务。同步配合基层党组织做好《一心向党学生成长手册》的提交以及支部学生党员组织关系转接相关事宜。

(三)五小组分工协作，班级学生共同发展

通过自愿申报与班级遴选相结合，辅导员将班级成员分为五个先锋小组，带动班风、学风、舍风整体正气发展。

青年学习组：认真落实青年大学习，实施团课“全员讲”活动，变“一人讲众人听”为“大家学、大家讲”，做到人人参与，人人当“主角”。成立班级学生理论宣传队伍，每月制作一期《理论知识学习电子手册》，在集体学习及自主学习基础上，每月集中面向班级团支部、学习小组开展一次“微团课”主题宣讲活动。同时，以微视频录制、网文撰写、征文比赛等形式，定期组织线上学习宣讲，有效提升微团课的参与度。组织学生学习《习近平与大学生朋友们》《习近平的七年知青岁月》《习近平在正定》《之江新语》《知之深　爱之切》等书籍。

卓越示范组：根据实际需要，探索依托学生重大赛事组、智育提升组、创新项目组等方面，设立班级比学赶帮超“学习兴趣小组”，入党申请人、入党积极分子、共青团员、班团干部等优秀青年担任组长，积极发挥他们在班级学风建设中的重要引领作用和日常管理作用。探索班级学风建设工作向最活跃、最具创新能力的方面拓展，扩大党团组织在学风建设方面的示范带动，做到哪里有教师党员和学生，哪里就有组织的“流动红旗”，哪里有“流动红旗”，哪里就有先锋示范和先锋榜样。

静雅舍风组：宿舍是学生在大学生活的“最小单元”，也是学生喜怒哀乐的“集散地”，舍风是否优良，关系到学生在校学习生活质量。将所在班级寝室设立“团员服务站”站，发挥其在宿舍的独特优势，将内务卫生及文化建设与学生党建团建紧密结合，开展主题鲜明、注重实效的宿舍党建活动、进寝走访活动。组成班级舍风督查小组，定期对宿舍进行内务卫生和安全的督促检查，撰写并发布宿舍内务督查通报。组织学生党员、入党积极分子、入党申请人、优秀团员等群体在宿舍园区开展谈心谈话、交流研讨、理论学习、团体辅导等主题活动，每星期至少 1 次。

志愿奉献组：一是对接青年志愿者协会，组织先进青年参与青年志愿者协会组织的各项志愿服务活动，每学期不少于 10 小时；二是充分发挥专业优势，围绕“健康中国”战略，结合科普社团等传统优势项目开展专业科普；三是结合学院及学校工作需求，成立“青春学生党员突击队”，在各级各类大型活动等重大任务和风险挑战中彰显担当意识、奉献精神和榜样力量；四是与乡村振兴相结合，组成寒暑假社会实践服务团队，深入基层农村开展调研宣讲、送医下乡，将党的惠民爱民政策送至百姓手中。

职业成长组：针对类似学生 A 将求职入职与党员身份挂钩的功利型入党现象，一是辅导员向学生讲明党员身份是一种信仰选择和高尚的政治追求，而非求职加薪个人利益达成的“桥梁砝码”，学生需纯正入党动机，正确认识我们光荣、伟大、正确的党；二是入校之初，班级学生加强对所学专业本身和就业前景的认知了解，结合实际，学生制定大学学习计划与学期目标；三是组织班级开展“入职小白成长三部曲”即：职业生涯规划大赛、简历制作大赛、求职模拟大赛，帮助学生实现人生近景与远景的合理规划、收获真知；四是学生树立良好的人生观价值观和择业就业观，正确认识“一分耕耘一分收获”的朴素道理，积极培育良好职业道德。

三、启示思考

1. 部分大学生入党动机不端正、重学习不重信仰、为同学服务不够积极、党员先锋模范作用不突出。针对大学生入党动机中存在着比较普遍的信仰浅显、目标功利、行为盲从与方式虚荣等问题，而做出的入党动机端正努力，将对中国共产党的纯洁性起到很大的促进作用。

2. 学生党、团支部作为党的重要肌体组织，本应是宣讲党的理论路线的重要平台，是加强大学生思想政治教育的关键纽带。学生党团工作自上而下的实务工作偏多，缺乏“党的代言人”意识的培养。我们应从巩固对党的信仰、讲奉献、讲担当、讲表率等方面采取积极措施，进行有效调整。

3. 鉴于上述情况，对应学生党员发展的定位、目标、理念，致力于把“基层党建、基层团建”以一种新常态融入高校组织育人工作和学生日常思想政治教育中，就显得尤为重要和紧迫。通过“1 册 3 时 5 组”大学生入党动机偏差调整策略，有助于提升班级党团建设的系统性、实效性与精准性。

4. 通过实施“1 册 3 时 5 组”党团和班级建设领航工程，进一步增强青年学生的政治素养、责任意识、奉献精神，培养出更多优秀团员、优秀党员、先进典型，在班级学风舍风建设中发挥示范引领作用和头雁效应，进一步提高班级团支部和基层党组织的凝聚力、战斗力、向心力。

5. 在培养学生的过程中，其思想品德、职业素养、眼界格局、专业成长、担当作为、实践奉献等方面都有了一定进步。这些知识储备与素养提升，将有助于帮助其更好地走入社会、走向职场和未来人生，并继续积极向党组织靠拢，持续在岗位中历练成长。

四、专家点评

重庆三峡医药高等专科学校辅导员、学工办主任、副教授覃艳点评：通过学生访谈和问卷调查发现，多数大学生拥有正确的理想信念和端正的入党动机。少部分学生存在入党动机功利型、盲目型的偏差。该案例以“1 册 3 时 5 组”为工作思路，探索大学生积极向党组织靠拢培养选拔路径，为辅导员加强学生思想引领和党团班级建设提供工作建议，可实施性、可操作性强，值得推广。

作者简介

杨林，女，硕士，讲师，重庆三峡医药高等专科学校辅导员，学工办主任。曾荣获校级“优秀辅导员”“优秀共产党员”“辅导员素质能力大赛二等奖”“党史学习教育微宣讲大赛三等奖”、市级“三下乡”优秀指导老师荣誉。

注：该案例入选重庆三峡医药高等专科学校 2023 年辅导员工作典型案例汇编集，系 2022 年度学校人文及教育教学改革研究项目“‘互联网+’视域下辅导员开展实习学生思政教育路径研究”（项目编号：2022XRYB01）的阶段性成果。

第三章

春风化雨——学风建设

创新“职业化”班级管理模式
培育学生职业精神
——以唐山职业技术学院护理专业为例

唐山职业技术学院　甘乐

如何将学校的教育管理活动与医院的护理过程紧密结合，使学生在校期间就能感受到职业文化，培育职业精神，形成良好的职业素养与职业能力，以便工作后能够快速地进入职业角色、扮演职业角色，并具有良好的职业精神与较强的职业能力是我们除了开展日常的教育教学活动之外，学生管理工作者应该思考的一个重要问题。在校期间的“职业化”班级管理模式的引入为我们的日常学生管理工作提供了一个有益借鉴。

一、做法简介

本做法中的班级职业化管理是指在班级管理和学生教育中吸收医院管理的职业制度和职业文化，使学生在学校期间不但能够学习文化知识，获得职业技能，同时也能够感受医院的氛围，感悟职业精神，提升职业素养，提高职业核心胜任能力，最终实现人才的职业化。

本做法在唐山职业技术学院护理专业试点推行了职业化班级管理模式，将医院的管理模式融入日常班级管理中，通过分析对照组和实验组的一些数据发现，实验组在礼仪、语言沟通及关系协调能力、适应新环境能力、护理操作技术熟练程度、护理操作技术规范程度、护理病历书写能力、医嘱执行能力、运用新护理能力、突发事件应急能力等维度都有较高得分。学生在河北省护理大赛上获一等奖，在河北省互联网+创新创业大赛中获银奖。

二、具体措施

（一）班级管理与医院管理模式对接

1. 校企双方共同担任班主任

校企双方在推行职业化班级管理的理念、方法、形式、内容上充分调研和讨论，最终确定班级管理的具体实施方案。班主任是班级工作开展的重要管理者，对于学生价值观的引导、可持续性发展等方面的影响是巨大的，班主任工作是开展职业化班级管理过程中最为基础性且重要性的一环。为此，除了配备学校日常管理的班主任之外，需聘请一名兼有丰富管理经验和临床经验的护理部主任或科护士长来担任校外班主任。

2. 班级管理结构与组成

职业化班级管理，首先需要成立具有和医院相同结构的管理部门——护理部。医院护理部是医院护理工作的指挥中心，其工作管理水平对全院各项护理工作的开展和护理质量的控制起到至关重要的作用。

班主任作为护理部主任，班长和团支书分别为科护士长，班委成员分别为护理单元护士长。班级管理实行三级管理制度，即护理部主任(班主任)—科护士长(班长、团支书)—护理单元护士长(各个班委)。班级内有 10 名班委会成员，分成 2 个大组、8 个小组，即 2 个科护士长和 8 个护理单元护士长，班长和团支书作为科护士长各负责管理 4 个护理单元(如图 1)。

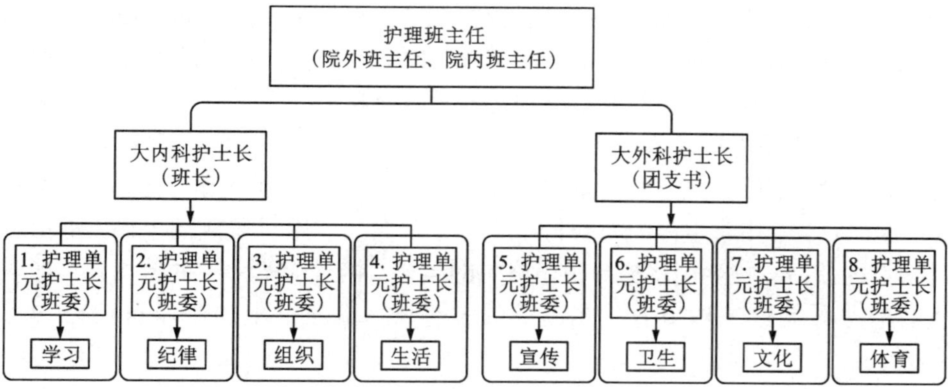

图 1　职业化班级管理结构分工示意图

3. 班级管理形式与内容

班级所有工作的开展都围绕护理单元(即小组)为单位进行组织安排。每位护士长(班委)都有自己的学期初工作计划和学期末工作总结。设立护士长每周工作主题(并分管有关学习、纪律、组织、生活、宣传、卫生及文化、体育八项工作)，工作内容分为两条主线：第一条主线是将不同的护理单位(小组)模拟成不同的科室，每周由一个科室负责开展专题讲座，讲授内容为本科室相关的专业护理知识与相关医学常识。第二条主线是班级纪律、文体、卫生、文化、心理等方面活动开展，这些活动可以结合专业特色，在非专业活动中渗透专业精神(如表1)。

表1　护士长每周工作主题

周数	第一周	第二周	第三周	第四周	第五周……
医学主题	神经内科知识	消化内科知识	肛肠科知识	儿科知识	妇产科知识
日常主题	班级量化管理	大学规划	和谐人际关系	户外体育活动	主题团日活动

(二)用南丁格尔精神培育新时代白衣天使

每年的"5·12"国际护士节，我院护理系都会隆重举行纪念大会，这已成为我院的特色品牌活动。活动旨在培养学生的职业道德和职业精神，引导学生继承和弘扬南丁格尔精神，培养学生成为新时代德艺双馨的护理专业人才。

1. 千人授帽增强神圣使命

授帽仪式邀请唐山市三甲医院的护理部主任和护理系教授等护理专业前辈为护生授予洁白神圣的燕尾帽，点燃象征燃烧自己、照亮他人的蜡烛。洁白的燕尾帽，象征着圣洁的天使；燃烧的蜡烛，象征着护生们神圣的使命。授帽仪式庄严而神圣，让护生们增强了使命感和仪式感。

2. 护生宣誓追随前辈足迹

每月第一周周一早上，全体护理系学生身着洁白的护士服，托蜡烛、举右手，庄严宣誓，用对生命的爱践行南丁格尔的誓言；用对职业的忠诚，承担救死扶伤的使命。护生们将追寻南丁格尔的足迹，接过前辈手中的接力棒，把毕生的精力奉献给护理事业。在庄严的宣誓中，增强学生的职业自信心与自豪感。

3. 阵地建设突出专业文化

护理系实训中心一层护士站前，设有南丁格尔半身塑像；实训中心楼道内，悬挂着南丁格尔誓言、护生誓言。南丁格尔是护理事业的创始人和现代护理教育的奠基人，学生每次来到护理实训中心时就能首先看到南丁格尔塑像、南丁格尔誓言、护生誓言，让南丁格尔精神时时提醒自己，树立更好地为民服务的护理信念。这些阵地文化建设，已经成为凝聚护生精神力量的源泉。

4. 专业模拟练就职业本领

作为职业化班级管理的班级，从入学开始到毕业，要求全员坚持早晨集体晨练30分钟；大一期间，每天晚上实行一小时晚自习制度；每周一早晨组织晨交班，在交班中，各个科护士长汇报上一周分管领域所开展的工作或者出现的问题以及如何处理与改进。之后，组织同学们练习护士基本礼仪、沟通礼仪和治疗礼仪等方面的内容。

5. 社会实践提升职业能力

除了教学计划中的大一实景教学、大二见习外，在平时班级开展的活动中，组织同学们多出去参加一下和护理专业相关的社会实践活动，如为社区老人量血压、红十字志愿服务、关爱自闭症儿童、日常救护知识的宣讲等，让同学们在实践中增长职业技能、感悟职业精神，努力培养学生成为思行并重、德技双修的现代化护理人才。

三、启示思考

我们选择职业化班级(实验组)与普通班级(对照组)进行培养效果的对比，用护理礼仪素质评价量表、专业知识成绩、专业技能成绩、医院满意度等作为衡量职业化班级管理人才培养质量、管理效果的重要指标。职业化班级管理和普通班级管理在上述指标上的对比结果如图 2。

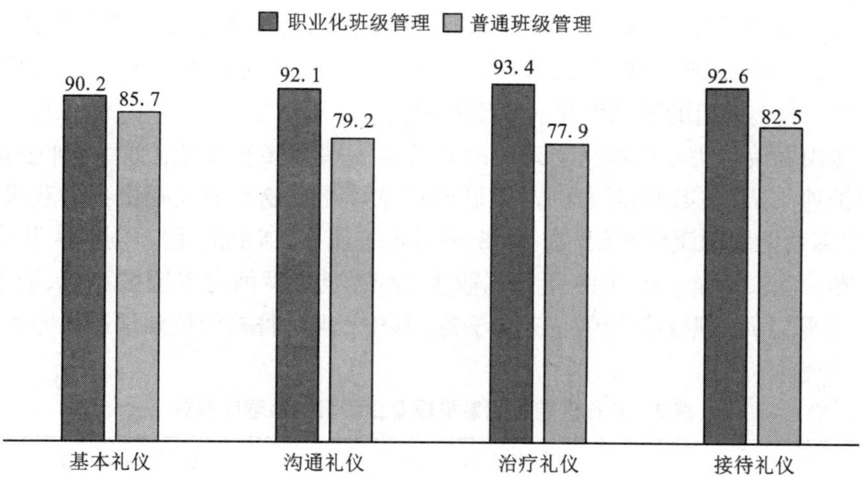

图 2 护理礼仪评测

在基本礼仪、沟通礼仪、治疗礼仪、接待礼仪四个维度上，职业化班级管理班级都达到了 90 分以上，相对于普通班级在四个维度上的 80 分左右有较高的区分度。

在自学能力、自控能力、专业知识、技能成绩四个评价指标上，“较大提

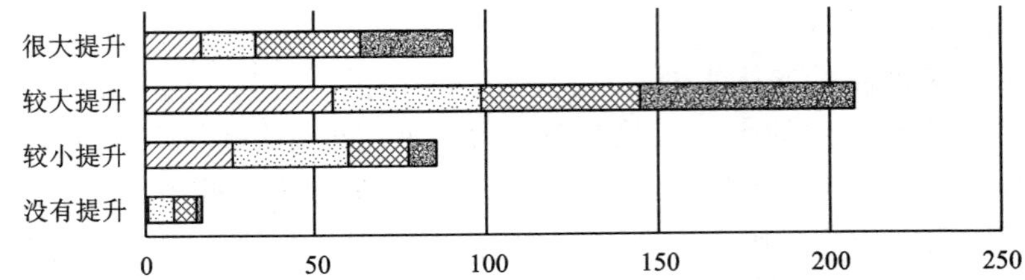

	没有提升	较小提升	较大提升	很大提升
自学能力	0.88	26.55	55.76	16.8
自控能力	8.25	33.24	42.6	15.91
专业知识	6.23	17.2	46.2	30.37
技能成绩	1.3	8.4	63.2	27.1

图 3　学生知识、技能、管控能力评价

升”和“很大提升”两部分占有率平均达到 80%。职业化班级管理模式对于学生能力的提升有较为显著的影响。

合作医院对我院护理专业实习生在护理礼仪、语言沟通及关系协调能力、护理操作技术熟练、护理病历书写能力、医嘱执行能力等方面的满意度调查结果显示，实验组(职业化班级管理学生)和对照组(普通班级学生)有较为明显的差异，对实验组的满意度显著高于对照组。

唐山职院护理系职业化管理班级在各类大赛中屡获佳绩，如“一种多功能下肢护理吊架”在第四届河北省“互联网+”大学生创新创业大赛决赛中获银奖；“润宇多功能腿部康复吊架”在 2018 年第十二届 iCAN 国际创新创业大赛中国总决赛中获二等奖；在 2019 年全国职业院校技能大赛河北省选拔赛“天堰慧医杯”(高职组)护理技能大赛中获一等奖，其中王晴、鲁颖两位同学进入国赛。

表 2　合作医院对我系护理专业实习生满意度调查

评价内容	实验组($n=30$)			对照组($n=30$)		
	满意	一般	不满意	满意	一般	不满意
护理礼仪	19	10	1	11	16	3
语言沟通及关系协调能力	11	16	3	7	16	7
适应新环境能力	13	16	1	13	14	3
护理操作技术熟练	21	7	2	9	14	7

续表2

评价内容	实验组（$n=30$）			对照组（$n=30$）		
	满意	一般	不满意	满意	一般	不满意
护理操作技术规范	21	8	1	9	15	6
护理病历书写能力	20	9	1	14	11	5
医嘱执行能力	24	6	0	19	11	0
实际护理工作能力	21	9	0	17	12	1
运用新护理能力	17	13	0	11	18	1
突发事件应急能力	21	8	1	14	13	3

$P<0.05$。

综上所述，职业化班级管理模式的实践对于学生职业能力的提升、职业精神的培育起到了重要的推动作用。

四、专家点评

唐山职业技术学院党委副书记、教授胡珍芬点评：该项目创新职业化班级管理模式，通过校企双方共同担任班主任，班级管理模拟医院护理部组织架构，进行日常管理。用南丁格尔精神培育新时代白衣天使，通过千人授帽、护理宣誓、阵地建设、专业模拟、社会实践，培养学生的职业技能和职业精神，取得了良好的效果，很有推广价值。

作者简介

甘乐，女，硕士研究生，副教授，唐山职业技术学院辅导员。曾获第四届河北省辅导员能力大赛一等奖，指导学生获河北省第五届“互联网+”大学生创新创业大赛决赛铜奖，获唐山职业技术学院优秀辅导员、优秀班主任称号。

党建引领育园丁　学风建设见成效

宜春职业技术学院　黎佳佳

一、做法简介

学风是大学精神的主要体现，是立德树人的本质要求。学风建设是高等学校永恒的主题，是高等学校全面贯彻党的教育方针，实现培养目标的重要条件，是衡量办学水平的主要标志。近年来，随着高职教育的发展，高职院校不断为社会培养出高素质技能型人才。但是，由于高职院校的学生生源特点和学生本身的时代心理特征，高职院校的学风存在一些突出问题，如：学习目标不明确、学习动机不强、学习基础较差、学习态度不端正等，严重影响人才培养质量。对师范类专业而言，由于其培养目标的特殊性，培养手段和方法的传承性，特别是师德养成的复杂性，学风建设显得至关重要。笔者所在的宜春职业技术学院师范学院，坚守为党的基础教育事业培育合格人民教师的初心和使命，围绕“党建引领育园丁”的党建品牌，开展了“育心”思政工程、“育德”树人工程、“育智”教学工程、“育技”实践工程的“四育”工程建设，不断加强学风建设，取得了良好成效。

二、具体措施

（一）党建引领“育心”思政工程，培育政治强、情怀深的教师队伍

浇花浇根，育人育心。自“学习强国”平台上线以来，师范学院积极在学生群体中推广使用“学习强国”学习平台，并选派党员教师挂点班级进行动员和指导，制定“学习强国”暑期学习方案，细化暑期学习要求及评比办法，督促学生在暑假期间坚持不懈地开展好“学习强国”的学习活动，并根据学生“学习强国”积分排名，评选出“十佳学员”、优秀学员和优秀示范班级，充分运用“学习强国”平台帮助师范生坚持学习习近平新时代中国特色社会主义思想。同时，通过微信群线上开展“党史天天学”，每天学习党的一个历史知识；线下开展

"筑梦新起点　青春心向党"新生入党启蒙教育、"红船启航越百年　青春向党助未来"主题团日活动、"回眸党史绘初心　宣讲故事话传承"党史学习教育、观看红色教育影片《八佰》等，培养师范生的政治素养和家国情怀，使他们树立"为党育人、为国育才"的初心。

(二)党建引领"育德"树人工程，培育道德高、人格正的教师队伍

师德师风是评价教师队伍的第一标准，师范学院遵循师德师风建设标准，把"德"字贯穿始终，把社会主义核心价值观融入教育教学全过程，通过课堂教学、主题班会、社团活动等多种形式强化对师范生社会公德、职业道德、家庭美德、个人品德的教育。以"优环境、促发展"大讨论活动为契机，设置了"优环境、促发展"及"师德师风评价"学生意见箱，每个星期收集学生的意见并给予及时的反馈，倾听学生诉求，优化育人环境；举办"弘扬师德，潜心育人"党课讲座，提高党员教师的思想认识。在落实立德树人根本任务上，党员教师发挥了先锋模范作用，用实际行动在学生心中埋下真善美的种子。

(三)党建引领"育智"教学工程，培育视野广、学识渊的教师队伍

学院为提升学生知识理论的学习，加强对专业的认识和认同感，为新生组织开展了"新生专业思想教育"活动。连续多年选拔学习成绩好、责任心强、素质突出的学生干部来担任班级助理，通过朋辈交流和引导，帮助新生及时了解专业相关学习课程和要求。自新生入校以来，借助学校的"诊改"平台，学院组织辅导员(班主任)指导学生科学运用 SWOT 分析(基于内外部竞争环境和竞争条件下的态势分析)做好个人发展规划，每位学生根据个人实际情况有步骤地在"诊改"平台上设立具体可操作的学习目标、行为目标、能力目标等，通过平台的监测和预警机制，督促学生自觉达成各项目标。考虑到教师资格证考试改革后，我院师范生到毕业年级才能报名参加教师资格证的考试，在校期间只有两次考试机会，学生考试压力大，师范学院开展了"打造未来教师的红色加油站"党建特色活动，邀请有担任面试官经验的教师举办教师资格证面试考前培训会，围绕小学教师资格考试面试工作规程、面试评分标准、备课试讲回答规定问题和答辩、面试注意细节等为学生开展免费的培训，帮助学生通过教师资格证面试，顺利登上讲台，早日为党的教育事业服务。为鼓励学生提升学历，学院积极对接继续教育学院，为毕业年级学生举办"专升本"咨询会，帮助学生了解关于"专升本"的考试科目、流程和相关要求。在我院 2021 届毕业生中有 653 人报名参加了"专升本"考试，273 人分别被江西师范大学、江西科技师范大学、华东交通大学、井冈山大学、宜春学院、新余学院、江西应用科技学院等高校录取，录取率达 41.8%。

（四）党建引领“育技”实践工程，培育技能强、业务精的教师队伍

师范学院通过组织小学教育专业的师范生到附属小学和宜春当地的画眉小学、黄颇小学等学校见习，组织学前教育专业的师范生到附属幼儿园见习或进行专业汇报演出等，加强师范生教学技能的学习。组织学生“工学交替+顶岗实习”，使学生直接深入小学、幼儿园锻炼，把教育教学理论知识转化为教学实践，提升学生实践能力、专业技能和社会责任感。与此同时，教师对学生是具有引领示范作用的，因此学院还以教风促学风，积极探索“师徒结对”传帮带方法，强化教师队伍建设；组织召开青年教师座谈会、全体教师职工大会等研究讨论教育教学事项；通过举行教学新秀说课活动、举办开放式观摩教学活动、给35岁以下的青年教师布置练习三笔字（钢笔、毛笔、粉笔）的寒假作业等，扎实青年教师的教学功底，进一步提升教学能力，以教师的示范引领作用带动学生学习。

三、启示思考

学风建设是高等学校永恒的主题。良好的学风是一种潜移默化的巨大而无形的精神力量，时时刻刻都在对学生产生着强烈的熏陶和感染，激励学生奋发努力，健康成长。

（一）坚持问题导向

每学期召开学生代表大会收集学生对学习、教学、管理方面的意见和建议，梳理具体问题，帮助学生解决关于考取教师资格证、“专升本”考试、就业等方面的实际问题。坚持问题导向，保障优良学风的形成。

（二）坚持“三管齐下”

学风建设是一个系统的工程，需要从多方面着手，特别是需要“教”“学”“管”三管齐下。教师的严谨治学、以德施教，对学生的学习具有榜样和示范作用；朋辈中的优秀学子、良好的校园学术风气，可以提高学生的学习兴趣；严格的管理措施，课堂、早晚自习的考勤，可以规范学生的学习行为，养成学生良好的学习习惯等。

（三）坚持常抓常新

学风建设是一个漫长的过程，需要坚持不懈、常抓常新。应将学风建设融入当下学院的工作重心中，做好结合工作，如学风建设与党建工作相结合，发挥党员先锋模范作用，开展系列党建活动促进学风发展，创新学风建设渠道和途径。

四、专家点评

宜春职业技术学院师范学院党总支书记、教授邹晓英点评：本案例以宜春职业技术学院师范学院为例，立足高职院校实际，以学风建设为抓手，结合党建品牌建设活动，思考了党建与业务相融合的有效途径，探索了以党建促学风建设的可行渠道，立意新颖，值得借鉴。

作者简介

黎佳佳，女，中共党员，硕士，讲师，宜春职业技术学院师范学院专职辅导员，师范学院党总支统战委员，曾获校优秀共产党员、先进辅导员、教坛新秀、先进工作者等荣誉称号。主持、参与省级课题3项，主持、参与市级课题10余项。

追梦路上　你我同行

石家庄人民医学高等专科学校　邢亚欣　剧倩倩

一、做法简介

随着高校招生规模的逐年增大，高职院校毕业生的就业形势日趋严峻复杂。在各种现实因素的影响下，高职院校学生就业难的问题日益凸显。相关数据显示，医学类高职毕业生半年内就业率仅有60%左右，随着毕业后相关专业资格证的考取，就业率才呈现逐渐升高的趋势，就业形势较为严峻。为了实现高质量就业，使自身在就业过程中有更多的选择权与主动权，不少学生纷纷选择参加专接本考试，提升学历，提高就业竞争力。我所在的石家庄人民医学高等专科学校是经教育部批准设立的普通高等专科学校，设有护理系、临床医学系、口腔医学系、中医与药学系、基础部等五个教学单位，围绕基层医疗事业的发展需要，设置高职专业10余个，是河北省教育厅授予的首批“依法诚信办学学校”，教育厅年度办学情况监测“优秀”学校。作为“国际护理教育基地”“国家职业技能鉴定所”和“中央财政支持的口腔实训基地”，学校自创办以来严谨办学，秉承“厚德立人　报国济民”的校训，培养技能应用型人才，突出教学针对性、岗位适应性、专业特色性，注重培养学生的综合能力和素质。近年来，中医与药学系有越来越多的学生选择参加专接本考试。在提升学历、缓解就业压力的同时，也可为相关资格证的考取打下坚实的基础。

二、具体措施

一般春风雨，万物各自生，不同的教育管理方式会培养出不同风格的学生。即便是在同一种教育管理风格下，学生的成长过程也会各自相异。中医与药学系尊重学生的个体差异，积极探索寓“立德树人”“实践育人”和“科研创新”于一体的工作思路，引领学生思想进步，促进学生全面发展。坚持立德树人，注重培养德智体美劳全面发展的社会主义建设者和接班人。学风建设主要从以下几个方面做起：

（一）培养学生学习习惯，激发学生学习动力

学校坚持在校学生上晚自习，中医与药学系认真贯彻落实，帮助学生明确学习目的，培养良好的学习习惯；开展新生入学教育时，注重对学生开展校史校情、专业介绍、校规校纪、安全教育等方面的教育，辅以测试，在学生思想中树立爱校爱系爱班的意识；开展相关主题班会，着重介绍学风建设的好经验、好典型；举办学科类知识竞赛，激发学生学习的积极性和主动性，提高学生的自主学习能力。

（二）开展朋辈教育，鼓励学生互促互学

中医与药学系在各班级开展学生结对帮扶，发挥先进学生的模范带头作用；实施学业帮扶、学业预警机制，及时帮助学生解决学业困难的问题，提高班级整体学习成绩；年级间开展大二学生学霸笔记展示、大三学生实习经验交流等活动。课内课外相结合，多种方法相促进，为学生提供切实有效的学业辅导，充分发挥朋辈教育的激励互助效应。

（三）加强文明养成教育，督促学生文明自律

中医与药学系各班级实行量化考核，将课堂行为纳入考核体系，班级内考勤一日三次点名，精准管理，保证课堂出勤率。认真落实辅导员进班级听课制度，了解学生课堂上的真实表现和学习难点。注重和各科任课教师多沟通，同时不定期召开学生学风座谈会。目前各班级课堂出勤率均在95%以上；建立宿舍长微信群，每天晚上辅导员不定期视频查寝、监督检查，借此营造优良学风氛围；设立班级公约、宿舍公约，增强学生自我教育、自我管理、自我服务的能力，督促学生文明自律。

（四）注重思想引领，“看见”每一位学生

中医与药学系鼓励学生积极参加班级、系部、学校举办的各类活动，在活动中重新认识自己、定义自己、肯定自己、发现自己；同时号召同学们积极投身社会实践，在实践中检验修正理论知识，同时还能服务社会，产生社会价值，用自身行动积极践行社会主义核心价值观。引导学生将个人的兴趣爱好与未来的职业生涯规划、与国家的需要相结合，奋斗的青春最美丽，规划的人生更出彩。

同时，要求全体辅导员老师每周安排两次时间进宿舍，和每个学生谈心谈话一次，借此拉近师生间的距离，发现不稳定因素及时解决。还在班级内开展相应的素质拓展团体活动，缓解学生的学业压力，增强学生的体能，加强班级的凝聚力。

(五)严格执行落实学校党政师深入班级质量综合提升工程

习近平总书记强调，高校教师要坚持教育者先受教育，努力成为先进思想文化的传播者、党执政的坚定支持者，更好担起学生健康成长指导者和引路人的责任。为此，学校引导广大教师以德立身、以德立学、以德施教，深入开展党政师深入班级质量综合提升工程。即每个班级实施“学校处级以上领导+专业课骨干教师+辅导员”多元管理模式，旨在与学生进行经验分享，讲解专业发展趋势，更好指导学生就业创业。用对话促交流，用交流促成长，用成长促成才。中医与药学系严格执行落实，该项活动的有效开展，拉近了师生间的距离，增进了师生间的感情，解决了学生迷茫时的困惑，指明了学生今后努力的方向。学生们纷纷为学校站在学生立场考虑问题的良苦用心点赞，表示要以实际行动回报母校的辛勤培育，回报领导老师们的谆谆教导。

三、启示思考

在中医与药学系 2020 届毕业生中，中医学专业牛逸昊同学专接本考试成绩为 422. 5 分，省内排名第一；蒋毅同学专接本考试成绩为 416 分，省内排名第二；董旭同学专接本考试成绩为 400. 5 分，省内排名第五。

在中医与药学系 2021 届毕业生中，中医学专业付渝霜同学专接本考试成绩为 411. 5 分，省内排名第二；未晨旭同学专接本考试成绩为 406. 5 分，省内排名第三；卢圆圆同学专接本考试成绩为 398 分，省内排名第七。

以上同学均被河北中医学院中医学专业顺利录取，考入心仪学校，继续求学深造。

2017 级中医学 1 班牛逸昊同学说：“备考专接本考试的过程中，遇到的两个最棘手的问题是学习及情绪。一定要从大一开始好好学习专业课，及时复习总结归纳。再就是处理好个人的情绪，当情绪状态不佳时，学习效率就很低，所以调整情绪很重要。非常感谢院系辅导员老师们的倾听陪伴和耐心付出，他们在工作范围内，最大限度地为我们营造努力学习的良好氛围，同学们互帮互助、团结友爱，让我在一个友善友爱的环境中备考学习，这是一段温馨难忘的备考经历。”

2018 级中医学 1 班的未晨旭同学说：“参加专接本考试，我明白了一件事情，就是学会坚持，并且坚持到底。在备考过程中，院系的领导老师提出了很多宝贵的意见和建议，让我做到了张弛有度、心态平和，从而以最佳的状态去备考复习。机会总是留给有准备的人，感谢大家一路的陪伴。”

中医与药学系学子秉承“厚德立人　报国济民”的校训，通过个人扎实不懈的努力，在领导老师们的关心关怀下，积极进取，努力拼搏，为实现心中的理想抱负不断努力，为传承国医文化、造福人民群众贡献着自己的力量。这也是中医与药学系全体教师践行初心使命、培育时代新人的生动体现。

四、专家点评

石家庄人民医学高等专科学校党委书记李海军点评：该案例注重学生良好学风的塑造和养成，通过培养学生良好的学习习惯、开展朋辈教育、加强文明养成教育、注重思想引领、严格执行落实学校党政师深入班级质量综合提升工程等具体工作，先改变学生的思想，再改变学生的行为，通过课内课外、线上线下、育德育心的结合，实现主导性和主体性统一、显性教育和隐性教育的统一，丰富完善三全育人的格局，为学生良好学风的建立、不断提升专业课素养保驾护航。该案例切实提升了我校专接本考试备考工作的科学性和实效性，也为同类型同层次的兄弟院校提供了很好的借鉴。

作者简介

邢亚欣，女，硕士，讲师，石家庄人民医学高等专科学校中医与药学系党总支书记，辅导员，国家二级心理咨询师，职业指导师，曾获河北省辅导员职业能力大赛二等奖、校优秀党务工作者、优秀辅导员等多项荣誉。

剧倩倩，石家庄人民医学高等专科学校党委办公室主任，曾获河北教育系统优秀党务工作者、河北省优秀德育工作者、河北省德育标兵，多次荣获校级优秀党员、优秀党务工作者、先进工作者等荣誉称号。从事学生管理工作时，所带班级曾荣获河北省先进班集体、石家庄市五四红旗团支部荣誉称号。

互联网环境下学风建设工作创新案例
——以“学 ba”大交大辅导员工作室为例

大连交通大学　窦涵

一、做法简介

当今社会已经进入互联网时代，互联网作为传播的纽带为人们获取信息提供极大便利的同时，对大学生的思想政治教育产生了潜移默化的影响。“以学生为中心”是高校人才培养的核心理念，为高校学风建设工作提供了强有力的理论支撑，是保证教育教学质量的重要条件。面对教育环境多元化和教育对象个体化的新趋势，开拓适合当代高校学风建设的新模式显得尤为重要。“学 ba”大交大辅导员工作室基于互联网背景下，多维度构建学风建设新模式。

“学 ba”大交大辅导员工作室以创新学风建设，切实提高辅导员岗位能力和专业发展水平为宗旨，利用新媒体，实现教师与学生之间的无缝连接，打造品牌，“私人定制”，通过创新融合模式、细化教育对象，拓展教育渠道等方法，为学生提供专业性、指导性服务，引导和帮助大学生激发学习的主观能动性，形成良好的学习习惯，在校园中营造一种温暖、积极的学术文化氛围。该模式始终坚持以立德树人为中心环节，着力为大学生思想政治教育提供精准引领，以提升大学生的终身学习发展能力，为实现全员、全过程、全方位育人提供了可借鉴案例。

“学 ba”大交大辅导员工作室以提高学习能力、助力学生成长为宗旨，进而实现创新学风建设，提高辅导员岗位能力和专业发展水平。在互联网的背景下，工作室通过创建微信公众平台，入驻易班等方式，将“互联网+”与学风建设进行融合。平台设有名师零距离、辅导员在线、微课堂、学霸笔记、小讲师教案、我要提问等板块，由保障合格，到追求卓越，以点划线，以线带面，最终构建起立体的辅导体系。

二、具体措施

(一)融合模式创新化

大连交通大学“学 ba”大交大辅导员工作室首创微课堂板块，以短视频的形式(3 分钟以内)，将课后习题及练习册上重点习题、四六级、考研等专题学习方法进行针对性的讲解。视频由专业老师进行审核，以保证准确性，同学可以根据自己的需求寻找想要的内容。短视频能够满足大学生信息获取的需要，“短、精、快”，用新形式、新面孔、新渠道解决学业实际问题、传播正能量，微课堂已成为交大学子最喜爱的“口袋课堂”。“学 ba”大交大辅导员工作室同时以高速发展的网络为平台，选取特定的时间，通过网络直播软件完成在线直播授课，并在直播的过程中，实时回答观看者提出的一系列问题，使课堂更具时代特色、充满活力。利用直播的方式，打造“学 ba 网红”，将互联网教育与传统教育教学相结合，既推动了课堂教学方法的变革，也提升了大学生的学习兴趣。为确保直播质量，要求对小讲师进行直播前的筛选、培训和备课，对其进行宣传，不仅提高其综合能力，更激发出学生享受在学习中的乐趣，同时设置技术指导人员，确保每个参与直播的人都熟悉网络直播环境，保证直播质量。工作室成立后，学生成绩取得突破式进步，高等数学、大学物理等科目的期末考试成绩较期中考试成绩的及格率上升了 20 多个百分点，推动了高校学风建设工作变革的进程。

(二)教育对象精准化

大连交通大学“学 ba”大交大辅导员工作室针对退伍及重修的学生进行“精准帮扶”，开设实体与网络相结合的定制班级。目前高校教师普遍存在授课内容和形式缺乏针对性，没有探索对于不同层次的学生进行分层教学模式，不能有针对性地提高学生的学习质量。“学 ba”大交大辅导员工作室针对上述现象，将“线上与线下”教育相结合，采取“三管齐下”的模式，精准开设退伍学生定制班及重修学生定制班。首先，学生可以在公众号平台上进行线上提问，小讲师通过收集到的数据分析统计，根据不同情况有针对性地进行辅导，确保充分掌握。其次，学生可以通过平台进行线上预约，小讲师会结合双方的时间安排，采取朋辈指导的形式，进行退伍学生定制班及重修学生定制班的授课。最后，平台推出学霸笔记这一板块，将各重难点学科学霸笔记进行整合，学生可以对照学霸的笔记，补充自己上课遗漏的内容，划出重难点，并总结出适合自己的学习方法。该种形式成为激发学生学习潜能的重要手段和途径，真正体现人性化、科学化和规范化，推动教育体制全面发展，培育出真正的综合素质全面发展的个性化人才。退伍学生经过工作室辅导后，通过率达到97%，重修学生经过工作室辅导后，通过率达到98%，较之前均有明显提升。

(三)沟通渠道多样化

大连交通大学积极拓展思路，将“学 ba”大交大辅导员工作室公众号开设名师零距离、辅导员在线、竞赛指导、partner 计划等板块，通过与新媒体技术的结合，创建出大学生求职学习的崭新平台。名师零距离板块通过定期推送本校的优秀教师，使师生之间进行即时通信，开展同步交流，促进教学相长，解决高校学生在学术方面的难题，同时，学生们可以通过平台与喜爱的名师交流，增强榜样的力量。辅导员在线板块通过推送本校优秀的辅导员，为高校学生进行“私人定制”学业规划，通过针对性的教学，帮助学生树立信心，从而激发学习兴趣，促进学生的全面发展，同时，解决学生近期遇到的问题，以及对未来的指导，让大学不再迷茫。竞赛指导板块通过整合优势资源，提供最新的竞赛信息，为想参加的同学提供专业的服务与指导，争取在比赛中取得优秀的名次。partner 计划板块通过线上打卡、线下交流的方式，吸引和号召校内同学一起进行早睡、背单词、晨跑、学习计时等活动，共同培养规律的学习生活方式，充实大学生活。

三、启示思考

(一)创新模式，科学结合

“互联网+”时代的迅猛发展，对我国各高校的学风建设模式既是一个冲击，亦是一个契机。将互联网与学风建设工作进行科学有效结合，以学生喜闻乐见的形式，如短视频、直播等新媒体，无形之中激发学生的学习主动性和社会适应性，这样就为“互联网+”下学风建设的发展提供了一个传递信息、资源共享、思维发散的新途径和新思路。对于高校而言，互联网与学风建设工作的有效融合，直接决定了受教者的接受程度，在教育形式和互动模式改善的同时，也促进了学风建设工作的顺利开展。

(二)精准方向，因材施教

随着“互联网+”时代的发展，高校大学生产生了诸多新的特点，教育对象的变化也要求学风建设工作要契合时代的进步，符合大学生成长成才规律。每个学生的成长环境不尽相同，用一套思政教育模式无法有效解决学生学业上的问题，利用新媒体开展教育就显得尤为重要。通过整合相关信息，个性化解读学生的思想动态，能够有效地延伸思政教育的时间和空间，促进“互联网+”与学风建设工作融合的良好开展。

(三) 拓展渠道，多管齐下

随着“互联网+”时代的到来，传统的“自上而下”单向式传播面临困境。高校学风建设不能拘泥于传统和现实的发展思路进一步地开展和延续，而应该直面现实，积极回应现实挑战。开展多元化的教学模式，是高校学风建设工作不可缺少的重要环节。高校的思想政治教育工作者应运用多样化的技巧和手段，贴近学生实际，激发学生的热情，与其产生思想上的共鸣，进而将提高学习内化于心，引导学生树立正确价值观，提高学业成绩，促进学生终身学习发展能力的养成。

四、专家点评

“学 ba”大交大辅导员工作室较好地解决了教学成本与学生需求的矛盾，为学校学风建设作出了重要贡献的同时，也增强了学校教育工作的时代感和实效性。“学 ba”大交大辅导员工作室创新工作模式，运用新媒体技术，发挥朋辈帮带作用，是我校开展学生学习工作的重要抓手之一。该工作室按需设置从申请、成立，到开展、评价均是从学生工作的需求角度有针对性地展开的，充分调动了各个基层学院乃至班级和同学们的积极性，形成多级联动共同助力学生工作的局面。

作者简介

窦涵，女，中共党员，副教授，硕士，国家二级心理咨询师，现任大连交通大学党政办公室副主任，原“学 ba”大交大辅导员工作室负责人。获“辽宁省华育高校辅导员年度人物”“辽宁省高校优秀共产党员”“辽宁省高校校园先锋示范岗”“辽宁高校基层党组织书记工作案例一等奖”并选入教育部《全国党员教育培训教材》、全国第三届高校“互联网+学生工作”创新论坛优秀论文二等奖等 30 余项荣誉奖项。

“优创班级”建设　营造良好学风

盘锦职业技术学院　杜旭阳

一、做法简介

班级作为学生学习生活的一个整体，它必将发挥着比教师的单一教育还要大的作用，而这个班级要发挥积极作用，还必须依靠辅导员的管理、培养、监督，使之成为一个优化的环境。结合工作实际，从 2015 年起开展了以“优创班级”为建设项目，运用思想政治教育工作方法，在班级中全面开展“优创班级”建设坚持继承与创新相结合，创造性地开展辅导员工作，从而培养出中国特色社会主义合格的建设者和可靠的接班人。创建优秀的班级在高等院校发展中起到至关重要的作用，以班级为基础，学生为主体，发挥学生在思想政治教育中的组织力量，将优秀创新的理念引入班级建设工作，通过开展班级制度创优考核、创新班级骨干培养模式、建立班级信息管理系统、丰富班级文化活动等工作，构建了基于班级的精细化优创管理体系，实现了学生的自我教育、自我管理、自我服务、自我监督，极大提升了学生教育管理服务的绩效和水平，切实把工作覆盖到了每一个学生，提高工作实效性；同时，进一步增强基层组织的凝聚力和战斗力。一个优秀的班集体对于每名学生的身心健康发展都有着教育作用，使学生形成集体意识和为他人服务的精神、促进学生社会性成熟、发展个性、直接影响学生的学习兴趣、学习态度和学习结果，因此建设一个优秀的班级是每一个辅导员进行教育工作的重中之重。

二、具体措施

(一) 班级制度建设

班级制度建设分为组织工作制度建设、宣传工作制度建设、学生干部培训制度建设、推优工作制度建设等。首先，构建班级的精细化优创管理体系就要抓好班级组织的建设。实行集体领导和分工负责的原则，加强班级制度创优考核和创新班级骨干培养模式，组织班团联合会、班级工作创新会。其次，做好宣传教育工作的基本职能，引导学生学习、贯彻、宣传习近平新时代中国特色社会主义思想，传播正能量，纠正青年的不正确的思想和行为；利用多媒体网络平台，通过微信公众号、微信组织大学生青年进行政治理论学习、时事政策评论、让学生积极参加上级组织举办的各种宣传、教育和其他社会性活动。再次，要建立一个有效的培训机制，让学生干部进一步形成合力，促使学生干部这支团队有效开展工作。科学制定学生干部培训内容与工作方法，成立学生干部培训组织实施小组，做好工作计划与学生干部分层次、分类别的培训实施方案，利用多维度方式，将培训制度化、长效化，不断提高培训时间效率与形式多样性，培养好学生干部团队精神和团队协调能力。最后，坚持班级的推优工作公开、公平、公正，做到在班团组织制定的标准的基础上，有组织、有计划地进行发扬民主的同时还接受同学们的监督。

(二)班风学风建设

班风和学风是一所大学的灵魂和气质，是班级的立班之本。它是经过长期、细致的教育和严格的训练，在全班逐步形成的一种行为风尚，是学生思想、道德、人际关系、舆论力量、学习、就业等方面的精神思想的综合反映。优秀的班风和学风能给学生带来有利于学习、有利于生活的环境，能使学生精神振奋，班级正气上升。首先，要确立班风标准，促进优秀班风的形成，明确目标，共同奋斗。其次，情感陶冶，重视精神境界，凝聚集体观念，团结互助。最后，以班风为基础，以学风为学习重心，引导大学生明确学习的目的、强化学习的意义，完善班级各项学习制度。

(三)系统管理建设

系统管理建设是在建立班级信息管理系统的基础上，由班团组织共同有计划、有组织、有目的地对班级同学进行统一标准的日常班级事务管理。首先，对班级的学生干部进行日常事务管理人员分工，责任到人，定期召开例会，认真讨论并及时反馈。其次，建立班级信息管理系统，运用手机 App 软件(如爱班级)和辅导员微信公众号(嘟嘟辅导员)建立信息交流平台，系统地管理班级日常事务。再次，在班级学生的思想、学习、纪律、卫生与寝室等方面，加强管理和服务。把握同学们的思想动态，规范同学们的行为习惯，定期以学生干部的身份与同学们一对一谈心，对思想有偏差的和心理有动向的，及时向辅导员和学院汇报。引导学生遵守校规校纪，尊重老师，按时出勤，认真完成作业，努力学习，积极参加值日和义务劳动，做好寝室内务，履行大学生应尽义务，形成同学们都能接受的班级内部奖惩制度。

(四)文化活动建设

文化活动将推动班级的建设，学生的文化活动也是班级建设中的一个重要组成部分。班级的向心力和凝聚力可以在活动中得到很好的体现，有助于发现班级存在的问题，从而得到更好、更及时的改进。为了营造班级这个幸福的大家庭，班委会和团支部经过反复研究，开展了 1+4 班级文化活动建设。班级 1+4 文化活动建设是以党带团建为支撑，带动其他 4 项活动开展，目的是更好地促进良好班级的班风和学风形成。其中，“1”是以党带团建为支撑引导班级团员开展活动，使班级学生接受党史的洗礼，正确认识党的理论知识和大政方针，用习近平新时代中国特色社会主义思想指引青年学生前行。“4”是：第一，以班级为主体开展的集体活动，增强班级凝聚力，使班级更加团结。第二，以寝室为单位把班级分为几个小组逐步开展活动，让同学们更好地融入集体，改善寝室人际关系。第三，以服务班级同学为基础，开展对同学个人的暖心活动和互帮互助，让同学感受到家的温暖。第四，以专业为依托建立物流信息平台，通过微商、送快递、技术服务等提高专业水平赢得个人收益。

三、启示思考

项目将优秀创新的理念引入班级建设工作，通过开展班级制度创优考核、创新班级骨干培养模式、建立班级信息管理系统、丰富班级文化活动等工作，构建了基于班级的精细化优创管理体系，实现了学生的自我教育、自我管理、自我服务、自我监督，极大提升了学生教育管理服务的绩效和水平，切实把工作覆盖到了每一个学生，提高工作实效性，进一步增强基层组织的凝聚力和战斗力。班级同时利用党建带团建的作用，积极部署支部成员的工作，联合班委成员共同组织工作，服务于班级每一名学生。班级能够做到积极组织有关学习活动，介绍学习方法，交流学习经验，帮助同学解决学习中的困难，完成学习任务，提高学习质量。班级不断增强班级的组织性、纪律性，让同学们自觉遵守学校和班级规章制度，保证各项规定和措施顺利进行。同时，班级能有效组织同学参加各种有意义的活动，增强班级凝聚力，提高同学的政治觉悟、道德水平和各种能力，做到自觉维护集体荣誉，关心班级同学的生活和帮助家庭困难学生。在开展各项班会中，同时维护同学的正当权益，反映同学们的建议、意见，促进同学间、师生间的和谐互助，不断提升同学们对支部的归属感和幸福感。真正做到了全心全意为班级同学服务的宗旨，为争创优秀班集体而努力奋斗！

四、专家点评

盘锦职业技术学院信息工程学院党支部书记孙宏伟教授点评：在对优创班级的建设过程中，辅导员要重点把握大学生意识形态变化，完善师生之间的人际关系，形成良好学风和班风。辅导员必须加强班级干部的培训和培养，定期指导他们如何改进学生工作方法，督促和鼓励他们坚持全心全意为同学们服务的理念，避免在班级建设中出现管理和服务缺失。所谓金无足赤，做任何事情都有不足，也不可能十全十美，有问题不怕，而是要在发现问题之后懂得如何去处理。在优创班级建设中，认识到了创新思想政治教育工作方法的重要性，在以后的工作中要加强和改进工作思路和注重细节，建设新时代的班级管理服务模式。

作者简介

杜旭阳，男，本科，副教授，盘锦职业技术学院辅导员，国家户外教育师、国家心理咨询师，辽宁省辅导员名师工作室“信仰行路人”思政工作团队成员、盘锦市心理学会理事，辽宁省百千万人才工程“万”层次人才；曾获辽宁省高校辅导员年度人物提名奖、辽宁省高校优秀辅导员、盘锦市向上向善好青年、学校优秀辅导员等荣誉。

第四章

润物无声——学生日常事务管理

打好学生人生底色　成就学子发光出彩

杭州职业技术学院　李猛

一、做法简介

当今世界正处于一个经济活动相互依存，各种文化相互交融，价值取向多元的时代，各种不良思潮甚嚣尘上。当代青年大学生是社会发展的中坚力量，肩负着民族复兴的大任，而学生素养作为“文化梯度育人”中的“第一层次”，是“文化梯度育人”中的基础内容，是职业素养、公民素养教育的起点，是学生人生的底色。学校是学生素养教育的主要培养场所，营造良好的学生素养培养环境则至关重要。

学校将学生素养教育分解落实到教书育人、管理育人、服务育人的各个环节，以课堂文明、宿舍文明、餐厅文明、网络文明和日常举止文明建设为抓手，提炼课堂文明、宿舍文明、餐厅文明、网络文明、日常举止文明的核心要义，细化行为规范要求。借此东风，我通过制定活动方案、督促活动开展、展开研讨座谈等举措，加强学生基础文明建设，把注重礼貌、懂得荣辱、尊敬师长、善待同窗、讲究卫生、爱护公共财物、文明上网等变成学生内心自觉的要求，培养学生养成良好的行为习惯，为学生今后走上职业岗位、步入社会奠定基础。

二、具体措施

通过教育活动系统化、活动载体多元化、学生活动主体化，建立和完善活动推进机制，我将学生素养教育与日常教育相结合，根据不同年级的特点，制定教育规划，确定不同阶段的教育内容，突出重点、循序渐进、分步实施，使学生素养教育的实施做到要求层次化、内容系列化，实现教育活动的系统化。

(一)开展特色活动，夯实教育基础

课堂内，开展“你的文明我参与”活动，建立班级学生轮班责任制，由各班推选出文明督导员，周一到周五在教学楼门口督查学生迟到情况，并劝导同学

早餐不进教室、下课后关灯，督导期间还会对各个教室的卫生情况进行抽查，维护教室整洁；开展“手机入袋”活动，要求学生上课前将手机关机或者静音，放入班级的公用手机袋里，课间允许学生使用手机。课堂外，开展“文明修身伴我行”活动，组织学生从身边的一些不文明的行为说起，看看哪些行为不文明，反思自己身上的小问题、小毛病；开展“光盘行动”，有意识地培养学生的就餐礼仪，提醒学生养成文明就餐的习惯；面向全体学生广泛征集标语，贴于食堂墙壁，既美化了用餐环境，又引导了学生文明用餐。

（二）拓展活动形式，创新活动载体

积极组织学生开展各类志愿者活动、研讨活动、主题沙龙活动、主题观影活动、话剧比赛、演讲比赛、写作比赛等。开展“交通安全员”志愿者活动，学生穿上红马甲，拿起小红旗，督促学生们遵守交通规则，保护生命；开展“打造清洁课堂”志愿活动，学生拿起抹布和去污剂，对每间教室的数十张课桌和墙面上的不文明涂鸦内容进行了清洁和清理，还教室一个文明环境。分层次、分阶段组织召开学生代表座谈会，通过座谈会梳理存在的问题，整理后及时商讨制定改进方案，明确改进时间。

（三）发挥主体作用，促进养成教育

充分发挥了学生干部和学生社团在自我教育、自我管理、自我服务中的主体作用，让学生主动积极参与，在自主管理活动中，培养良好习惯。班委组织开展各类主题班会，发动班级成员积极参与各类活动；聘任公寓楼长、层长、寝室长，建立学生社团和学生干部对学生公寓检查的长效机制；实施学生干部食堂轮值制，引导全体学生文明就餐；组织各级学生创建微信公众号，始终坚持传播正能量。

（四）融入日常活动，注重潜移默化

除开展专项教育活动之外，在开展日常活动的过程中，注重将“五个文明”纳入其中。比如在篮球赛、羽毛球赛等比赛中与参赛学生签订文明承诺，倡导文明比赛，这样既避免了比赛中产生纠纷，对参赛学生有了一定约束作用，又能让学生感受文明比赛的体育精神。在各类学生晚会中，组织学生编排富含教育意义的小品等节目，让学生在看节目的同时受教育；在辩论赛中，组织与文明有关的主题辩论，充分结合当前网络文明的现状，让文明之风越辩越明，不仅让参赛选手，也让观看的学生在现场受到教育。

三、启示思考

活动开展以来，学生素养得到显著提升，校园文化建设得到加强。文明行为习惯已逐渐变成学生内心自觉的要求，文明风尚已初步树立。学生养成了课前提前进教室预习，上课时专心听讲、勇于发言，课后独立完成作业、及时请教的良好学习习惯，学习成绩有所提高。学生在公寓里遵守学校制定的规定，按时就寝，保持室内整洁，空气清新，氛围舒适安静，成员间和睦相处，共同营造出健康向上的生活环境，良好的人际关系。生活中，同学们仪表端庄，礼貌待人，讲究卫生，生活俭朴，充分展示出了大学生应有的素质。各类校园活动不断涌现，学生在各类活动的熏陶下，充分发挥自身的主观能动性，真正融于活动、乐于活动，在活动中不断提升综合素养，展示个性风采。

四、专家点评

杭州职业技术学院学工部部长、副教授江平点评：本案例将培养学生养成良好的品德作风和文明行为习惯作为学生德育工作的重点，重视五个文明建设，使其符合时代的特点，充满激情、充满活力，充分发挥了“来源于生活，贴近生活，作用于人”的教育和向导功能，将学生的育人工作全方位、全面地开展与落实。

作者简介

李猛，男，中共党员，思政讲师，杭州职业技术学院辅导员，澳大利亚堪培拉大学教育领导与管理专业硕士，国家二级创业咨询师、国家三级心理咨询师、国家四级企业人力资源管理师、杭州市创业导师、全球职业规划师（GCDF）、高校就业指导师、职业测评师、生涯团体课程导师，校级辅导员工作室成员，参与国家级课题 1 项，主持市厅级课题 2 项、校级课题 1 项，公开发表论文 2 篇。

别让拖延症毁了你

徐州医科大学　刘洁

一、做法简介

新媒体时代的到来使得吸引高校大学生注意力的诱惑因素越来越多，拖延已然成为高校大学生普遍存在的行为表现，往往会导致大学生学业成绩不理想，畏难、自卑不良情绪恶性循环等危害。本文通过对张××同学拖延症引起学习懈怠的典型案例分析，一方面她缺乏学习动机，学期初经常旷课，后经老师干预，批评教育后虽不旷课但会经常迟到；另一方面她不懂得时间管理，不到期末考试不复习，临时抱佛脚，势必会影响学业成绩，最终很多科目不及格。在此基础上提出学校、家长和老师的三方联动来加强监督，学生自己也可以采PDCA 循环法、神圣停顿法来摆脱拖延症，最重要的是学会时间管理。最终张××同学在老师帮助下，通过科学的方法，加上自身的努力，摆脱了拖延症，提高了学业成绩，顺利毕业。

二、具体措施

(一) 解决问题的关键点

(1) 如何帮助张××同学找到学习动力，在学习方面找到摆脱拖延症的方法?

(2) 如何发挥学校、家长、同学自己三方联动作用，帮助张××同学摆脱拖延症?

(二) 解决策略

1. 摆脱懈怠，三方联动

对于刚入大学的新生而言，缺乏学习动机的原因有二：一是对于所学专业的不了解，有的专业是父母要求填报的并不是自己所喜欢的。有的新生因为滑档进入服从志愿，就更谈不上对专业的认可和喜欢了。二是刚经历过高考，一下子学习的劲头就松懈了下来，再加上大学学习跟高中相比，任课老师的授课方式、学生的学习方式都有很大不同，尤其是大学，很考验学生自主性，所以一时的懈怠，导致学习动力的丧失。首先针对专业方面，学校应经常举办一些活动帮助大学生了解自己所学专业，并培养其专业兴趣。教师和家长应该针对学生的实际帮助他们制定一份可行的学习计划，引导学生制订计划时应紧密结合学生自身情况，不能过高也不能过低。可从短期计划入手，按时间和任务制订双向计划，计划制定完成后，还需要家长和老师有力的监督。学生自己可以采用一些小方法，比如 PDCA 循环法、神圣停顿法等。

2. 管理时间，享受时间

开学初，大学生总是会认为离期末考试还很遥远，感受不到学习的压力，因此学习这件事经常会被拖延到最后才去完成。一旦考试临近，才发现自己时间不够用了，之前的空闲时间都被白白浪费掉了。临时抱佛脚，势必会影响学业成绩，大学生因为时间管理能力的欠缺而引发的拖延不在少数。大学生自身应提高自己的时间管理能力，将充足的课余时间合理运用起来，合理分配时间。首先，分心是拖延的第一步，做事专心，建议断开网络，远离手机。其次，学会利用零碎时间，也就是我们俗话说的“见缝插针”，这样有一个好处就是务实。接着，要减少选择，不要太分散精力，因为事情太多会成为拖延的借口。然后，找出最佳时间，一天中脑力最旺盛、精力最充沛的时间用来做最重要的事情，往往会赢得最佳的表现。最后，享受自由时间，劳逸结合。就像弹簧、皮筋般，要预留出放松的时间，而不是用娱乐来逃避某些事情。

3. 心理干预，心理暗示

大学生若存在畏难、自卑心理，那就尝试找寻自己的优势，也可以不断对自己进行心理暗示，以提升自信心。另外，琼·卡伯辛开发出了一套教导正念修行的系统，并且将这种修行融入了现代社会中。正念是指“在当下时刻对周遭环境不带判断地保持有意识的觉察”。这是一种观察自己的禅修方法，它对拖延者特别有用。“神圣停顿法”就是来自正念，是指在从事一项活动或进入下一个阶段之前，刻意地、有意识地停顿片刻，留意你自己的呼吸和身体上的感觉。当你开始感到焦虑、担忧、内疚、自责或者恐惧不断增强的时候，运用神圣停顿法，让自己回到当下时刻，只跟自己的身体建立“连接”，让自己安静下来，会让你对处理任何难题都更有自信。另外，学校大学生心理健康教育部门应开展一些关于拖延症的讲座，帮助大学生认识拖延症并了解其危害，以及进行拖延症自我测定和采取一些必要的心理干预。

四、启示思考

要想完全解决大学生拖延症，除了依靠个体的努力，还要依靠群体的监督。学校是大学生学习和生活的场所，专业教师应当加强对学生的监督，敦促学生按时保质保量完成作业；学校负责大学生心理健康教育工作的部门应当开展关于拖延症的讲座，将拖延症的危害告知大学生，帮助大学生正确认识拖延症；学校负责学生管理工作的部门应当重视大学生拖延症问题，不能放任大学生问题发展，加强学生的自我发展教育，增强学生的自我控制力、自我学习能力以及自我管理能力。

五、专家点评

徐州医科大学护理学院党委副书记路军点评：拖延症非常普遍，甚至有社会调查显示，约75%的大学生认为自己有拖延症。看似好像稀松平常的懒惰和散漫行为，却带来诸多隐患，也反映出当代大学生一定的心理问题，十分值得重视。我想劝诫所有学生的是“盛年不重来，一日难再晨，及时当勉励，岁月不待人!”

作者简介

刘洁，女，讲师，徐州医科大学护理学院学工办主任兼学生党支部书记。曾获校招生先进个人、校就业创业先进个人、校关心下一代工作先进个人、校大学生暑期“三下乡”社会实践优秀指导老师等荣誉称号。入职以来，发表省级期刊论文5篇，申报市厅级课题1项、校级课题2项，担任编委出版书籍2本，申报实用新型专利1项。从事辅导员工作12年，所带学生2000余人，培养学生获国家奖学金、省级三好学生、省级优秀学生干部等表彰百余项

六度为引　一路同行
——探索学生日常事务管理工作新方法

唐山职业技术学院　胥佳利

一、做法简介

辅导员作为离学生最近的思想政治教育工作者，在实际的学生教育和管理工作中，担任着非常重要的角色。在大量与学生直接相关的日常事务管理工作中，提升辅导员工作能力，保证各项学生工作的顺利完成，并且对学生工作方法进行深入挖掘、提炼，形成有效的工作指引，对学生工作具有十分重要的意义。“六度为引，一路同行”，从辅导员日常工作出发，探寻提升辅导员学生日常事务管理能力的新方法和途径，从“温度、高度、深度、精度、速度、梯度”六个层面，切入辅导员工作，以“六个度”作为日常工作的引导，促进辅导员提升学生工作能力，更好地引导和带领学生成长，做学生的引路人和人生导师，做学生生活方方面面的亲密朋友，提升育人工作实效，加强对学生的思想政治教育工作，做好立德树人根本任务的践行与实现。

二、具体措施

辅导员是具有鲜明的政治底色、奋战在思想政治教育工作最前线的战斗力量，同时，辅导员也是事无巨细、大量学生日常事务的管理者，是悉心陪伴学生的良师益友，是以身作则引导学生的引路人。新时代辅导员不仅需要扎实的理论基础，坚持马克思主义的指导，更需要以工作岗位为起点，在日日夜夜的学生日常工作中，在各种各样的新问题、新形势、新要求上，用春风化雨、润物无声的方式，从辅导员工作的“温度、高度、深度、精度、速度、梯度”六个切入点入手，深入学生思想，关注学生动态，帮助学生正确认识，科学实践，保证学生在“拔节孕穗期”茁壮成长。

辅导员学生日常事务管理工作所包含的内容十分庞杂，包括开展新生入学教育、组织开展军事训练、组织评选各类奖助学金、指导学生办理助学贷款及毕业确认、毕业生教育及相关管理和服务工作、组织学生开展勤工俭学活动、做好贫困学困帮扶工作、为学生提供生活指导、促进学生和谐相处等多种工作，在这些具体的工作中，无一不要辅导员以温度暖心、高度为引、深入开展、精确了解、提高效率并且精准对接，因此，以“六度”为引，陪伴辅导员日常工作一路同行，探索服务学生、日常工作管理的新方法。

（一）“温度”为引，暖在每一天

大学生是一个特殊的群体，其心理特点包含一定的敏感性、脆弱性；大学生异地求学，初次尝试独立生活、独立思考，本身就是一场挑战；开展“温度”工作，可以帮助在校大学生感受到学校的温暖，老师的关心，感受到自己被关心着，重视着。通过温情卡、发祝福、送爱心等一系列小活动，以及其他方方面面的小关心、小照顾，让学生们感到师生温情所在，形成师生间的良性互动，对开展思想教育工作，有很好的帮助作用。

（二）“高度”为引，思政不放松

辅导员工作本身就是一个有“高度”的工作。这个高度，指的就是理论高度。鲜明的政治底色，决定了辅导员必须拥有扎实的理论基础和坚定的马克思主义信仰，积极地活跃在理论学习阵地的前线。例如，在全国范围内热烈开展“不忘初心、牢记使命”主题教育的大环境下，辅导员更应提升理论素养，紧跟时代步伐，尝试在学生中开展主题教育，借助于一切机会，开展多形式、多层次的长效学习活动，如演讲赛、辩论赛、合唱赛、主题诵读、知识宣讲等，牢牢把握宣传思想的高度，引导学生形成学理论、守初心的风气。

（三）“深度”为引，事事放心上

学生工作无小事，作为辅导员，更应加强学生管理的“深度”，拒绝轻描淡写，避免人浮于事，让“深度”的精神与思想，贯穿学生工作的始终。从深入学生思想、深入了解学生情况、深入学生宿舍、深入学生课堂、深入学生家庭、深入学生未来六个层面，将学生日常学风建设、特殊学生真实情况、思想动向、宿舍管理、课堂纪律管理、学习态度、家庭情况、职业发展规划等细节问题在工作中均安排到位，贯彻深入工作、深入实践的思想，以保证工作效果。

（四）“精度”为引，供给侧原则

思想政治教育工作，不仅需要全面教育的“广泛”，也需要因人而异、量体裁衣的“精准”。在经济领域，习近平总书记提出了供给侧结构性改革，在辅导员工作，也同样可以引入并实践供给侧思想，即根据学生所表现出来的共性与个性，根据教育的目标与学生的需要，从学生的角度出发，设计适合学生需求的教育方案，可以起到事半功倍的效果，既能达到精准的教育目标，同时又能节省下大量的教育资源，让整体教育效果通过合理的规划与配置，产生更优的教育效果。

(五)“速度”为引，及时有效率

在辅导员的日常工作当中，速度同样是一个重要的衡量标准，几乎每一份工作，都离不开速度这个变量。包括：①处理紧急事件有速度，例如学生突发疾病以及其他突发事件。②日常工作有速度，如发现学生存在心理问题、学习困难等情况时，及时干预，避免小问题拖成大问题。③采用 GTD 时间管理方式，协助辅导员安排工作，提高效率。

(六)“梯度”为引，循序渐展开

教育不是一蹴而就的，思想政治教育更是一个润物无声的过程。在学风教育、纪律教育、心理教育、生命教育等多层次的教育中，遵循教育原理，用循序渐进的方式，逐步展开教育内容。包括：第一阶段，入学教育、专业教育、心理教育、纪律教育，走好大学的第一步。第二阶段，生命教育、法律教育、理想信念教育、爱情观教育，把握大学生活，获得充实收获。第三阶段，职业教育、实习期心理教育、创新教育、创业教育，开启灿烂人生，助推人生起航。第四阶段，使命担当教育、毕业教育，离开校园，师生情深，助力毕业生走好大学的最后一步和进入社会的第一步，做合格的接班人和建设者。通过梯度思想的引入，使辅导员各项工作更合理、更科学、更顺畅地推进，从而形成逐渐提升、逐步推进的效果。

三、启示思考

在辅导员的实际工作中，“温度、高度、深度、精度、速度、梯度”六个度可以起到对各项工作的辅助引导作用。其中，温度，是对工作情绪、工作态度的升华，打造有温度的工作方式，建立良性互动、畅通交流的师生关系。

高度，是对辅导员理论能力、理论水平的要求，是进行思想教育的基本保障，以实现教育的潜移默化，在实践中传授理论经验、思想认识。

深度，是对辅导员工作能力和细致程度的挑战，事关学生无小事，需要辅导员深入了解、深入观察，不能想当然做判断，只有将工作的深度做到极致，才能确保各项工作顺利、准确地推进。

精度，是对辅导员工作进行量化的一种思考方式，充分考虑到学生的需求，求精而不求多，求精而不求广，将各项工作控制在恰到好处，通过精度的控制，让有限的思想政治教育资源，可以为更多的学生服务，以实现工作效益的最大化。

速度，是对辅导员日常工作能力和工作效率的全面提升，尤其在处理校园突发事件以及其他紧急事件中，往往“兵贵神速”，其对事件后续处理效果往往有着不可估量的意义。

梯度，是辅导员循序渐进开展各项工作的基本思想，根据学生的需求与成长，开展逐渐深入的思想教育活动，既符合教育学原理，又能起到事半功倍的作用。

以唐山职业技术学院口腔系为例，在启用“六度”标准对辅导员各项工作进行衡量与规划之后，以温度、高度、深度、精度、速度、梯度六个维度对学生工作进行分类加强，在短时间内显著提升了学生管理能力和思想引领能力，体现在温度维度促师生感情深化、信任加强，有助于学生身心健康成长；高度维度促理论思想水平提升，引领效果显著，逐渐形成品牌特色工作模式；深度维度保证了校园安全维护以及安全教育工作的畅通、学风建设及学生管理的精确化和现代化等；精度维度提升了整个学生管理工作的效率，有效地节约了思政资源并提升了公平效率，加强了重点问题的针对性解决；速度维度促进工作方法的改进与管理意识的进步，逆向提升管理体系的升级；梯度思想则促使各项工作科学化，用发展的眼光看问题，有计划地开展各项工作。

通过“六个度”的工作方式，对辅导员各项工作进行引导和切入，对顺利打开工作局面，引导学生成长成才有显著效果。在学生特点、个性不断发展变化，以及新时代新形势新技术不断出现的情况下，辅导员也应该不断更新与改变自己，提高自身工作能力，以更高的标准要求自己，全面培养学生成才，服务新时代中国特色社会主义建设。

四、专家点评

莆田学院管理学院团委书记、教授陈国成点评：大学生日常事务管理多以教育为主、管理为辅，着眼于日常的思想政治教育，具有烦琐性、细致性、持久性等特性，要求辅导员需要掌握一定的工作方法，并且应具有较高的综合素质。作者基于日常事务工作，注重自身素养提升，将教育管理同知识结构有机结合，提出“六度”工作法，有较强的时代性、创新性和实用性。“六度”工作法贴近学生、贴近生活、贴近内心，注重引领和疏导的双结合，注重方式方法的合理运用，其内容注重过程育人、实效育人、思想育人，搭建了辅导员和学生之间的沟通桥梁，成为契合学生成长、思想引领、寻找沟通的交汇点和切入点，能帮助青年学生做到“品德自修、行为自律、学习自觉、生活自理、心志自控、情感自强”的知行统一，有一定的借鉴意义。

作者简介

胥佳利，女，硕士，副教授，唐山职业技术学院辅导员，河北省第五届辅导员职业技能大赛一等奖、理论宣讲二等奖，唐山市优秀共产党员，唐山职业技术学院优秀思想政治教育工作者、辅导员、班主任。

守护最美的“公约”
——以“寝室公约”构建室风建设长效机制

西南石油大学　严旭

一、做法简介

寝室是大学生生活交往、学习交流、思想交汇的重要场所，也是大学生的“第一社会”“第二家庭”和“第三教室”。寝室文明作为校园文明的缩影，凝聚着一所高校独特的精神气质，折射出大学生的思想观念和价值取向。

从探索学生喜闻乐见的育人途径和方法出发，引导学生制定“寝室公约”。寝室成员明确实施的阶段目标、行动计划、奖惩机制，通过自我监督与朋辈监督，突出学生的自主性和个性化，通过辅导员的过程督导，运用教练技术帮助学生明确目标，激发其内在动力和潜力，引导学生自主管理，实现个性成才。

“寝室公约”的第一个特点是突出学生自主性和个性化。通过指导学生制定个性化的目标，运用 SMART 方法（生成正确方法）明确行动计划，再加上朋辈的见证和监督，有效促进学生的行动力。所有的目标、行动计划和奖惩方案，除了统一的安全要求，其他约定不做统一要求，突出寝室特点和学生成长需求。

“寝室公约”的第二个特点是关注行动、关注成长和持续改进。在公约的执行中，辅导员将教练技术融入过程跟进和督导。通过定期回访，了解公约制定的目标是否与学生发展要求相一致，开展针对性的指导工作，对执行良好的寝室，给予肯定和强化，对执行不好的寝室，指导学生一起查找原因、更新更加可行的公约。

二、具体措施

（一）寝室公约的制定

“寝室公约”的制定始终强调“重在实效”的原则，坚持“实事求是、百花齐放”。寝室的主要功能是让学生休息和放松，除去“宿舍不违章用电，不私拉乱接”和“周一至周四每晚 7:00—9:30 为宿舍无网络娱乐（含网游、网购、追剧等）时间”之外，充分尊重学生的实际需求和寝室特点，每个寝室根据寝室成员学习、生活、行为习惯现状和个性共同制定。构建多样化、个性化的“寝室公约”，既要有学霸寝室，也要有诚信寝室、体育寝室、创新寝室，摒弃“千人一面”的公约模式，实现“千姿百态”的育人效果。

“寝室公约”包含三部分内容：学习目标、行动计划、奖惩机制。最后由全寝室成员签字确认形成公约。公约制定体现以下特点：

（1）目标是具体的、明确的，制定的目标表述清楚，对于学生本人具有意义，与自我价值观和中长期目标一致。

（2）目标是可量化的，在实施的过程中才有可判断性。

（3）目标是可实现的，不论自我设定的目标还是行动计划，都是高于现状且通过努力可达到的。

（4）最终是有奖惩的，执行到位可进行具体的自我奖励或寝室给予奖励，未执行到位落实具体的自我惩罚或寝室给予惩罚。

（5）目标是有时间期限的，寝室自主确定公约的实施时段，在阶段性目标达成后应变化制定新的寝室公约目标。

（二）寝室公约的实施

（1）辅导员召开专业主题班会，宣讲“寝室公约”的目的、意义和制定办法，提高公约普及率。

（2）将寝室公约张贴在寝室显著位置，或拍照上传班级QQ群或易班群，公开“宣告”，增强寝室成员的执行力。

（3）在活动开展过程中，线上通过QQ群问卷调查的方式，了解学生对于活动的建议和意见，了解学生的实施情况。线下辅导员通过寝室走访，以寝室为单位对学生进行活动意义和目的进一步宣讲，了解学生对于行动计划及奖惩机制的实施情况，提高学生实施寝室公约的积极性。

（4）活动推进，实行三级管理责任制：寝室长—生活委员—辅导员三级督促机制“护航”寝室公约。寝室长纳入班级班委成员，要求定期召开寝室生活会，根据寝室实际情况，考虑每名同学感受，共同商讨制订公约的具体内容；生活委员每月定期拍照，收集公约上报辅导员；辅导员定期检查、不定期抽查各寝室公约执行情况。

（5）辅导员运用教练技术跟进与督导，通过定期回访，了解倾听学生的个性需求及变化特点，了解公约制定的目标是否与学生发展要求相一致，开展针对性的指导工作。对执行情况良好的寝室，及时给予肯定和强化，对执行情况不好的寝室，指导学生一起查找原因，更新更加可行的公约。

（6）反馈与表彰，将寝室公约贯穿到学院“最美寝室”评比中，寝室公约执行情况作为评选“最美寝室”的依据之一，并设置“最坚持寝室”称号，以表彰寝室公约落实较好的寝室，设置“最进取寝室”称号，以表彰寝室公约实施以来学习、生活等方面进步最大的寝室。

（三）寝室公约的成效

从学生角度来说，将教练技术融入“寝室公约”开展室风建设一年来，通过线上问卷调查、线下走访调研，发现：超过75%的学生认为“寝室公约”在激发学生成长内动力、促进学生行为改变等方面起到了非常积极的作用；通过对比不同年级学生同期的学习成效和学习生活状态，发现：2018级学生同比2017级同期，在学分绩点、英语四六级过关情况等方面都有全面提高。从辅导员角度来说，学院本科生2916名，人数众多，日常烦琐的事务性工作和学生情况的复杂多变，给辅导员的日常管理工作和思想政治教育工作带来了极大的挑战。“寝室公约”充分挖掘学生的内在动力和潜力，真正做到“以生为本”，学生由被动等待“他育”变为积极主动“自育”，根据自身的需求和个性发展的需要，自己给自己设定目标、制定行动计划、发挥朋辈监督，有效促进行动力。

三、启示思考

依托“寝室公约”，创新学生教育管理服务工作：

（1）教育主体从“单”转向“全”，“他育”变为“自育”，学生自己既是教育管理的主体也是客体。育人与生俱来就是高校辅导员的本职工作，“寝室公约”让辅导员从真正意义上摒弃“权威”和“绝对”的观念，去平视学生，去理解学生的每一个行动背后都有积极的意义、去相信学生已经具备解决问题所需要的资源并且他们有能力作出改变。“我的寝室由我做主”，寝室成员掌握自己成长成才的主动权，从实际情况出发，考虑每名同学的需求和个性，共同商讨决定公约的具体内容。

（2）育人空间从“分”转向“合”，育人工作阵地具有整体性，从“条块分割”转向“协同配合”。寝室是争议或者忽视的阵地，不违反寝室安全卫生通报，寝室往往是辅导员忽略的地方。“寝室公约”的推动，学生从寝室卫生、作息规律、寝室文化、寝室安全、学习计划等诸多方面出发制定属于自己的公约，形成每个寝室独特的价值导向和文化氛围，从而对同一寝室学习生活的成员形成强烈的影响力，舍风推动学风，学风带动班风，形成聚合育人效果。

（3）育人过程从“点”转向“体”。“寝室公约”的推进不是一蹴而就的，最开始树立标杆榜样，发挥学生干部的作用，在不同年级表彰和树立榜样，带动更多同学切实贯彻，从微小的行动和改变开始，实现由“点”到“线”的带动，最终目的是聚“面”成“体”，形成整个班级改变，实现“面”“面”俱到，舍风、学风、班风联动带动。

四、专家点评

西南石油大学经济管理学院团委书记、副教授刘波点评：寝室文明虽然只是校园文明、社会文明的一小部分，但却影响到了大学生世界观、人生观、价值观的正确形成，影响着未来社会的价值取向。“寝室公约”一方面是融洽寝室关系的工具，通过寝室成员对自我及人际交往的探索，获得沟通、协调、合作等能力，学会与人共处，学会律己与宽容，同时引导学生明大德、守公德、严私德，强化公德意识；另一方面“寝室公约”真正意义上让辅导员不去“包办”学生的发展意愿，通过学生自我设定目标、行动计划和奖惩机制，促发学生行动动力，引导学生发现自我解决问题的能力和资源，学会正确面对和解决大学学习生活问题，从而真正实现学风建设治本、室风建设治本。“寝室公约”的推进，培养了大学生自我管理、自我服务、自我教育、自我监督的意识，挖掘了大学生成长成才的内在动力和潜力，推动了大学生成为社会主义合格建设者和接班人的能力发展。

作者简介

严旭，女，中共党员，硕士，讲师。西南石油大学经济管理学院辅导员，学生第二党支部书记。负责大学生思想政治教育工作、日常管理工作。2020年6月—至今，任职于西南石油大学党委学生工作部(处)学生资助管理中心，负责全校本科生资助育人相关工作。曾获西南石油大学就业“先进个人”、西南石油大学大学生暑期社会实践“优秀指导老师”等荣誉称号。参与著书《辅导员的创新思维课》。承担《大学生职业生涯发展与规划》课程教学工作。

趣味寒假作业正对00后大学生“胃口”

安庆师范大学　方琪

一、做法简介

我所带的主要是00后的大一法学专业的新生，临近期末，按照教学计划，学生有长达36天的假期，时间充裕，相对于高中紧张的气氛和无形的升学压力，大学的第一个寒假很多学生会有所懈怠，其实时间是自我增值的助力器；为了防止学生在假期无休止地放纵自我，将学业抛之脑后，我结合法学专业学生的特点进行个性化设计，精心布置了16项作业，同时学生可根据自己的学号尾数任选其中的两项，活泼了作业的形式，增加了趣味性和可选择性，让学生们在假期放松之余也能不忘学业，乐于学业，养成良好的学习习惯。

二、具体措施

（一）结合专业特点，精心设计作业内容

寒假作业的设计，我更多地结合00后学生的特点以及法学专业的特征，参考网上一些较好的做法和前辈们的意见，设计了形式多样的寒假作业，比如，和法学专业有关的熟记宪法誓词、进行普法宣传等，让学生走出家门、加强体育锻炼；不做手机奴，和家人互动交流分享；制定学习计划，背诵英语单词；深植家国情怀，观看新闻联播，了解国家大事等等，目的就是想让学生在假期放松自我的同时不忘自我增值，适当地充电，过一个有意义的寒假。

（二）活泼作业形式，增加假期作业的趣味性与吸引力

很多辅导员老师也会在假期来临之际布置假期作业，如“上学期的工作总结和下学期的工作计划”，学生的作业都是命题作业，形式和内容都一样，诸如此类作业根本无法激发00后学生的兴趣，很多学生都是为了完成作业而作业，并没有达到育人的目的。00后的学生自我意识更加强烈，为了增加作业的可选择性和可接受性，同时让他们自觉地、更好地总结以往的工作和思考下学期的规划，除了将核心思想融入作业内容中，还要努力创新作业形式，拓展作业内

容。例如：如熟记宪法誓词，进行普法宣传；加强体育锻炼；和家人互动交流分享；了解国家大事；等等。此外，学生可根据自己的学号尾数任选其中的两项，保证了每份作业的独一无二性，活泼了作业的形式，增加了趣味性和可选择性。

布置作业的时候恰临元旦节，为了应景和增加作业的神秘性，我特意将作业文件名改为“来自辅导员的新年礼物”，发在班级群里，调动了学生们的好奇心和积极性，引起了激烈讨论，促进了师生之间的互动与交流，在随后召开的“考风考纪暨安全教育”主题班会时，特意将假期作业的具体事宜重新进行强调，再征求学生的意见，形成终稿。

（三）注重引导与升华，假期作业成为育人的利器

此份作业内容以及形式的新颖性引起了较好的反响，不仅引起了学生们激烈讨论，很多同学将此份“不寻常的寒假作业”上传至朋友圈，引起了安庆师范大学校新媒体的关注，做了专题的报道，所推送的主题文章阅读量高达 1117 人次，同时学生完成作业积极主动，在无再三催促的情况下，已经陆续收到这份特殊的寒假作业了。

收到学生的寒假作业后，我对每一份寒假作业进行批阅，认真给出回信，让同学们感受到辅导员老师的用心。假期作业不仅仅是一份作业而已，我结合学生日常的表现和上学期的期末成绩，给每一位学生回信，时刻关注学生在假期的思想动态，发现各类问题学生，及时保持联络，同时寄语学生，鼓励学生不断进步，很多学生的家长也出现在学生的假期作业中，加强了家校之间的联系。在给所有的学生回信后，我召开主题班会，总结假期作业以及衍生的思想政治教育，注重引导和升华，结合实际给学生上了一堂有意义的思政课，使薄薄的假期作业真正成为育人的利器。

三、启示思考

（一）如何打造学生喜闻乐见的假期作业？

00 后的学生和 90 后的学生相比，有着自己非常鲜明的个性特征。同样的一件事情如果没有新颖之处，他们一般都“不买账”的。法学专业的学生课程学业一直比较重，尤其是下学期的课程，是需要学生利用寒假下一些功夫的。实际上，很多新生一放假就把学业忘到九霄云外了，整天宅在家里沉迷于游戏，流连于娱乐场所等，荒废了宝贵的时间，布置一些寒假作业适当地督促学生是非常有必要的，但是单纯的、硬性要求的寒假作业，会让学生们非常抵触，很多学生为完成任务而去做，效果差强人意。怎样才能把寒假作业布置出新意，让学生接受并乐在其中并有所收获？创新形式，增强趣味性和可接受性，另外，在作业布置上，学生根据自己的学号，可以任选三项，每个学生的选项都不一样，比较多样化，给了他们更多的选择，更易接受。

有时候形式真的很重要。我是个新手辅导员，第一次带两百多个学生，对于我的学生来说这是第一份大学的寒假作业，对我来说同样如此。教学相长，既达到教书育人的目的，也增进了师生感情。

(二)如何最大化利用外在形式回归育人的初心？

形式是育人的工具，如何最大化地利用工具回归育人的初心是值得在实际工作中不断探索的。我觉得要有一个完整的流程形式贯穿始终，自选题目是形式，陪家人做家务是形式，主题班会动员引导是形式，电子邮件回信也是形式等等。整个过程中，所有的动作形式是不间断的，缺少事后的主题班会总结，升华不了主题，难以突出作业的真正意义；缺少辅导员老师有针对性的回信，无法触动学生的内心，感受不到老师的关怀等等。只有一连串切合主题的形式才能更好地达到育人的目的，帮助学生于小处小事成长成才。

此外要抓住学生的心理特征，学生的理解与支持可能是辅导员工作的最大利器，也会使育人的效果事半功倍。形式上要征求学生的意见，具体实施中要不断听取学生的反馈予以修正，事后要及时反馈给学生。把学生当成形式的主体，结合学生的意愿找到最合适的形式，于无声处完成了形式与内容上的统一，回归育人的初心。

四、专家点评

安庆师范大学法学院党委书记詹德全点评：虽然00后，从法律意义上讲很多学生都已经是成年人了，但还是需要学校和家庭的共同督促。这份寒假作业形式新颖，创新意识浓厚，趣味性较强，能够调动学生，尤其是00后新生的积极性。与此同时，这份作业内容丰富，涵盖面广泛，其中既包含了法学的专业知识，又包含了体育锻炼以及提升社交能力。通过这份作业，学生们不仅能够完成相应的学习任务，还能强健体魄，提升社会实践能力，增强社交能力，强化爱国情怀，不失为一份较好的大学生寒假作业。

作者简介

方琪，女，中共党员，安庆师范大学法学院专职辅导员，中级社工师，安徽省大学生质量文化与品牌创意设计大赛优秀指导老师，校大学生暑期社会实践优秀指导老师。

细致入微助适应　因材施教促发展

徐州医科大学　阮征

一、做法简介

李尧(化名)同学是一名来自偏远地区的贫困生，入学时独立、热情、开朗，积极参加各类校园活动，对大学生活充满期待，这种能量甚至能够感染到周围的同学。然而，随着大学生活的逐步展开，李尧身上发生了一些变化：新生入学班会上的热情洋溢不见了，军训阶段的大方爽朗不见了，运动会跑道上的自信乐观也不见了。通过向李尧所在班级班委及其室友了解情况后得知：一方面，在平时生活中，强大的自尊心使李尧放弃了同舍友周末活动的机会。因为家庭的贫困，李尧的消费观和消费水平与舍友相差甚远，在一次因消费选择而产生争论后，李尧便有意回避这样的活动，久而久之，所有的活动都看不到李尧的身影。另一方面，因底子薄、基础差使得李尧面临较大的学习压力。大学的课程进度快、难度大，学习上对自觉性、主动性的要求更高，面临从被动接受到主动建构的转变，李尧一时难以适应，甚至十分迷茫，失去了方向和目标。因而，开学之初的乐观、自信、开朗被多疑、自卑、封闭所取代，并由此给自己的大学生活带来了阻碍，影响了学习效率以及正常的人际交往。了解到这些情况，笔者从资助政策方面对其进行帮助，从思想观念方面对其进行引导，从心理健康方面对其进行干预，从朋辈辅导方面对其进行关怀。经过一段时间的努力，李尧和班级同学相处良好，有了明确的目标，并在期中考试中取得了理想的成绩。

二、具体措施

(一)资助育人，解决实际困难

主动约谈李尧，结合相关材料，充分了解其家庭情况、成长环境、性格特点等，向其详细介绍解读国家、学校的相关助学政策。在征得其同意的基础上，通过学校资助体系帮助其申请助学金、勤工助学岗位，解决生活上的实际困难。同时，引导其根据自身实际情况，合理规划大学生活，在学习上投入更多时间，争取国家励志奖学金，以自己的努力分担家庭经济压力。

（二）思想引导，树立正确观念

结合其成长经历、生活环境、性格特点等方面因素，引导其正确看待目前的家庭经济困难，消除紧张、自卑心理压力，树立正确的世界观、价值观、人生观以及坚定的理想信念，以平常、平实、平等的心态面对生活。此外，引导其树立正确的消费观，俭以养德，量入为出，不与其他同学相互攀比，更多地将注意力放在理论知识、品德修养、综合素质的提升上。

（三）朋辈辅导，融入班级团体

通过团体辅导，为其提供一个可以和同学尽情交流、活动的平台。为了让李尧同学能够感受到大家庭的温暖，懂得人际交往中最重要的因素——信任和包容，和班委一起精心设计了一次素质拓展形式的主题班会，让李尧同学在游戏中学会合作，感受团结的力量和真诚的友谊。同时，针对其学习问题，搭建帮困互助平台，组建学习交流小组，发挥组员的特长与优势，进行一帮一精准对接。

（四）心理咨询，指导健康成长

重视对李尧心理品质和道德情操的培养，一方面，通过定期的谈心谈话，了解其心理动态，同时，教授其心理调适的方法与技巧，鼓励其健全社会支持系统，发展合理化的情绪宣泄途径；另一方面，积极发挥心理中心的作用，向其阐明成长性心理咨询的价值与意义，鼓励其勇于向心理咨询老师寻求支持与帮助，疏解学习生活中的压力与烦恼，塑造健全人格。

三、启示思考

（一）“帮困”与“育人”相结合

国家和高校为了使贫困学生能够顺利完成学业，分别制定了多层次的学生资助体系，对贫困学生进行不同程度的经济援助。但要使贫困学生真正“脱贫”，高校思想政治教育的正确引导尤为重要。高校辅导员要以“关爱学生、服务学生”的观念作为贫困学生思想政治工作的出发点和立足点，引导其正视现实、认识自我，塑造健全人格。

（二）“关注”与“知心”相结合

建立分等级的大学生心理健康信息库，对于心理、行为异常的大学生在入学初便给予高度关注，及时了解情况，疏导不良情绪，给予真诚关怀，做贫困学生的知心朋友，以心交心，以情动人，帮助贫困生走出困境，防止其因长期的负面心理积压而产生过激行为。

（三）“精细”与“精准”相结合

要对学生的真实情况切实进行深入、全面的了解，要针对不同的学生、不同的问题，采取不同的教育解决方法。只有有针对性地解决问题才能提高效率，做好思想政治教育工作。

四、专家点评

徐州医科大学第一临床医学院党委书记、副教授姜嘉点评：这是一例贫困学生适应障碍的案例。如何帮助李尧克服自卑心理，树立正确思想观念，改善与同学们的人际关系是基础；如何帮助李尧克服学业困难，合理规划大学生活，回归正确的成长轨道是关键。该案例成功之处在于，将解决实际问题与引导学生成长相结合，将物质资助与思想引领相结合，将学业指导与心理辅导相结合，将朋辈辅导与教师引导相结合，有针对性、差异化、细致入微地帮助学生，体现了资助与育人、立德与树人相统一，因事而化、因时而进、因势而新的教育理念。

作者简介

阮征，男，中共党员，应用心理专业硕士，讲师，徐州医科大学第一临床医学院辅导员、学生党支部书记，国家二级心理咨询师。在辅导员岗位上已工作6年，公开发表省级期刊文章8篇，主持江苏高校哲学社会科学研究项目2项，徐州市社会科学研究课题1项，徐州医科大学专项课题2项，曾获“三校联盟”辅导员素质能力友谊赛特等奖，徐州医科大学辅导员素质能力大赛一等奖、徐州医科大学校辅导员年度人物，徐州医科大学就业先进个人，大学生暑期社会实践优秀指导教师等。

管理之中践使命　育人之时守初心

河北传媒学院　薛冰　任倩

一、做法简介

王某，应届毕业生，正处于实习期不在校，家庭主要成员有父母和哥哥。辅导员核对学费时发现该生未缴学费，通知王某及时缴费，王某称银行卡被锁，正在办理解锁手续，手续办理以后即可缴费。两周后，王某仍未缴纳学费，辅导员联系王某，王某称实习时间紧张，这几天就缴。一周后，辅导员再次联系王某催其缴纳学费，王某拒绝接听手机及网络电话等，辅导员发消息给王某："若仍不缴纳学费，并拒绝沟通，辅导员将联系其家长。"在王某依然未回复消息的情况下，辅导员联系了王某父亲，其父亲称：学费已经打给王某，王某也表示正常缴纳学费，刚刚还给家里打电话叮嘱，班里有同学家长接到诈骗电话，提醒家人如果有人电话以学生生病、学校缴费等各种名义要钱，一定不要相信，是骗子。辅导员试图跟家长沟通，但家长言辞态度恶劣，并称刚刚是"真正的辅导员"和孩子一起给家里打的电话，并警告辅导员不要再试图行骗，随后直接将电话挂断。辅导员尝试再次与王某及其父母联系，均未得到回应。

二、具体措施

（一）案例分析

督促学生按时缴纳学费是辅导员学生日常事务管理工作的一部分，但是本案例中，要解决学生学费问题，就要先解除辅导员的身份危机，造成危机的原因则在于学生的不恰当行为，因此了解这种行为背后的动机，掌握学生的思想动态，是根本解决问题的核心。因此，案例的定性应该是学生思想政治教育问题。

辅导员身份遭到质疑，工作难以推进，如何自证身份取得家长的信任，是解决本案例的突破口。辅导员本应该是学生在学校最亲近的人，通常是作为

“学生与其他人”之间矛盾的第三方处理学生问题，但本案例中，一出真假辅导员，把辅导员从“第三方”变成了“当事人”，师生之间遭遇信任危机，辅导员是否能保持客观冷静的心态、担负起教育者的责任，是解决本案例的基础。

（二）处理经过

1. 当务之急，验明正身

第一时间为自己正名，得到家长的认可，是处理学生问题的前提。考虑到学生父亲的态度和事情本身的复杂程度，辅导员决定以学生的哥哥为突破口。

打通王某哥哥的电话，在确认了对方的身份后，简单陈述事情经过，并把辅导员个人基本信息和王某基本信息以短信形式发送给对方，提醒王某哥哥，可以登录学校官方网站，拨打学校值班电话核对辅导员身份，同时建议可以给“真正的辅导员”打电话，询问关于学校制度和学生入学以来情况的问题，以辨真伪。在经过一个多小时的不懈努力后，学生家长终于相信辅导员的身份。

2. 抛开情绪，寻找线索

被自己的学生“打假”，没有情绪是不可能的，但是辅导员的身份就注定要担负“学生虐我千百遍，我待学生如初恋”的职责，在等待家长确认身份的同时，辅导员迅速调整自己状态，压下愤怒、委屈的情绪，冷静客观分析事件原委，寻找事件处理的关键点，才是处理问题的正确打开方式。解决学生问题的过程，也是辅导员自我修炼的过程。

相处了近四年的学生，平时师生之间也没有隔阂，只是因为未缴纳学费，却给家长打了一通这样的电话，是有意隐瞒还是被人胁迫？考虑到近期校园贷的不良影响，担心学生是否陷入校园贷，辅导员联系王某宿舍同学询问王某最近情况。

经过跟王某宿舍同学的联系，了解到王某前一段时间交往了女朋友，在南方求学，王某几次到女友学校见面。已经认可了辅导员身份的王某家人也反馈，学费在开学时就打到了王某的账户上，同时表示并不知道王某交往女朋友的事情。

3. 一波三折，“劝返”成功

鉴于学生不回复辅导员消息，辅导员请王某父亲联系王某，希望他能主动和辅导员进行沟通。随后王某联系辅导员，承认了学费用来约会花销和找人冒充辅导员的事情，也表示自己没有进行任何的贷款行为，但是仍然拒绝回校与家长和老师面谈。

考虑到学生行为的异常，为了避免学生因为学费引发其他问题，辅导员没有勉强王某回校，而是利用网络与王某继续沟通，开展教育引导工作。经过持续的沟通，王某也坦诚了自己的顾虑：学费被花光怕父母生气，更怕父母因此阻止自己和女友来往；找人冒充辅导员，扰乱辅导员正常工作，担心学校会给自己处分。

明白了王某的顾虑，辅导员表示不会给王某处分，同时也教育王某要对自己的错误行为进行反思、勇于担当，老师和父母会跟他一起，共同解决问题，终于王某同意返校。

4. 标本兼治，解决问题

王某返校后，辅导员也请家长到校配合工作，在了解到王某正在打工赚取学费时，家长表示可以"借钱"给王某，让王某安心实习，顺利完成学业后，再偿还"借款"。

学费问题解决后，辅导员以此事为契机，在前期网络思政工作的基础上，跟学生面对面讨论亲情、爱情和师生情谊，也共同探讨信任、金钱和担当，结合案例本身，帮助引导学生塑造正确的人生观和价值观，同时也与家长沟通，双方共同努力，多关注孩子的内心需求，加强对学生的教育和引导。

三、启示思考

本案例是由学生未正常缴纳学费引起的，虽然是学生日常事务管理的问题，但其中学生不恰当处理恋爱与金钱的关系、不能直面错误，本质还是在思想认识问题，因此，辅导员的重点工作还要落到有针对性地帮助学生树立好正确的价值取向，从根本上解决学生的思想问题，帮助学生成人成才。同时，辅导员也要反思在案例处理过程中暴露出的学生管理工作中的问题和不足。

（一）离校不离心，持续做好思政教育

对于学生的动态掌握要及时准确是辅导员的基本职责，平时我们可以通过班会、听课、走访宿舍等形式跟学生进行交流，但是实习期，由于学生不在辅导员"身边"，就容易成为学生管理和思政教育的空白期，因此辅导员要加强实习期间对学生的跟踪教育，在学生从学校到社会的过渡期，做到离校不离心，主动关心学生在哪、做什么、有没有困难，利用网络和新媒体做好思想政治教育，保证思政工作的持续性和到达率，从学生身边走到学生心间，真正成为学生健康成长的知心朋友和人生导师。

（二）信任是基础，求助是关键

辅导员很多时候做的是"事后工作"，处理宿舍矛盾、学业预警等，再加上师生的身份关系，学生对辅导员的感情更多的是敬重而不是信任。要打通辅导员和学生之间心的链接，做学生想得起、信得过的辅导员，就要在"事前"把感情基础打牢，充分利用班级活动、谈心谈话等方式与学生加深感情，在不断的

沟通和交流中提升师生的信任度，为辅导员开展思想政治教育工作奠定基础。学生亲其师信其道，辅导员才会成为学生遇事第一个想到和愿意敞开心扉进行交流的人。

培养学生养成求助意识。辅导员要教学生学会求助，遇到自己难以解决的问题时，主动寻求帮助，找到最合适的解决途径，有效地快速止损。

（三）家校联合，落到实处

受距离、时间的限制和高校特定教育方式的影响，学生家长和辅导员几乎没有见面的机会，辅导员对于家长是属于“熟悉的陌生人”的存在。案例中，在突发状况面前，家长在孩子和陌生人之间，选择相信孩子是人之常情。

要实现家校联合，达到共同育人的目的，学校与家长的联系就不能只停留在表面，辅导员更不能等出事以后才联系家长，新媒体时代，除了传统的家长会，学校可以通过网络，建立家长微信群、QQ 群等，定期举行网上见面会，打破时空限制和家访的局限性，加强与家长日常的联系和沟通，共建联合育人机制，发挥家校合力，实现全员全程全方位育人，使家长真正参与并作用到学生的成长教育中来。

四、专家点评

河北传媒学院党委副书记、副校长陈强点评：大学阶段，学校老师与学生家长之间的沟通显得非常重要，家校关系依然在大学生的成长中起到关键作用。

案例中提到的“真假辅导员”，实则因为误会而起。分析原因，其一是由社会上经常出现的诈骗现象而起，第二还是因为沟通不畅所致。事件出现后，该辅导员采取的应对措施显然是正确有效的，但更应该引起反思的是，大学辅导员应如何与学生家长保持适度、有效的良好沟通？如何保持分寸合适而不引起学生反感？这是促进大学生在校期间健康成长和做好大学生思想政治工作的有效辅助途径。

作者简介

薛冰，男，河北传媒学院辅导员，助理人力资源管理师，多次获优秀共产党员、安全先进个人、社会实践优秀指导教师等，所带班集体获先进班集体。

任倩，女，讲师，河北传媒学院信息技术与文化管理学院党总支书记，国家心理咨询师，河北省辅导员人物提名奖、先进德育工作者，校级辅导员素质能力大赛一等奖。

立“三交” 合“三点” 促“融合”
——切实做好少数民族同学教育工作

徐州医科大学 杨静

一、做法简介

少数民族学生来到内地高校读书，因为存在地域、文化、语言、家境的差异，他们往往喜欢在少数民族同学之间内部交流，不太主动与内地的老师、同学交流，即便有困难也不会主动寻求老师或同学的帮助；因为语言差异，不少同学(除了内地班同学)上课听不太懂，上课的积极性不高，呈现畏难情绪；因为民族文化、宗教信仰、生活习俗的不同，少数民族同学思乡心切，在学校缺乏归属感。

解决此问题的关键点在于如何帮助少数民族同学快速适应内地高校，融入同学、融入学院、融入学校？如何引导他们铸牢中华民族共同体意识，调整心态，科学规划大学生活，回归良性的成长轨道？

经研究分析，具体解决路径如下：立足“三交”，关注动态，加强少数民族学生思想引领工作；契合“三点”，以生为本，为少数民族学生提供全面多样化服务；促进“融合”，整合资源，大力开展少数民族同学职业生涯规划辅导工作。

此案例针对辅导员如何处理少数民族学生与内地高校环境的相融成长问题进行阐述，可以划归为高校辅导员工作职责之思想理论教育和价值引领。

二、具体措施

(一)立足“三交”，关注动态，加强思想引领工作

在充分考虑民族、地域等因素的情况下，入学之际就多加关注少数民族学生，加强交流、交往、交融，注重思想引领，帮助解决困难，形成尊重差异、包容多样，手足相亲、守望相助，你中有我、我中有你的工作局面。

1. 夯实思想教育

以十九大和学校“双一流”建设为契机，广泛开展爱党、爱国、爱校等主题教育，使他们坚定维护祖国统一、反对民族分裂、维护校园稳定的思想观念。通过组织民族学生观看爱国影片等，引导他们牢固树立理想信念，增强自信心和自豪感。

2. 加深交往交流

及时关注民族学生思想情况，增强情感投入，增强人文关怀。通过情感融通、身份认同、心理引导、文化归属等形式，形成学校一体多元的格局，使学生在不断地交流交融中增强归属感。

3. 加强包容关怀

尊重少数民族风俗习惯，满足民族学生生活及文化需求，加大帮扶力度。在少数民族学生入学初期，充分了解少数民族学生的基本信息、性格特点、家庭情况，建立少数民族学生档案，做好少数民族学生的资助工作，为困难同学提供助学金、临时困难补助、路费补助、勤工助学岗位等，切实缓解少数民族学生的经济压力。

（二）契合“三点”，以生为本，提供全面多样化服务

找准高校工作与少数民族学生心理契合点、情感共鸣点和价值结合点，积极开展特色活动，促进各族同学像石榴籽一样紧紧抱在一起。

1. 构建育人模式

成立帮扶队伍、辅导员工作室等，专门服务少数民族学生，加强院党委委员、辅导员对他们的指导，通过每周面谈、微信、QQ 等方式与他们深入沟通，上下合力有针对性地开展教育帮扶。

2. 开展主题活动

每学期利用少数民族传统节日、纪念日等时机，组织形式多样的欢庆及主题教育，以此增强民族间的团结，激发提升高校感染力。

3. 加强学习帮扶

时刻关注少数民族学生学习情况，在学校的相关帮扶政策下，学院安排教师及优秀学生负责对他们进行学业帮扶，力保每一个少数民族学生不因学业问题而失学掉队。

4. 培育榜样模范

积极培育少数民族学生先进典型，邀请优秀少数民族毕业学生返校交流，以身边人讲身边事，用榜样的力量感染、激励与带动他们。

(三)促进“融合”,整合资源,开展职业生涯辅导工作

1. 高度关注,准确定位

坚持定期召开专题报告、讲座等,邀请相关少数民族工作的领导及专家,引导少数民族学生正确认识自身的个性特质、进行准确的自我定位,明确自己的发展目标。

2. 观念引领,助力就业

注重对少数民族学生进行就业观念引导工作,鼓励他们到基层、到边疆、到祖国最需要的地方去建功立业,建立少数民族毕业生就业信息和求职需求电子库,落实重点推荐,帮助少数民族学生顺利就业。

3. 因材施教,分类指导

根据学生的职业目标,鼓励有志深造的少数民族同学志存高远,继续深造,并安排专业教师对其进行帮扶指导;积极为立志就业的同学发布相关就业信息、推荐实习,帮助他们了解就业形势和就业政策,发掘自身潜力潜质,增强在就业市场上的竞争力。

通过制定规划、科学调整,少数民族同学的自信力不断增强。经过几个学期的努力,他们的生活适应良好、学习态度端正、参与活动积极性明显提高,大面积的不及格现象也得到了很好的改观,个人的状态也得到了好转,能很好地融入班级、学院、学校。

三、启示思考

(一)辅导员要全面学习少数民族知识,高效解决问题

要做好少数民族学生的教育管理工作,辅导员应全面了解国家及学校的相关政策,及时地掌握少数民族的相关知识,与时俱进,制定科学有效的教育方案。结合不同民族的文化、宗教、习俗、习惯等因素,辅导员要学会专题学习,将其有效融入日常的教育管理工作中,这样既有助于少数民族同学找到归属感,也有助于我们科学高效地开展工作。

(二)辅导员要善于运用多维度教育模式,“爱”创奇迹

对于案例中的少数民族学生,如果仅仅从单一的教育工作者角度出发,处理起来可能会事倍功半。若我们看待问题的角度多维化,从学校、家庭、社会、民族、个人等多角度地以“爱”的名义开展工作,他们就会接收到温暖与滋润的讯号,从内心认同辅导员,进而认同学院、学校。“爱”可以创造奇迹,心灵打开了,好多问题都可以迎刃而解了。

四、专家点评

徐州医科大学学工部部长、副教授陈玮点评：该案例从少数民族同学怎样很好地融入内地高校的问题切入，具体阐述如何引导他们尽快调整自我、进入状态，最终实现个人的全面成长。此案例深入探究内地高校少数民族同学的教育管理问题，敏锐捕捉“三点”：心理契合点、情感共鸣点和价值结合点，合理利用“三交”：交流、交往、交融，积极融合构建少数民族同学的社会主义核心价值观。通过爱党、爱国、爱校等主题教育引导少数民族同学牢固树立理想信念，增强自信心和自豪感；通过情感融通、心理引导、文化归属、身份认同等形式，引导他们明确人生方向，科学规划未来，成就最好的自己，不失为一个优秀的案例。

作者简介

杨静，女，中共党员，汉语言文学硕士，副教授。从事思想政治辅导员16年，担任学生党支部书记，负责学生思想政治教育及党建工作。公开发表核心期刊文章2篇，省级期刊文章18篇，主持江苏省高校哲学社会科学研究项目2项，江苏省高校辅导员工作研究会专项课题1项，徐州市社会科学研究课题1项，徐州医科大学专项课题3项，曾获“三校联盟”辅导员素质能力大赛二等奖，徐州医科大学辅导员素质能力大赛二等奖、徐州医科大学辅导员工作案例评比一等奖、徐州医科大学校辅导员年度人物等。

注：此案例荣获校级辅导员工作案例评比一等奖。

做“妈妈式”管理 绝不做妈妈的代言人

湘潭大学　郭海洋

一、做法简介

小华是一名大一新生，第一学期出现了一系列不服从管理的行为，比如早读迟到或缺勤，平时上课不交手机；班费未缴纳，班级集体活动不参加；对人冷漠，发信息不回复等情况。采取的做法是：

（一）及时交流，主动沟通

在小华沉默不语时，经常性地邀约该同学到办公室交流，或是进课堂、自习室看望她，去寝室、食堂了解该同学的日常表现。鼓励为主，尊重个性，遇到其做得好的方面及时鼓励，并形成合作性约定，大多数事情上以商量的口吻，而非命令式的要求，让她表达出个人的想法，然后加以有效引导，达成目标，促其成长。

（二）全面关心，主动关怀

班级形成以班长为核心、生活委员为主要联系人的帮助小组，来关心该同学，让其感受到班级的温暖。

（三）联系家长，合力施策

从其原生家庭、生活环境、成长经历，来综合判断她的想法，对待具体事情，参考家长的意见和理解方式，结合专业和工作经验，采取有效措施，帮助该生解决问题。

（四）组织活动，增强归属感

根据小华的特长，在班级开展特色活动，并邀请她作为主要组织者，有效增强她在班级的归属感和同学们对她的认可度。

二、具体措施

小华是一名 2019 级大一新生，她是班上第一个主动找老师请假的学生，所以印象很深刻。然而小华因为小时候得病留下走路不能太远，爬楼不能太高的伤痛，所以从原本的 6 楼申请到了与其他学院同寝的 2 楼房间。但是接下来，一连串关于她的问题出现了，比如，军训期间多次请假，不能军训，以至于请长假，坐在场地休息，这时，培训的同学都在背单词，而她在画画；在班级群里经常会问“这节课上不上”或者是“在哪里上”等低级问题；小华想转专业，但她的想法和大多数同学的思想有异。比如，同学们在咨询了转专业的条件之后，会按照转出和转入的条件尽可能地去努力，但是小华坚持认为，本来就不喜欢自己现学的专业，怎么能够学好，并达到相应要求。于是，她选择自甘堕落，心中充满吐槽和抱怨。对于上课交手机一事，班干部协助辅导员老师软硬手段皆施，写过思想报告、谈过话、警告过，但均没有好的效果。甚至有一次，小华在班群唱起反调，她认为手机在自己手上学习得更踏实，能够在听不懂时及时拍照记忆，还提到其他高校有不收手机的现象。这种小伎俩与她不上晚自习的想法策略如出一辙，她认为班级聚在一起，容易受到别人影响，学习效率不高，自己一人在宿舍学习会更有效果。她的思想独特、个性强烈，“好事不出头，坏事唱反调”，在班级成为典型个例。通过努力思考和尝试，我终于找到了峰回路转、妙手回春的好方法。

（一）及时交流，主动沟通

经过多次与小华主动沟通，得到她的信任，让她敞开心扉，吐露心声，才知道她是一个离异家庭的孩子。高中毕业之前，由妈妈带着长大，属于乖巧听话的学生，在大城市接受好的教育条件。但是在高三中期之后由于压力大，和自己精神依赖的一个网友关系僵裂，出现了生活没有目标、奋斗没有意义的想法，一度封锁自己，持续到现在，与父母双方关系均较弱，不想联系，屏蔽家人。在聊天中发现她放假不愿意回家，有想一人外出打工的想法。这时，我认为小华是一个孤独习惯了的孩子，不喜欢和别人交流，缺乏对别人的信任，在学习生活中无所依靠。于是，我就扮演起了知心大哥哥的角色，每周约定时间，提前商量好地点，进行 40 分钟左右的交谈沟通，谈话过程中，从班级、他人逐步转移到自身及家庭和最近的学习生活，以防产生反感和情绪化。在每次谈话之前，均会主动从其室友、同学、家长之间采集有关她的最新状况，做到有的放矢。同时，还要考虑到每次交流的趣味性和教育意义、谈话的持续性，所以每次交流完之后，都会互相设立一个小目标，做好约定，下次见面时，相互检查。通过这样及时有效的交流，我认为可以成为一个“冷漠”学生在生活中的倾诉对象，让她及时把想说的话表达出来，也是对她自己的一种解脱和帮助。

（二）全面关心，主动关怀

由于小华所居住的是其他学院不同专业的寝室，加之她的性格较为敏感，个性较强，不愿吐露心声，学习生活习惯不一致，在与其交流中发现，她认为室友冷落、排挤她。于是，安排学生助理多次走访小华的寝室，给她送去关怀，并邀请她的室友做心灵沟通和鼓励慰问。针对小华总是收不到班级上课的通知、考试的信息、活动的安排，班级特定成立了以班长为核心、生活委员为主要联系人的帮助小组，来关心她，及时告知她，有课、有活动时都去主动邀请她参加，相信再冰冷的心，通过多次热情的温暖，也会被感化，让其感受到班级的温馨。虽然一开始，小华认为班干部有目的可图，或者是认为在约束管教她，但是时间久了，小华和班长、心理委员、生活委员都成为较好的朋友，谈心的对象也相对多了，这样对于小华的成长和思想政治教育找到了有力的媒介，同学们的关怀让她也逐步感受到班级的温暖和自己的价值。

（三）联系家长，合力施策

为了解决小华的个性强、不合群，对人冷漠等问题，于是，联系到了其父母双方，毕竟在孩子的成长教育过程中，她们对小华是更了解的。通过与其父母交流，发现孩子的叛逆期从高三中期开始，与母亲冷战对峙，这时小华认为是父母的离异影响了她的发展，是妈妈的严格管教阻碍了她的个性成长。由于从小学到高中缺乏父亲的教育，母亲的管理失法，关系僵硬，甚至出现不相往来的局面。这时父亲的加入管理和教育，才使得情况稍有好转。大学入学军训期间，小华母亲曾从深圳来学校看望她，但是由于交流不畅，小华拒绝与母亲见面，在散训之后，母亲在人群中寻找，小华甚至将其母亲的行为认为是“跟踪狂”。母亲失落，想念女儿之情在极度的寒心中无功而返。对于这件事，作为辅导员老师，我及时做好中间的媒介，正所谓是做“妈妈式”的管理，但绝不做妈妈的代言人，与小华几度进行深度沟通，并让小华给母亲主动道歉，缓和母女矛盾。同时，对于孩子在数学考试中态度不端正，仅考取 6 分一事，结合小华愿意稍微听取父亲的意见，我及时联系到其父亲，通过家校双方合力，对其正确引导和鼓励，询问其学习过程中有哪些困难需要帮助，家长和老师共同分担她的忧愁，于是与数学老师、课代表制定了特殊关照方案，及时解决数学难题，请到班级考得较好的学生，就题目跟她有针对性地讲解，并在自习时多次邀请她一同前往。此外，我不断鼓励她，还做了约定，如果期末考试数学及格，请她喝最爱的奶茶，她做出同意的微笑，最后在期末考试中，数学成绩提高了 35 分。

（四）组织活动，增强归属感

“人无完人，金无足赤”，小华有很多劣势和不足的同时，也有着鲜明的优点，及时发现，并鼓励其发挥特长，赢得尊重和认可。小华在日常生活中，经常购买猫粮，在课余时，去喂养校园内和周边的小动物，她的这种关爱流浪小动物的行为，我们一致认为她是善良向上、充满爱心的学生。根据小华平时在QQ 空间经常性展示一些小猫的照片，还有关心关爱小生命的个人爱好，于是我邀请班级有和小华共同爱好的同学，在班级内组织了一场关爱流浪动物的青年志愿者活动，在此次活动中，小华积极组织，在购买猫粮和喂养动物的过程中施展了自己的特长，也找到了跟自己志同道合的玩伴和朋友，以增强其在班级活动中的存在感和归属感，也赢得了同学们对她的认可。同时，在这个活动中，也让同学们感受到了她不再是以往不听话、孤意独行的小华，让同学们感受到了小华的爱心和热情。

通过以上做法，在老师、家长、同学们的齐心努力下，小华英语四级考了549 分，学期末 6 门有风险科目中仅挂科 3 门，并和班上的生活委员成为最好的朋友，逐步变得开朗自信，与家长也慢慢打开心扉，开始沟通想法。在班级内，小华积极上课，上交手机，并按照要求认真上自习，很少有缺勤状况，较之前有了很大进步。

三、启示思考

（一）因材施教，尊重个性发展

每个学生都是独立的个体，在鼓励学生全面发展的同时，也应尊重学生差异性的发展。有些学生并不适合集体性的“大锅饭”，这时候可以采取深入了解的方式，找出学生的个性特色和与众不同的地方，同时要在尊重差异、理解个性的基础上，加以积极引导，促进学生的成长成才。

（二）启发式引导，商议式约定

对于 95 后和 00 后的大多数学生，不再适用于“硬碰硬”，而是引导、启发式教育，可以培养与学生相同的兴趣爱好，形成类似的话语体系，从而走进学生的内心，成为知心朋友。同时，学生的自制力约束性还很差，所以每次的思想政治教育和活动内容应以作业式或约定的方式达成，一方面有利于思政教育的效果，另一方面有利于培育学生的诚信品质和目标意识。

（三）精细服务，但不全面照顾

做“妈妈式”的管理，但绝不做妈妈的代言人。现在的大学生各方面能力和素质均处于正在培养和提升的阶段，我们应做到精细服务，而不是粗枝大叶，但不能是全包全揽，要给学生一定的自我成长空间，做好学生成长的引路人而不是带路人，采取的是关心关爱和鼓励尊重为主，鞭策激励和批评教育为辅的措施，让其得到充分成长和进步。

四、专家点评

中北大学软件学院党委副书记、副教授杜瑞平点评：面对“软硬不吃，油盐不进”的小华，海洋辅导员的做法为我们展示出一名辅导员的担当和责任，他用“妈妈式”的管理去关心这位女同学，这对一位男辅导员来说真是不容易。用妈妈一样的关爱去对待学生，让学生知道辅导员这样做都是为自己好，以心换心的精细服务是最为可贵的。海洋辅导员做“妈妈式”的管理，但绝不做妈妈的代言人，给学生一定的成长空间，用善于发现的眼睛，去发现小华的长处，进而给学生认同感。辅导员在学生日常事务管理中既要“妈妈式”地管理，做到“入乎其内”，又要启发引导，做到“出乎其外”。因此，辅导员的工作职责不是简单的日常事务管理，而是在此基础上与学生一起成长，这个过程就如静待花开，久之则成长路上，花香满径。

作者简介

郭海洋，男，中共党员，硕士，讲师，湘潭大学招生与就业指导处科长级秘书，获湘潭大学优秀班主任、学生工作先进个人、就业工作先进个人、暑期“三下乡”优秀指导教师等荣誉。

第五章

心灵守护——心理健康教育与咨询工作

化解危机　守护学生成长

常州工业职业技术学院　黄静

一、做法简介

Y 同学，大二，女生，一个月前每天都出现多次想跳楼的想法。学校建立科学识别、动态跟踪、实时预警、有效干预工作机制。首先，建立个案管理制度，辅导员将其列入重点关注名单，并联系心理中心对其心理状态进行评估，之后转介精神专科医院就诊，医生诊断为抑郁状态并服药；第二，凝聚家校育人合力，因学生提出需回家休息一段时间，经过辅导员与家长多次的沟通，最终由家长带回居家服药，待病情稳定再返校；第三，发挥四级预警机制，居家期间，Y 同学因考某资格证临时返校，舍友将其返校情况告知辅导员，傍晚其在宿舍与男朋友通电话的过程中发生激烈的争吵，情绪激动之下服药过量，一个人跑到宿舍阳台的角落躲起来了，身体出现各种不适，学生后悔向辅导员打电话求助，舍友发现其不在宿舍也给辅导员打电话，值班辅导员火速赶往现场，及时将 Y 同学送至医院洗胃，无生命危险；第四，打造心理关爱共同体，经过学校、父母、精神科医生、专职心理教师、辅导员、朋辈互助员的多方努力，目前 Y 同学情绪稳定，状态良好，并已顺利走上工作岗位。

二、具体措施

该案例是患有抑郁症的大学生在遇到情感问题时引发的危机事件。在本案例中，学生出现了与其他学生行为习惯有较大差异的表现，比如，失眠；每天都会在头脑中多次出现想自杀的想法；在跟男朋友争吵的过程中，因情绪波动大甚至出现了自杀的行为，这些都是抑郁症的表现和行为，而本次危机的化解，离不开辅导员的早期识别，精神科医生诊断后的动态跟踪，“校-院-班-舍”四级预警防控体系的实时预警以及“家、校、社、医”的协同干预。

三、启示思考

(一)问题的关键点

(1)如何稳定Y同学的情绪，做好危机干预？

(2)如何引导Y同学树立正确的恋爱观，对其进行帮扶，助力其成长。

(二)解决思路和实施办法

1. 稳定情绪，确保安全

在危机事件干预过程中，及时了解情况，稳定学生情绪是关键。在与危机学生沟通过程中，可以提出以下问题："深呼吸一下，如果感觉好一点了，可以告诉我发生了什么事情吗？吃了多少药片，什么时间吃的？现在在哪里，周围是否安全？有没有舍友或者好朋友在身边？"确认学生的安全，尽可能获得更多信息，为后续危机干预工作提供有利信息。

2. 启动机制，及时干预

学生的生命安全是第一位的，在危机事件发生后，要第一时间启动学校危机事件应对机制，规范化、程序化开展危机干预工作，如，了解学生基本情况、第一时间拨打120和赶往危机现场、向领导及时上报危机情况、发挥朋辈互助团队力量等。总之，在日常的学生管理过程中，要织密心理育人防护网，守护学生的生命安全是底线。

3. 借助资源，持续关注

保持联络，提供支持，向学生表达：我会在这里一直陪着你的，甚至可以陪学生聊天直到救护人员和相关老师到现场。此外，也可以借助学校心理中心的资源实施危机干预，同时做好持续跟进，协助学生走出困境。

4. 运用"倾听、共情、尊重"等沟通技能，与学生建立积极有效的师生关系

日常工作中，面对Y同学的求助，可以运用倾听、引导、共情、尊重等沟通策略，帮助她建立对辅导员的信任，再对她心理状态作出评估，必要时可以提出转介，同时把个人电话留给学生。这样，既有助于心理工作的有效开展，也利于学生在发生危机事件时第一时间联系老师，联系方式的留存会在危机事件中起到关键作用。

5. 架起一座通向希望的温暖桥梁，鼓励学生拥抱阳光生活

架起一座通向希望的温暖桥梁，鼓励学生拥抱阳光生活。在学生治疗期间，定期发短信关心Y同学的精神状况，开导她安心治疗；返校后，提供心理问题求助渠道，依托中心平台，由专职心理教师为学生提供长期的心理咨询服务，辅导员动态跟踪学生心理状态，定期提醒学生到精神科复诊。在家人的精

心陪伴下、老师的心理疏导下、朋辈的温暖照顾下，Y 同学情绪稳定，顺利毕业并走上工作岗位。

（三）经验与启示

近些年，高校大学生心理问题呈严重化趋势。常见问题有：大学环境适应性问题、学业问题、人际交往障碍、恋爱与性心理问题、求职与择业问题等问题，处理好学生心理健康问题关系到学生的健康成长成才、关系到学生家庭的幸福圆满、关系到学校的安全稳定。在《普通高等学校辅导员队伍建设规定》中辅导员的九大职责之一就是大学生心理健康教育，同时在《辅导员职业能力标准》中，更是对辅导员心理健康教育能力提出了更明确的要求。辅导员作为学生管理的主导者、学生成长的主心骨，第一，要“以专育人”，辅导员要系统学习心理健康知识与技能，以便及时发现学生心理异常行为，学会初步识别一般心理问题、心理障碍和精神疾病。第二，要“以心育人”，心理类案例具有反复性、复杂性、持续性等特点，需要辅导员用“爱心、耐心、良心”去关爱学生、引导学生，一点点深入学生内心，不放弃任何一位学生。第三，要熟悉学校危机事件应对流程，能够规范化、程序化开展学生管理工作，守护学生的生命安全。第四，在全员、全过程、全方位大思政的背景下，在学生成长发展的关键时期，在学生孤独无助的关键时刻，辅导员要认真做好有深度的思想引导和有温度的心理疏导，学校要积极构建“健康教育、监测预警、咨询服务、干预处置”四位一体的工作体系，打造“家、校、社、医”四维协同的学生心理关爱共同体，以更好地守护每一名学生健康成长成才。

四、专家点评

常州工业职业技术学院学生工作处处长邢凯岭点评：此案例坚持育心与育德相结合，在心理危机干预与处置过程中，以守护学生生命安全为底线，以稳定学生过激情绪为关键、以建立积极师生关系为基础、以培育阳光健康心态为目标，实时预警全天候、妥善应对全链条、关心关爱全方位，具有较强的实用性推广性。

作者简介

黄静，女，硕士研究生，副教授，2019 江苏高校辅导员年度人物提名奖获得者，国家二级心理咨询师、注册心理师，常州工业职业技术学院辅导员。

【敬姐日记】"药真不能停啊!"
——关于我院小 A 同学心理问题的处理

浙江工商大学 薛小敬

一、做法简介

小 A，男，转专业学生，高二时在医院查出患有"精神分裂"，曾在高中休学一年，病情好转后返校学习，至今仍在服药并定期在医院进行心理咨询，有固定主治医师。以上信息，均为转入我院后调查得知，家长并未主动提供诊断证明。随后，将其列入学院重点关注学生名单，并纳入我院集中住宿寝室楼，室友对他的某些行为甚是不解，寝室关系岌岌可危。某日，该生在空间发表状态，表示有停药想法并传达出人生暗淡无光、身心俱疲的情绪。

一是用好"快思维"，着眼当下。依托《精神卫生法》，用好管理思维。就是先处理好当下紧急的危急问题，确保学生安全第一。

二是用好"慢思维"，面向长远。依托《高等学校学生心理健康教育指导纲要》，用好教育这一慢思维。传授心理健康知识，澄清部分同学的错误认识，提升常见精神障碍和心理行为问题预防、识别、干预能力和水平。

二、具体措施

(一) 全面掌握信息，解决紧要问题

首先，与其原辅导员联系，了解小 A 详细情况，同时第一时间上报主管领导，听从领导建议；其次，与小 A 进行深入细致的谈心谈话，了解其痛苦困惑，及时给予安抚，将其转介校心理健康咨询中心后，中心老师建议立即联系家长，送往七院进行诊断。

(二) 全力联系家长，灵活工作跟进

在这次突发事件发生之前，根据学院工作要求，需要与转入学生进行一对一谈心谈话，那次谈话之后，便将其列入学院重点关注学生名单。谈话过程中，发现该生总是答非所问，易陷入沉思，尤其涉及带有选择性的问题时，小 A

同学会出现焦虑、纠结的状态。随后便联系家长了解小 A 高中时期发病原因及具体治疗情况。

与家长取得联系后，借助心理咨询中心专业力量，对家长进行客观的说明，借助专业获取信赖，来校处理，送医治疗。与此同时，考虑到家长之前总是拒不提供诊断证明，便申请陪同复查。

(三)全心关怀服务，做好持续关注

问诊中，医生表示病情复发，需增加药量，但并未明确是否可继续留校学习生活。考虑到该医生为小 A 的长期主治医师，会着重听从家长及学生意见，再三咨询，请求医生给予客观评价，后来医生表示调养须在家中进行。

问诊结束后，小 A 跟随其父回家。及时将情况汇报院领导，并做好以下三项工作：一是办理请假手续(包括缓考申请)，消除该生后顾之忧；二是告知家长，新学期返校前，须经过校医院开出的医学诊断，表明可复学，方可回校就读，并签署《风险告知书》；三是在休学过程中秉持“离校不离心，联系不断线”的原则，及时了解关心学生。

(四)全员普及知识，提升心理素质

由点及面：一是同小 A 室友深入沟通，解决矛盾，根据小 A 的实际情况适当进行了调整。二是大力宣传普及心理健康知识。邀请专家开展座谈、各班级举办心理健康教育主题班会，策划类似心理小剧场、心理知识竞赛等活动。

三、启示思考

通过该案例，我们发现一个重要的风险点，同时也是难点：家长的不配合，同学的不理解。家长盲目保护孩子，却把辅导员的尽职行为当成对孩子的为难。因此，总结以下几点与大家分享。

(一)面对风险点，学会借力打力

辅导员一方面要增强自身的专业素养，另一方面要学会做好统筹联动，多管齐下。

(二)给予针对性关注

比如对刚转入学生，除了查看档案，还需找其原辅导员深入了解学生性格、家庭、心理等方面的情况，对于学生要做到“心里有数”。

(三)给予连续性关注

(1)与问题学生保持联系，对于学生觉得因过多关注反而加重其心理负担的情况，更多地从侧面关注了解。

(2)通过经常性与家长沟通学生病情以及学校已做的一些工作，让家长感觉到学校和自身目标的一致性，以便开展后续工作。

（四）注意工作的时效性

一旦发现苗头、有倾向情况，要及时上报学院领导，并根据领导指示，开展工作。

（五）做好台账记录工作

当次处理完后，要进行及时记录，对于特殊环境，如在医院或者通话时，可以通过录音的方式，进行留存。对于已有明确诊断的情况，应向家长及时出具风险告知书或备忘录，双方签字后，留存。

（六）对于学院工作，建立三种机制

预警、联系、“回头看”机制，全方位做好心理问题学生的筛选与帮扶。

四、专家点评

浙江工商大学心理健康教育中心主任、副教授、硕士生导师郭洪芹点评：该案例能准确把握辅导员心理工作的三个要点。第一，学生属于心理问题重点关注人群：曾因精神分裂休学一年，至今仍在服药并定期在医院复诊。第二，学生的社会支持系统非常薄弱：学生家长故意隐瞒学生病症且不配合学校工作；学生室友不能理解接纳他，寝室关系岌岌可危。第三，确诊的精神障碍复发：对于复发的精神障碍学生，必须重点关注学生遵医嘱服药情况及自杀等安全风险，该生有停药想法并流露出消极厌世情绪。因此，该案例是非常典型的严重精神卫生问题重点关注复杂案例。辅导员在工作中能够同时用好“两种快慢思维”：管理和教育，将确诊精神障碍复发学生的识别与应对作为重点，第一时间与学生家长沟通并努力争取家长配合，采取有效的朋辈辅导，多途径取得学生信任，保障了学生的安全，同时筑牢了心理健康教育工作的安全底线，为做好辅导员的心理健康教育工作树立了典范。

作者简介

薛小敬，女，教育硕士，讲师，浙江工商大学思政研究院主管。荣获浙江省高校思政微课特等奖、校级微党课一等奖、校优秀党务工作者、校优秀心理工作者称号等。

注：该案例曾获浙江工商大学辅导员案例分析大赛三等奖。

爱，让抑郁之花绽放

徐州医科大学　程苗

一、做法简介

本案例是处理对大学生活的不适应致使抑郁症病情加重的学生事例，属于辅导员工作职责第五项“心理健康教育与咨询工作”。小贾在高中时患有抑郁症，高考结束后症状减轻，便没有再进行治疗，家长怕对小贾影响不好，刻意向学校隐瞒了病史。进入大学后，小贾对目前的生活出现明显的不适应，引发抑郁症病情加重，导致学习成绩下降、人际关系紧张等一系列问题。解决此类问题的关键在于：①如何准确识别学生的心理异常，做好转介工作？②如何帮助小贾正视自身疾病，走出抑郁阴霾，回归正常成长轨道？秉承“立德树人，为师为范”的教育理念，我从细微处出发，用爱心打动学生，使其卸下心防，用专业评估病情，做到及时转介，用行动支持学生，解决其实际困难。

二、具体措施

（一）敏锐观察，主动出击，做有爱的辅导员

发现问题后，我与小贾沟通约定具体的谈话时间和地点，主动出击，表达关心，寻求信任。谈话中，从学习成绩下滑切入，我认真倾听他对原因的分析，给予相应的建设性意见，之后，针对室友反映的情况进行讨论，敏锐察觉小贾的情绪变化，适时给予反馈，做到无条件积极关注和充分的共情，慢慢打开其心扉，减少阻抗，建立良好的信任关系。

（二）家校联动，紧密配合，做合作的辅导员

为更加全面地掌握情况，及时联系了小贾的家长。在与家长的沟通中，重点讲述了小贾从入校到现在的心理变化，以及目前主要面临的心理困扰，晓之以理，动之以情，争取到家长的全力配合。通过家长了解到小贾有抑郁症的病史，为防止病情进一步加重，要求家长尽快到学校配合学校的后期工作。

（三）科学分析，及时转介，做专业的辅导员

综合多方面搜集的信息，可以初步确定小贾有抑郁病史，目前有发病迹象，但具体病程需要专业人士进一步鉴定，所以做好转介是当前工作的重点。首先，将小贾的情况向学校心理健康教育办公室汇报，寻求专业心理咨询师协助；其次，在专业人士的协助下，约谈小贾及其父母，用专业的知识和真诚接纳的态度，打消家长和学生的顾虑，争取让他们积极配合学校的安排，到专业的医疗机构进行疾病的评估与治疗。

（四）动态跟踪，用心陪伴，做负责的辅导员

在小贾接受专业治疗的同时，针对其遇到的现实困难，比如挂科较多、社团工作压力大等制定帮扶计划，提供解决方案，切实将解决学生实际困难与解决学生思想问题结合起来。动态跟踪，时时关注，每周定期与小贾进行面对面会谈，用心陪伴，让其充分感受到来自学校的关爱，帮助其尽快走出抑郁阴霾，回归正常生活轨道。

三、启示思考

（一）了解心理学专业知识，有基本的判断与鉴别能力，于细微处见功夫

很多大学生常见问题背后都有心理的深层次原因，其中一些是超出辅导员工作能力的心理疾病，所以在工作中，辅导员要敏锐观察，准确判断，及时做好转介，借助专业的力量更好地服务学生。

（二）以科学、专业的眼光看待心理疾病，以包容、接纳的态度陪伴学生

很多辅导员缺乏专业的心理学知识，谈“心理疾病”色变，对患病学生有抗拒情绪，这无疑会加重学生病情。作为辅导员，要从内心包容和接纳这些学生，用心陪伴，帮助他们树立战胜疾病的信念。

四、专家点评

徐州医科大学医学影像学院学生工作办公室主任、副教授牛磊磊点评：本案例中，作者能够从众多纷杂的信息中，抽丝剥茧，敏锐察觉到小贾隐藏的心理问题，做到科学分析，及时转介，同时又做到动态跟踪，用心陪伴，这种有专业有温情的做法，很值得同仁的学习和借鉴。

作者简介

程苗，女，硕士研究生，毕业于苏州大学应用心理学专业，讲师，国家二级心理咨询师、徐州医科大学辅导员。曾荣获苏北心理健康中心辅导员工作案例三等奖，校辅导员技能大赛一等奖，校教学技能大赛优秀奖，被评为学校辅导员年度人物，校就业创业先进个人等。工作至今主持并参与多项省市级课题，发表论文 10 余篇。

让友爱之花在心田绽放

徐州医科大学　刘媛

一、做法简介

小何，女，20 岁，某医学院校大二女生。大二上学期，小何不满意宿舍个别室友晚上打电话，影响自己入睡，因而每天早上 6 点多，起床后故意弄出各种声响以报复室友休息，致使同宿舍同学对小何产生厌烦。宿舍同学多次与小何交谈，也做出了一些改变，而小何认为，自己是受害者，没有一点改变的意思，依旧我行我素，渐渐大家开始疏远小何。小何也讨厌宿舍同学，有时故意和她们作对，激化了宿舍同学对她孤立。加之小何性格孤僻高傲，常因心情不好便在宿舍发火，讲粗口辱骂其他室友，严重破坏了宿舍和谐，以至于室友一致要求要么小何搬离宿舍，要么她们 5 人更换宿舍。

辅导员了解到情况后，主动约谈小何，在倾听的过程中，与她建立了信任关系。小何表示，宿舍同学跟她的作息时间不一致，严重影响她的休息，导致她形成了夜里不断上卫生间的强迫症，失眠多日。而且她认为其他几人个性太活泼，她不能融入其中。小何说，她现在想搬到外系老乡宿舍去住，因为只有跟老乡在一起才感到舒服，跟现在宿舍同学相处找不到以前在家里的感觉。

首先，辅导员联系了小何的家长，通过她的家庭全面了解其成长历程和性格特点，与家长一起寻找解决办法；然后，召开宿舍内座谈，让大家畅所欲言，帮助宿舍内同学了解小何内心的痛苦，表达愿融入集体的愿望，得到同宿舍同学的理解和配合；最后，辅导员针对小何出现的强迫症问题联系学校心理健康中心专家，帮助她舒缓压力，跟她一起讨论适应环境和个人发展的关系问题，寻找自己不能与他人和睦相处的原因，帮助她调整自己，学会与人正确相处，建立良好的人际关系。

二、具体措施

（一）主动约谈，认真倾听，建立信任

在约谈过程中耐心地倾听，给她足够的时间诉说内心的纠结，即使她的叙述语无伦次，没有重点，也不要打断她，辅导员耐心地倾听，对她目前的处境表示深深的理解和同情，并保证尽一切努力帮助她。通过反复细致的谈话了解她的心理困惑，帮助其分析问题产生的原因，指出她自身存在的性格弱点，应正视自己。给她提出以下建议：

（1）谦虚谨慎，摆正位置。把大学生活作为一个新的起点，平静地看待周围的人和事，保持一种平和而理智的心态，谦虚待人。

（2）转变内向孤僻的性格，培养积极乐观的生活态度。敞开心扉，与人交流，努力培养积极乐观的生活态度，凡事多往好的方面想。

（3）学会自我调节，排解压力和不良情绪。可以通过阅读励志书籍勉励自己，可以选择听音乐放松心情，可以与知心的朋友或家人或辅导员老师聊天开导自己。

（二）联系家长，了解性格，耐心疏导

通过她的家庭，全面了解其成长历程和性格特点，与家长一起寻找解决办法。与她父母谈话，了解她的性格特点，并借助一个简单的性格测验，帮助其了解她性格上的弱点。向她指出，性格弱点的改进和克服需要漫长的过程，但只要从一件又一件的小事做起，自己持之以恒，就一定能克服这些弱点，赢得别人的喜欢，要求她回去后先从不断地和同宿舍同学主动说话开始，然后从小事做起主动关心她们，帮助她们，用小小的实际行动表达自己想重归于好的愿望。

（三）宿舍座谈，畅所欲言，解开心结

与她宿舍同学座谈，帮助她们了解小何同学内心的痛苦，表达愿融入集体的愿望，得到同宿舍同学的理解和配合。向大家说明：

（1）大学就像个小社会，社会上会有各种不同性格的人，每个人都要学会与不同性格的人相处，在充分尊重的基础上“晓之以理”。

（2）引导学生换位思考，让学生充分了解到，寝室的每位同学来自各个不同的地方，生活习惯不一样是很正常的事。同在一个屋檐下，生活在一起是缘分，大家需要做到更多的包容而非计较，更多的体谅而非抱怨，更多的沟通而非逃避，在充分理解的基础上“动之以情”。

（3）就宿舍作息时间、洗漱声响大小、学习、值日、文明寝室创建、文化休闲娱乐等问题进行逐一发言和集中讨论，针对作息情况进行建章立制，互相理解监督，确定一个合理的休息时间。至于调换宿舍的想法暂时搁置，期待小何同学能逐渐改变自我性格，拥有积极的生活态度，参加学院开展的各项活动，希望小何和其他5名室友对大学生活留下美好的回忆。

（四）联系专家，借助外力，有效引导

小何同学因作息问题形成了短期的夜间上卫生间的强迫症，针对此问题，联系学校心理健康中心专家，帮助她舒缓压力，并跟她一起讨论适应环境和个人发展的关系问题，强调环境适应是个人发展的前提，很好地适应环境是个人社会智慧的重要表征。并指出，她目前面临的问题就是不能适应自己周边的人际环境，还跟她一起讨论良好人际关系形成的条件，让其回去后用这些条件认真自我对照，寻找自己不能与他人和睦相处的原因，帮助她调整自己，学会与人正确相处，建立良好的人际关系。

三、启示思考

（一）及早介入是辅导员化解人际危机的有效方法

如何处理宿舍人际关系问题，几乎是每一个大学生必须面对的。辅导员应该及早介入，充分利用学生干部尤其是室长的“眼线”作用，使各室长紧密地团结在辅导员周围，充当辅导员的“小间谍”，及时地将宿舍同学的思想动态报告给辅导员，使辅导员及早发现，及早介入，主动处理，尽量在问题处于萌芽状态时便得到解决。

（二）角色互换是辅导员促进与学生良好沟通的重要方式

化解宿舍人际关系矛盾，重在沟通。角色互换能有效引导学生取得沟通的良好效果。在冲突发生时，冲突双方往往并非从自身找原因，而是倾向归于外因，明显地表现出以自我为中心的思维方式。辅导员要充当“中间人”角色，引导双方角色互换，多站在对方的角度考虑问题，理解包容对方，促进矛盾有效解决。

（三）有效倾听和心理咨询是辅导员消除学生人际交往障碍的主要途径

辅导员可通过课堂教学、专家讲座、学生社团等形式宣传普及心理健康知识，引导学生正确看待心理咨询，鼓励学生通过多种途径消除心理压力。辅导员要对学生的“求助”给予足够的耐心，有效倾听，建立师生互信。处理人际交往问题，可以帮助学生首先正视自己的心理问题，培养积极乐观的生活态度，其次要摆正对人际交往的态度，提高人际交往的能力，最后要学会自我调节，排解压力和不良情绪。

(四)加强家校合作是辅导员做好学生工作的借力手段

做好学生工作，不能光凭老师一方之力，必要时应主动沟通家长，一起参与矛盾调解处理。家长不是局外人，同样肩负着教育引导的责任。对于思想问题，辅导员要高度重视、认真分析，在了解学生的家庭背景后根据学生实际情况采取不同的方式方法。

四、专家点评

徐州医科大学药学院党委书记、副教授韩爱侠点评：大学生宿舍人际关系不和谐，是大学生中时有发生的事，也是90后独生子女常遇到的问题，如不能加以正确引导而任其自由发展，将会使大学生因人际关系不和谐导致心理障碍甚至性格扭曲。作者能够及时发现问题，及早介入，通过沟通并与矛盾双方建立充分信任，针对宿舍人际关系出现的问题，有效倾听，正确分析产生原因，多管齐下，多方借力，对症下药，帮助学生调整心态，正视自身存在的问题，培养积极乐观的生活态度，提高人际交往的能力，排解压力和不良情绪，帮助同学们共同营造良好的人际关系，不失为一个优秀的案例。

作者简介

刘媛，女，硕士研究生，讲师，从事学生思想政治教育工作十余年，国家二级就业指导师、国家三级心理咨询师，获得省市校级各类荣誉四十余项，主持并完成江苏高校哲学社会科学研究项目一项，市厅级项目5项，发表论文十余篇。

精准分解多重矛盾
打好研究生育人“组合拳”

哈尔滨理工大学　李琦

一、做法简介

刘某，男，26 岁，工科研究生，研三，在读期间学习刻苦，成绩良好，曾发表 SCI 论文 2 篇。刘某在 2019 年 9 月申请考博时，因为本科成绩不佳，于初审环节被所申请的学校拒绝，后又接连申请四所高校的博士皆没有成功，导致刘某开始自我否定。此外，在准备考博期间，刘某因其一篇即将发表论文的作者署名顺序问题与导师产生意见分歧，与导师沟通时又有矛盾激化的趋向。据了解，刘某性格内向、心思敏感，产生矛盾后也不再去实验室，只是留在宿舍。家长知情后，曾与导师沟通，但双方沟通并不顺利，反而产生新的矛盾。目前，刘某无法从学业失利和与导师的矛盾中走出来，导致情绪低落、长期失眠，严重影响了正常的学习生活和人际交往。

影响刘某正常学习生活是由多方面因素综合造成的，从行为角色参与的视域分析此案例的生成原因，可以作出以下推断：一是刘某由于考博失利而产生的自我否定情绪难以消解；二是刘某与导师之间的矛盾致使内向的刘某情绪更加焦虑；三是家长的介入在整个事件中并未起到正向的推进作用，反而增加了刘某的压力并加剧了师生矛盾。据此，本案例的解决措施从三个方面进行逐一推进：其一，结合学生发展差异特点，以朋辈心理帮助的方式，重点培养刘某学会自我接纳，提高个人认知水平和人际交往能力；其二，有计划地介入刘某实验室的“生态关系网”，并与导师得当沟通，找寻师生关系矛盾点以进行解决；其三，耐心与家长保持长期沟通，形成“家校合力”工作模式，做好学生的情绪安抚和矛盾处理工作。

二、具体措施

(一) 朋辈介入沟通，多维分析原因

朋辈心理咨询帮助是学校心理健康教育的有效表现形式，也同样贴合研究生群体的心理需求。研究生群体的年龄结构多数都处于青年中后期，这个阶段的研究生，自我意识发展程度基本完善，但往往由于学业科研、生活压力、人际关系等问题，容易处于情绪波动、迷惘、抉择之中。此时，以朋辈心理咨询帮助的方式，更易于接触和了解学生真实情况，多维分析造成学生困境的综合原因，提出的帮助建议和意见也更容易被当事人所采纳，能够及时有效地缓解其心理压力。

刘某是一个典型的“工科男”，做事专注，逻辑思维缜密，却不善于表达。当得知刘某已经多天没有离开宿舍时，我分别同刘某的导师、班长及室友进行沟通，从侧面了解其在校的现状，得到相对客观的信息并作出初步的分析和判断。在对刘某情况有了基本认知的基础上，我同刘某进行了谈心谈话。谈话的开端并不顺利，桌对面的刘某神情木讷、兴致恹恹，几乎不与我沟通。在谈话中发现，一味在桌子对面从“老师关心”的角度去消解刘某情绪已难达成效果，便建议其一起去散步聊天。散步过程中，我们的谈话方式从“对视”转向了“倾听”，并给予他心理上的安慰、鼓励、劝导和支持。渐渐地，他分享了自己的故事，吐露了内心的郁结。

在谈话中发现，刘某因为本科成绩不佳而导致考博初审失败很受打击，而“过去”是无法改变的。此外，刘某对于如何处理自己与导师间的关系表示很苦恼，对于父母的关注也倍感压力。针对他的烦恼，首先，我采用“认知疗法”解决学生认知问题，帮助其寻找失利原因。当局者迷，刘某在多次失败的打击下，容易受个人认知因素的影响，对自己出现认知上的偏差，进而发展至把阶段性失利的原因完全归咎于自己的无能或出现另一个极端。随后，同他分析与导师产生矛盾的原因和家长压力的来源，并说明我会与其导师、家长沟通，帮他处理矛盾，缓解压力。最后，我又向他推荐了赛利格曼的《认识自己，接纳自己》这本书，以深化此次谈心谈话的效果。此次谈话后，刘某的情绪得到了初步的缓解。

(二) 协同导师帮助，多方开展育人

研究生导师与辅导员在研究生培养工作中各自承担着相应的职责，而研究生导师常将关注点倾向研究生的学业和科研上的引导，容易忽视学生思想和心理上的引导。只有研究生导师与辅导员的思政工作相互协调交替，才能更好实

现帮助学生解决矛盾和问题。

初步平稳刘某的情绪后，9 月 29 日，我同刘某的导师吴老师进行了交流。在交流过程中，我将刘某的现阶段生活与思想状况、面对的困难和心中的压力向吴老师进行了详细的阐述。起初吴老师并不十分理解刘某目前的问题，而是更偏向“导师权威”的想法，认为刘某就应该严格服从导师管理，遵守实验室纪律和规则。随后，我向吴老师说明了刘某事件的特殊性以及妥善处理其心理问题的紧迫性，并对融洽的师生关系对于处理刘某问题的重要性作出了分析。深入交流后，吴老师也认识到了需针对刘某的特殊状况而作出适当的方法调整。当日下午，吴老师和刘某进行了谈话，刘某对自己的不合适行为进行了道歉，吴老师也对自己教育方式进行了反思，并表示会积极帮助刘某解决生活和学习中的困难，支持和鼓励刘某的考博之路。自此，刘某与吴老师间的师生关系日趋和谐融洽，刘某的精神压力再次得到进一步缓解。

（三）联合家长教育，加强效果保障

在研究生阶段加强家长参与教育，构建“家校合力”的工作模式，有助于构建一种学校、学生与家长良性互动的关系，有利于营造一个更为和谐的教育和成长环境，也是实现全员育人、全方位育人和全过程育人的一种重要方式。

家长在得知刘某与导师产生矛盾时，曾与吴老师电话沟通，但双方都限于对刘某状况都没有足够客观的认识，导致沟通并不顺利，反而产生新的矛盾。在与刘某的交谈中发现，刘某从小便一直处在“高控”的家庭环境中，其父母一直对刘某在学业、工作等方面都有很高的要求。结合刘某的家庭生态状况，9 月 30 日至 10 月 15 日，我同家长保持了持续的沟通工作。首先，对刘某的师生矛盾的解除进行告知，消除家长和学校间的隔阂感；随后，又对刘某的生活学习现状和面对的主要矛盾进行说明，并提示刘某现阶段需要一个相对宽松、舒缓的家庭氛围；最后，持续为家长提供一些科学、合理的家庭教育模式和配合学校工作的方法，为刘某提供一个全面、健康的生活学习环境。在多方的共同努力下，目前刘某长期的焦虑已经得到很大程度上的缓解，师生矛盾和家长方面的压力得以解除和消解，已经可以继续正常的研究生生活。

三、启示思考

在研究生阶段，学生的认知模式、心理特征及生活方式有着时代性特征，科研学习、社会活动、就业恋爱等主要生活内容所带来的问题和压力也在日益尖锐化、复杂化。辅导员在做研究生的学生工作时，不能简单将其问题看作是点对点的交流和引导，而是应多渠道沟通，分析学生切实所需，力图掌握足够多的信息，并结合多方资源，为学生营造足够宽广的健康生活空间。

研究生导师作为学生学习状况的掌握者，具备第一时间了解学生学习状态的先天条件，也是辅导员获得学生思想动态的重要途径。辅导员在日常工作中，需要增强双方沟通的主动意识，加大对学生相关信息的交流，实现资源共享。辅导员应与研究生导师共同引导研究生做好职业生涯规划、人生规划，培养研究生建立良好心理素质，并提供相应的支持和鼓励。

建立辅导员与研究生导师、家长合力育人的机制，创建广度宽的多维沟通平台，渗透进入各方交叉工作的各个方面，拓宽育人路径。辅导员可担任各方联络的媒介，打通合力育人壁垒，畅通全方位育人渠道，协调学校、社会、家庭一体化育人，以达到多条道路通向育人的最佳状态，打好研究生的育人“组合拳”。

四、专家点评

哈尔滨理工大学电气与电子工程学院党委副书记、副教授张颖点评：

（一）案例成效

该案例在解决问题时，通过多维度、多步骤、多学科相结合的方式厘清了存在问题的现象和本质，并以科学有效、细致入微、循序渐进的工作方式，结合“三全育人”构建起辅导员—研究生—导师—家长的高效联动机制，在解决实际问题的同时注重总结工作启发，对类似问题的相关育人工作实践具有一定的指导性、针对性和实效性。

（二）指导建议

（1）注重平时与研究生的沟通工作，将研究生的日常“小问题”及时处理，减少由“小问题”造成的“大矛盾”，把日常教育工作在多方面做实做细，从问题根源上减少可避免的问题发生。

（2）完善个案处理的追踪评价和理论反馈，对学生个案研判分析、实施解决后，需继续对学生进行教育追踪，针对其表现进行阶段性的发展评价，并将工作成效形成理论储备，提高自身工作的理论和实践能力。

作者简介

李琦，男，中共党员，哈尔滨理工大学电气与电子工程学院学生工作办公室副主任、辅导员，讲师，先后担任本、硕、博各年级1200余名学生工作，曾获哈尔滨理工大学优秀共产党员，哈尔滨理工大学“三下乡”社会实践活动优秀指导教师等荣誉称号。

“书·签”系列
心理健康教育特色活动工作案例

西南民族大学　陈鑫婕

一、做法简介

心理健康教育是辅导员工作的重要职责之一。目前的教育形式多采用单向指导与面对面辅导，如课堂传授、专题讲座、普及知识型活动和“一对一”心理辅导等。辅导员层面受限于专业性和技术性，在开展教育的平台上、形式上有局限性。加之部分同学对此类活动存在“旧观念”(害羞)，有被动参与、消极应付的现象，导致教育效果并不理想。本案例根据近两年心理活动开展经验，遵循大学生心理发展特点，优化活动方式，为高校思政工作者提供一项有新意、易操作、广参与、好效果和可推广的心理健康教育活动形式，引发大学生会关注、感兴趣、乐学习和爱参与的活动热潮，旨在营造良好的心理健康教育氛围，达到预期教育效果。

“书·签”系列心理健康教育特色活动分为上下篇章，由“情‘签’你我”原创心理书签设计大赛和“书送你的心”心理书签派发两个活动组成，分别在上半年和下半年开展。上半年开展的原创心理书签设计大赛又可根据学生兴趣，分设为书签箴言设计组(文字类)和书签版面设计组(图画类)，每类活动评选一、二、三等奖与优秀奖共十名。作品评委可由校心理健康教育中心的专业老师担任。获奖书签在征求原创作者同意后，印制成品，下半年派发给全体同学作为新学年有“心”意的开学礼物，即“书送你的心”活动形式。可在全校、学院、年级和所带几个班级内开展。如在全校或者学院开展，上半年征集所得作品印制，在下半年新生开学早自习或者新生第一堂班会上发放。此项活动可每年开展，成为特色固定活动开展和积累活动作品，活动具有延续性、传递性。

二、具体措施

第一部分：活动操作

“情‘签’你我”原创心理书签设计大赛（以学院开展为例）

（一）活动周期（时间举例）

第一阶段：5 月 5 日至 5 月 18 日 宣传活动、征集作品；

第二阶段：5 月 19 日至 5 月 21 日 整理作品，5 月 22 日至 5 月 24 日 评委评选；

第三阶段：5 月 25 日公布结果，推送新闻，颁发证书（如有条件，可在“5·25”大学生心理健康教育活动日进行颁奖仪式）

（二）活动准备

人员：①确定活动总负责人；②组建活动执行团队，分配工作；③联系专业评委。

文字：活动策划（进行活动备案）、宣传文案、应急预案。

实物：宣传展板（申请校内宣传展位）、宣传单、活动横幅等宣传工作所需用品。

（三）活动开展

第一阶段：宣传、征集作品。①线上：整体推送（官微）+分散通知（年级群、班群发布活动通知），公布线上作品投稿渠道；②线下：摆放展架、发送宣传单，设置线下作品收集点。

第二阶段：整理作品、评委评选、制作证书。分类整理电子作品（书签箴言）和纸质作品（书签版面）两类作品，邀请评委进行评选，评出一、二、三等奖与优秀奖各十名。

第三阶段：结果公布、颁发证书。在官微和年级、班级工作群公布获奖名单和作品，颁发证书。

（四）活动总结

及时做好活动总结，整理活动资料，撰写新闻稿以便为下次开展活动提供更好经验。

“书送你的心”书签派发活动（以学院为例）

（一）活动准备

人员：①确定活动总负责人；②组建活动执行团队，分配工作。

文字：活动策划（进行活动备案）、宣传文案准备、活动应急预案。

实物：书签印制（书签排版设计）。

说明：书签设计建议加入校心理健康教育中心的心理咨询电话、心理知识小贴士等。

场地：确定派发地点（以在大一新生早自习教室派发为例，确定教室地点）。

（二）活动开展

第一阶段：书签排版、印制。

第二阶段：召开工作会，进行工作分工。

第三阶段：派发书签。

（三）活动开展

及时做好活动总结，整理活动资料，撰写新闻稿，以便为下次开展活动提供更好经验。

第二部分：活动扩展

根据不同的活动开展范围，下图为针对不同活动范围可变化开展活动形式的模式图。

活动范围	活动执行团队	活动传递	活动可附加项
学校	校心理健康教育中心、校学生会	上半年：书签设计大赛； 下半年：派发给大一新生	派发活动：可精致设计（加入学校logo、校训）派发给毕业生作为毕业纪念品
学院	学院团委学生会	上半年：书签设计大赛； 下半年：派发给大一新生	派发活动：可在学院之间进行，将活动成果共享，或者交换派发给大一新生
年级、辅导员所带班级	各班级学生骨干、心理委员、党员	上半年：书签设计大赛； 下半年：活动范围内派发	派发活动：可在年级之间、辅导员之间进行，将活动成果共享，或者交替派发

“书·签”活动分类开展示意图

第三部分：特色亮点

（1）教育场合延展性强。书签作品可结合毕业生教育工作、新生迎新工作、社会实践工作等教育场合派发，扩展教育阵地，达到更为广泛的教育效果。

（2）形式新颖，便于参与。原创书签设计活动别具特色、吸引目光，使学生感兴趣，活动场地不局限，线上线下同设参赛通道，易参与。

（3）可持续、传承性强。本系列活动可在同一年度开展，可在高年级和低年级之间传递开展，可作为固定的特色活动每年开展。用上一个活动的作品来作为下一个活动的原型，用获奖作品制成成品派发，心理健康教育素材如活水源源不断，取之于学生，用之于学生，常换常新，贴近学生生活。

三、启示思考

本活动曾连续开展两年，一次活动征集到400条参赛作品(240条书签箴言和160枚书签设计)，可见活动受欢迎度和学生参与度非常高。学生们参赛的箴言充满阳光和正能量，体现了积极向上的精神面貌；设计的书签精致生动，勾勒美好，展现了阳光心态和个人才能。获奖作品的印制传递，给大学生更多展示的平台，丰富了校园文化。当学生每次打开书看到书签上的心灵箴言时，就是一次心灵的补给，一次心理健康教育和一次心理健康意识的提升，亦能缓解学习的精神疲惫和心理压力。活动不受学院学科类型影响，实际开展中，文理科学院作品均多，文科生有语言，理科生也有才情。箴言和版面设计中不乏学科烙印，展现学院特色，如生科学院的书签设计以绿色和青山为元素，电信学院的以电路为元素，外国语学院结合所学语言创作……这很好地解决了心理健康教育活动结合学院特色的难题。此活动，扩大心理健康教育的受众面，能够让大学生在轻松的氛围中，提高对心理健康的意识，关注自我、关注他人心理健康的意识大大增强，取得了较好的心理健康教育效果。

四、专家点评

西南民族大学马克思主义学院副教授王秀民点评：书签是一个承载心情和温度的载体，在此案例中，它既是作品(活动成果)，又是展品(活动载体)，易于探索出一个好操作、可复制、易推广的心理健康教育模式。活动特色突出、效果明显，丰富了教育形式，拓展了教育思路，不断创新心理健康教育的载体，达到了提升大学生心理健康意识，促进身心和谐发展的教育目的，是一个优秀的有特色的工作案例。

作者简介

陈鑫婕，女，中共党员，西南交通大学马克思主义理论专业博士在读，西南民族大学马克思主义学院讲师，国家三级心理咨询师。讲授“毛泽东思想和中国特色社会主义理论体系概论”“习近平新时代中国特色社会主义思想概论”“形势与政策”“大学生职业生涯规划”课程。在辅导员工作岗位7年。主持四川省教育厅课题两项。曾获“党在我心中”第十届国家民委青年读书演讲活动优胜奖，第六届四川省高校青年教师教学竞赛(决赛)思想政治课专项三等奖，成都市大中专学生志愿者暑期文化科技卫生“三下乡”社会实践指导活动优秀指导教师，“党在我心中”第十届国家民委青年读书演讲活动西南民族大学选拔赛一等奖，西南民族大学暑期社会实践活动优秀指导老师，西南民族大学第八届青年教师教学竞赛思政组一等奖，西南民族大学第四届辅导员职业技能大赛演讲比赛优胜奖，西南民族大学第五届辅导员职业能力大赛最佳人气奖，西南民族大学青年马克思主义者培养工程校级班青年讲师团讲师，西南民族大学第二届青年教学标兵等。

架起幸福支点　感受幸福生活
——幸福课在心理主题班会中的应用与实践

杭州师范大学　胡俊

一、做法简介

本案例依据积极心理学相关理论，通过构建与实施基于幸福课理念的高校心理主题班会课程，以及采用实证研究的方法对课程效果进行评估，发现积极心理学理念下的高校心理主题班会课程对大学生的主观幸福感有着正向的干预作用。本案例通过幸福课在高校心理主题班会中的应用，拓宽大学生心理健康教育平台，为发展型心理健康教育工作提供新的实践思路。

二、具体措施

根据本案例的实际情况，采用实验研究的方法，即采取实验班、对照班前后及跟踪测验的解决思路，考查所建构的基于幸福课理念的心理主题班会的实效性，并在此基础上推广该课程体系。

（一）选择对象

在学院中随机抽取大一两个班级（一个班为实验班，另一个班为对照班）。由于大一新生入学时已做过心理普测，因此可知所抽取的班级成员身体健康，无明显心理障碍。其中实验班被试为 32 名（男生 15 名，女生 17 名），年龄（18±0.21），对照班被试为 30 名（男生 16 名，女生 14 名），年龄（18±0.43）。

（二）建构课程

作为衡量个人生活质量的一个核心综合性心理指标——主观幸福感的提升，无疑是心理主题班会课程所要达到的目标之一。经在案例实施前查阅文献得知，大学生心理弹性、应对方式、社会支持与主观幸福感之间存在着的某种关系，即大学生心理弹性对其主观幸福感有显著的正向影响，应对方式、社会支持在大学生心理弹性与主观幸福感之间有中介作用。因此，本案例中心理主题班会课程设置将围绕加强大学生心理弹性、完善应对方式、提升社会支持这三个设计要素。与此同时，在借鉴国内现有的幸福课的课程体系及以积极心理学为取向的相关团体心理辅导课程的基础上，形成了本案例中的心理主题班会课程内容(见表1)。

表1　基于幸福课理念的心理主题班会课程内容

课程模块	周数	理论要点讲授	相应课程活动
战胜自我 (心理弹性)	第一周 第二周 第三周	自我认知 个人优势 心理韧性	“我也很棒” “优势取舍” “生命的底色”
幸福你我 (社会支持)	第四周 第五周 第六周	依恋类型 人际和谐与冲突 感恩与宽恕	“守护天使” “相聚相知成一家” “成长的代价”
笑面人生 (应对方式)	第七周 第八周 第九周	积极情绪 心流体验 乐观与希望	“情绪万花筒” “快乐时光” “还原基本法”

(三)实施课程

实验班每周进行1次心理主题班会，心理主题班会开展过程由笔者主持，每次1.5小时(其中，0.5小时为理论要点讲授，主要以事先优化所需讲解的相关积极心理学理论知识，即通过影视片段赏析、案例分享、小组讨论等形式，让学生在认知层面，更进一步理解“幸福感”，并帮助其内化相关知识，形成相关认知图式，为团体辅导环节的实施做好知识储备；其余1小时为相应的团辅环节，依托心理辅导教师的适当技术，学生将在活动设计和相互分享中领悟一定的社会支持，习得如何进行情绪调节，以及在应对模拟压力情景时，学会调动自身内在资源对抗压力，使其体会到更高的主观幸福感)，心理主题班会的实施为期连续9周的时间。相反，对照班不接受任何形式的团体心理辅导干预，处于自然的生活学习状态。

(四)论证效果

实验班和对照班同时进行心理主题班会开展前、后及半年后的跟踪调查。结果发现，在开展心理主题班会后，实验班的学生的主观幸福感水平显著提高。为验证基于幸福课理念的心理主题班会是否具有实效性而非由参与者作答量表时的状态所致，在半年后对其进行追踪测试。半年后的测试结果与开展心理主题班会后相比，略有增高；而与心理主题班会开展前的相比，仍显著高于之前的状态。由此可见，幸福课理念的心理主题班会的实施具有一定的干预效果，同时也表明这样的课程干预效果具有长效性，而非暂时性。（数据参见附录）

三、启示思考

高校心理健康教育的目的不仅是去除心理问题，更关键是要帮助大学生形成一种良好的心理或行为模式。基于积极心理学理念，把心理健康教育的消极目标和积极目标从根本上统一起来，深化心理健康教育内涵，注重培育大学生的“积极心理品质”，将是今后高校进行心理健康教育的有效手段之一。

如何将上述这些幸福课中所强调的“积极心理品质”培育进一步纳入心理主题班会，需进一步深化心理主题课程体系设置。由于本案例只对大一新生进行课程干预，因此结果的外在效度还存在局限性，需在后续的实践过程中，通过人口统计学变量及相关因素分析，细化不同年级所需培育的“积极心理品质”，并用实证研究的方式评估课程实效性。

进一步推广基于幸福课理念的心理主题班会课程体系，应加强“同辈团体辅导培训”，通过专业化培训，由同辈（即学生）担任心理主题班会的实施人，弥补心理辅导教师数量上的不足，扩大心理主题班会开展的覆盖面。在传播层面做好工作，例如及时总结并形成相关成果，例如校本课程、科研论文等，并依托新媒体形式分享心理主题班会成果，进而为高校大学生的心理健康问题干预提供借鉴与参考。

四、专家点评

杭州师范大学经亨颐教育学院心理学系教授郑莉君点评：“幸福课在大学生心理主题班会中的应用与实践研究”，基于幸福心理学的理念，通过提升大学生的心理弹性、构建合理的应对方式、指导学习者掌握社会支持的有效方法提升了参与者的幸福感。研究者设计了 9 个单元的辅导课程，这些课程设计合理，课程实施规范，且课程效果明显。这项研究采用前后测验的方式对实验效果进行了统计学的检验，得到了可靠并具有较强说服力的结论。从整体看，这项研究设计规范、统计方法运用得当、结论具有推广价值。大学生心理健康教育与辅导要重视健康心理的养成，而从培养幸福感的角度提升大学生心理健康水平的研究，在大学生心理健康教育辅导中具有崭新的意义，值得推广和运用。

附录：案例相关数据

表 2　实验班被试主观幸福感干预前后及半年追踪的组内差异检验

项目	平均值(±标准差)		t 值	p 值
干预前/后	86.94±4.738	90.28±3.896	−3.084	0.003**
干预前/半年追踪	86.94±4.738	91.28±4.467	−3.774	0.001**

注：$^{*}p<0.05$，$^{**}p<0.01$。

表 3　对照班被试主观幸福感前后测及半年追踪的组内差异检验

项目	平均值(±标准差)		t 值	p 值
前测/后测	85.17±3.553	84.30±3.725	0.922	0.360
前测/半年追踪后测	85.17±3.553	84.93±4.059	0.237	0.814

注：$^{*}p<0.05$，$^{**}p<0.01$。

表 4　实验班被试主观幸福感干预前后、对照班主观幸福感前后测及半年追踪的组间差异检验

项目	平均值(±标准差)		t 值	p 值
	实验班($n=32$)	对照班($n=30$)		
干预前	86.94±4.738	85.17±3.553	1.656	0.103
干预后	90.28±3.896	84.30±3.725	6.171	0.000***
前测/半年追踪后测	91.28±4.467	84.93±4.059	5.844	0.002**

注：$^{*}p<0.05$，$^{**}p<0.01$。

表 5　实验班被试主观幸福感各因子干预前后差异检验

因子	平均值(±标准差)		t 值	p 值
	干预前	干预后		
对健康的担心	11.53±1.414	12.75±5.875	−1.414	0.258
精力	20.47±1.586	20.69±1.491	−5.569	0.572
对生活的满足和兴趣	8.50±1.295	9.00±1.136	−1.642	0.106
心情抑郁或愉快	14.41±1.103	15.19±1.330	−2.557	0.013*
对情感和行为的控制	11.72±1.250	12.66±1.473	−2.745	0.008**
松弛或紧张	16.03±1.307	17.00±1.368	−2.896	0.005**

注：$^{*}p<0.05$，$^{**}p<0.01$。

作者简介

胡俊，男，博士研究生，讲师，杭州师范大学辅导员，国家二级心理咨询师，曾获浙江省优秀辅导员、浙江省首届辅导员素质能力大赛三等奖等多项荣誉，主持并参与多项省部级课题，发表论文数篇，其中人大复印资料全文转载1篇，CSSCI发表2篇，CPCI-SSH数据库收录1篇。

注：此案例曾获杭州师范大学学生工作案例评选一等奖。

孤芳不自赏
——学生心理健康教育探讨与实践

西安建筑科技大学华清学院　郭凡

一、做法简介

小林是大一的学生，出身书香门第之家，好胜的性格与良好的学习基础，使得她学习成绩优异，但性格内向，偏执、敏感、冷漠造就她人际关系较紧张。看着身边同学三三两两地约着吃饭、上课、跑步、泡图书馆，而一学期快要过去了，小林还是茕茕独立。

同学们问她关于学习上的事情，她便是一脸的不情愿，草草地讲解，敷衍了事。若是再问第二遍，她就明显表现出不耐烦，并责怪别人为何上课不认真听讲，为何不自己钻研。在集体活动方面，她奉行事不关己，高高挂起的行事准则，公益性、志愿性活动皆不参加，评优评先、学科竞赛、挑战杯等踊跃参与，这种略带功利性出发点的行为让她的群众基础十分薄弱。在宿舍更是摆出我是来学习的，不是来交朋友的姿态，只闷头做好自己的事情，舍友们的喜怒哀乐与她无关，久而久之，败光人缘的她越来越不受班级同学欢迎，还被贴上了清高、傲慢、自以为是等标签。

她深感困惑，来大学不就是学习第一，其他第二吗！不就是没有人云亦云，没有随波逐流，没有盲目跟风，怎么就让大家过分解读？周身袭来的孤独感令她窒息、焦虑、恐惧，但又不知如何着手改善现状。为此，她自己也纳闷：我究竟有什么问题？

我通过谈话、日常相处等方式，将其成功引导，最终“孤芳不自赏”。

二、具体措施

（一）分析具体原因

几乎所有的人都懂得处理好人际关系的重要性，但尽管如此，大多数都不知道怎样才能处理好人际关系，甚至相当多的人错误地认为拍马屁、讲奉承话、请客送礼，才能处理好人际关系。其实，处理人际关系的诀窍在于你必须有开放的人格，能真正地去欣赏、赞美他人以及尊重他人，真诚相待而不是孤芳自赏。根据班级同学表述和小林同学的自我陈述，导致小林人际交往失败的具体原因如下：

一是认知因素方面。交往过程中的认知因素包括对自己的认知、对他人的认知和对交往的认知。小林过高评价自己会导致自大，在交往中盛气凌人，或者不屑于交往，从而人际关系紧张。

二是人格因素方面。交往过程中的人格因素包括交往者的能力、特长、气质、性格、涵养、价值观等。不利于人际交往的人格特征是，以自我为中心，只关心自己，不为他人的处境和利益着想，对他人冷淡、不尊重人等等。小林虽然已是大一学生即将升入大二，但是性格比较独立，且行事原则是“事不关己，高高挂起”，和自己利益无关的事情从不去过问，做事不讲究方法不求人，导致她和同学们之间的感情淡薄，不会设身处地为同学着想。

三是情绪因素方面。交往过程中的情绪因素包括对交往的情绪反应、人与人之间的情感关系及心理距离的远近。情感成分是人际交往中的主要特征，对人的好恶决定着交往者彼此之间的行为。小林对同学们的不愿意和不耐烦，常常让同学们处于尴尬、难堪的境地，长此以往同学们自然对她比较排斥，远离，并且不服从安排。

（二）调试技巧

通过分析小林当前存在的交际问题，作为人生导师和知心朋友，我告诉她如果想要缓和与同学们之间的紧张关系，促进自身心理健康的发展，小林可以从以下几个方面来调适心理：

（1）学习交谈的技术。交谈中同一句话由于语气、语调、面部表情和当时的情境不同而出现不同的含义，交谈的成功与否不仅取决于交谈的内容，而且还取决于交谈的方式、方法。例如，小林在给同学讲题的过程中，可以尽量保持有耐心，细心、用心并且认真倾听同学的困惑，答疑解惑。

（2）学会欣赏他人。妥善运用赞扬和批评。善于发现他人身上的闪光点，要积极赞扬他人，做一个正能量的人，才能让别人乐于接近和与你相处。不恰当的批评不仅使对方产生反感或者自卑，更容易让人留下你盛气凌人的印象。唯有人际交往方法得当，对人尊重，才能产生积极的效果。小林在与同学交流时，应当减少批评他人的次数，多赞扬，多发现别人的闪光点，例如真心夸奖同学理解能力不错、想法新颖、逻辑清晰等。

（3）培养交往的能力。懂得接受与给予。接受与给予是矛盾统一于人际交往中的一对交互影响的心理品质与行为。由于每个人都生活在某个群体中，必然会与群体中的人发生各种形式的联系，在这一过程中，我们无法离开他人的给予，也正是在这种接受与给予的过程中，体验帮助与被帮助的快乐，感受做事与做人的真正意义。小林应当学会接受与给予，给同学们答疑解惑，并且当自己有困难时，主动寻求帮助，体验到接受与给予的乐趣，养成接受与给予的良好心理品质。

三、启示思考

学生要建立好关系网，首先要在心态上要自愿。在人际交往中如果不是出于自愿的话，就不会尽全力去经营，也就不会得到丰厚的回报。除此之外，还需要善于发现他人身上的闪光点，心中充满善意，才能在与人相处的过程中，得到认可，才能充满信心结交更多的朋友，才能更好地与周围人分享快乐。

我们所带的学生都是来自不同地域、不同生活环境的学生，所以，学生中因为人际交往出现的各类问题也就比较多，我们作为辅导员应该平时深入到学生中去，多与学生交流，了解学生的思想动态，平时可以通过学生团体心理辅导、主题班会等形式，去增进宿舍和班级的凝聚力，引导学生提升自己的交际能力。

四、专家点评

西安建筑科技大学华清学院学工部部长马啸尘点评：此案例结合习近平新时代中国特色社会主义思想，有较强的思想性和政治性，对推进高校心理健康教育研究与实践具有重要意义。案例中的技巧可实施性强，可推广性强，值得向各高校推广。

作者简介

郭凡，女，硕士，西安建筑科技大学华清学院辅导员、学生党支部书记。获校辅导员素质能力大赛三等奖，学生工作先进个人，优秀共产党员称号，优秀信息员，暑期社会实践优秀指导老师，“互联网+”优秀指导老师，“正大杯”大学生就业创业实战大赛陕西赛区复赛优秀指导老师等多项荣誉称号。参与省级课题 1 项，校级课题 2 项，发表普刊 10 余篇。

家校联合建心桥　危机干预护心灵

成都信息工程大学　万娟

一、做法简介

小风，女，从小寄养在舅舅家中，家族无精神病史。有一个高中就要好的朋友在别的城市上大学，双方刚进大学时一起承诺要好好完成学业，大学期间不谈恋爱。但是大二上学期好朋友却违背了承诺，谈了恋爱，跟她关系也渐渐疏远，内心十分沮丧，觉得跟好朋友彼此之间的信任感破碎，同时跟寝室同学发生作息问题冲突，经常有口角之争。她主动找心理健康中心老师并告知伴有较严重的自我伤害现象，手腕上密密麻麻好些刀痕。心理健康中心将此信息反馈给辅导员，辅导员了解到情况后，通过谈心谈话跟小风建立了信任关系，并同时启动寝室-班级-年级-家庭“四方桌”网络模式了解到，该生与室友因为作息问题相处不太融洽，但并无重大冲突。该生也并未受到学业挫折，家里也无直接冲突发生。

这是一个典型的心理健康问题的案例，需要及时进行心理危机干预，否则可能会造成更加严重的后果。辅导员告知该生去心理医院进行精神鉴定，被诊断为抑郁症伴有自伤行为，但暂无生命危险。大学生自伤行为在很大程度上影响着大学生的生活学习。为了更好地弄清楚该生行为的心理原因，辅导员结合“四方桌”网络模式通过学生本人、室友、同学、朋友和家长搜集学生信息，在学生进行专业心理治疗的同时进行辅助干预工作。

问题原因分析：虽然该生无面临明显现实冲突，但出现这种病症，是由于多方面原因导致的：

(1)自我要求高，性格有完美主义的倾向。该生虽成绩突出，但家中同辈也很优秀，当比较时就会产生焦虑、烦躁的情绪；

(2)该生为人真诚单纯，遇事容易一根筋。要好的高中好友因分隔两地读书，沟通变少，无法理解。自己择友条件又较高，自认为感情受到伤害，不愿意再敞开心扉与人接触；

(3)该生家庭条件优越，但是家庭关系较复杂，从小被舅舅、舅妈抚养，与亲生父母比较疏离，导致他缺乏安全感，有强烈的情感需求。

问题关键点：

(1)如何帮助小风稳定情绪，积极配合治疗，恢复状态；

(2)如何帮助小风处理好人际关系，对自我有比较客观的认知，顺利度过大学生活。

二、具体措施

(一)启动危机干预预案、护航心灵先护航身体，确保安全，把握动态

辅导员通过对该生进行谈心谈话，用班级、寝室网络搜集信息，确保小风身边一直有人陪伴，避免其独处。启动学院危机干预预案，根据指示开展相关工作，建立学生动态情况表，确保学生人身安全。在班级进行心理主题班会教育，加强学生之间人际沟通技巧的宣传，引导学生积极面对人际关系冲突，并采取有效沟通的方式进行交流。

(二)寻求专业求助，及时转介，确保学生得到最好的治疗

小风出现自伤行为后，辅导员多次跟心理健康中心老师沟通并共同认为小风的心理状况需要精神卫生专业诊疗服务。她和家长刚开始都有些排斥，不愿意去，家长也希望弱化孩子问题。辅导员对小风和家长分别进行了心理健康教育后，随后他们同意就诊。

家校联合，加强对家长的心理学知识宣传。辅导员持续对家长进行心理健康教育，告知一些亲子沟通方法技巧，缓解家长自身的焦虑。避免家长的焦虑对小风的情绪造成更多的负面影响。

小风在医院得到了及时诊断与治疗，辅助以心理咨询，病情得到了及时的控制与稳定。同时，辅导员通过心理健康教育纠正小风的认知偏差，正确理解朋友之间的承诺，并鼓励小风与好友沟通，探讨因对方恋爱而发生的这场信任风波对彼此的影响。在多方渠道的整合帮助下，小风渐渐地树立了正确的友情观、爱情观认知，接受了好朋友的恋爱行为，情绪得到了极大的缓解。

(三)办理好缓考、休学等手续，缓解小风学业压力

因临近期末，学院为小风办理请假和缓考相关事宜。辅导员持续跟小风及其朋友保持联系。暑期，辅导员持续从小风以及其朋友处持续了解其心理动态，向她推荐正能量书籍、疗愈类电影，布置网上作业，转移其注意力。

秋季开学后，小风因补考引发焦虑，遂办理休学手续。辅导员一直持续关注小风，休学期间小风配合药物和心理咨询，情绪渐渐稳定，无自伤现象发生。

春季开学后，小风状态相对平稳，停止药物治疗，辅导员继续关注，同学也保持关心和关注，通过谈心谈话也没有发现自我伤害的行为或尝试，危机解除。

三、启示思考

本案例中，危机干预的成功进行得益于学校危机干预工作系统的立体式护航，得益于学院领导、学院辅导员、当事人同学、家长以及心理健康教育中心的共同努力、多方联动、齐心协力。

(一)重视大学生自伤行为的预防和监控

大学生自伤行为具有一定的隐蔽性，需要学校学生工作相关老师的高效识别和觉察以及朋辈学生的敏锐观察和上报。避免自伤者同学独处。通过关注性别、独生子女等特征鉴别大学生群体中不同方式、不同程度的自我伤害。高校应该重视收集大学生的家庭教养方式、童年经历、曾经的创伤事件等，作为大学生心理档案里的重要内容之一。

(二)心理危机干预体系助力多层次多方位进行预防、识别和干预

完善的心理危机干预体系能够立体式护航学生。通过主题班会、课程、沙龙、活动等多方位对学生进行心理健康教育，营造积极校园氛围，有助于学生自我调节和主动求助。本案例中，学生主动求助说明对学校的信任，积极的心理氛围能够给学生充分的安全感，帮助老师及时发现问题进行干预；个体-寝室-班级-年级-学院-学校-家庭-医院多层次干预危机学生，有助于护危机学生身心周全。本案例中，通过室友、朋友、老师、家长等多渠道陪伴学生，尽力减少学生的独处，保障学生的身体安全，有助于更好地开展心理援助。

(三)无条件积极全方位关注是危机干预的保护伞

大学生社会支持系统能够产生有力支持作用。情绪波动是危机学生面临的极大挑战。学校以学生为中心，全程积极关注学生的动态，陪伴学生面对因危机产生的一系列情绪变化以及身体反应。本案例中，学生经历两个假期才复学，在此期间，辅导员全程陪伴，亦师亦友跟学生一起面对病症。学生感受到了极大的鼓励和支持，积极反馈自己的心理动向，学校得以随时掌握学生的恢复情况。辅导员通过有效的心理疏导技巧，为学生撑起了一把保护伞。学生随时能够感受到学校的关注，建立了自信，为后续的复学做好充足的准备。

(四)家校联动，护航学生心灵，保障危机干预成功

家庭学校形成合力，创造摇篮式心理环境，能帮助学生更快恢复。危机发生时，家长自身也十分焦虑，有必要首先安抚家长的情绪，同时对于缺乏心理健康知识的家长进行宣讲，这有助于避免家长忙中添乱。让学生和家长接受生

病的现状而不是排斥，能够使干预更快更有效地进行。本案例中，家长刚开始想用平常心对待，避免谈论此话题，一定程度上阻碍了干预的进行。学校通过心理健康教育，家长也积极地进行了相关的知识储备，危机干预才更加有效。家人的接纳和支持是学生恢复的关键，家校联动，齐心协力，才能为学生心理保驾护航。

四、专家点评

成都信息工程大学软件工程学院党委书记、副教授马义华点评：自伤行为能够预测大学生的自杀行为，有自伤经历的大学生是高校心理危机干预工作中的重点关注对象之一。自我伤害行为干预的首要原则就是评估危险等级，采用“生命为上”原则，最大限度评估风险，保证学生的人身安全，避免悲剧的上演。作者能够发动各种资源积极介入，通过家校医整合信息，最大限度地为学生提供社会支持和心理支持，正确分析学生心理原因，并采取对应的干预措施，在积极解决现实问题的同时给学生无条件地支持和关注，帮助学生在良好积极的环境中尽快恢复，是一个成功危机干预的优秀典型案例。

作者简介

万娟，女，中共党员，成都信息工程大学软件工程学院学生科科长，讲师，在读博士，四川省首批高校辅导员名师工作室主持人，四川省职业指导专家团成员，获第六届四川省辅导员年度人物、四川省高校第四届心理健康教育课程教学比赛三等奖、四川高校心理健康教育专委会心理援助志愿团优秀志愿者等33 项荣誉奖项。

第六章

线上引领——网络思想政治教育

“互联网+”视域下育人的探讨与实践

徐州医科大学　刘晨

一、做法简介

随着信息化迅猛发展，网络育人已成为一种新型的育人模式。尤其是大学生，作为高校网络育人教育、引导和培养的对象，通过网络平台，有目的性地、科学性地开展网络育人活动，充分合理地利用网络资源已成为育人热点。作为一名一线辅导员，从开展新冠疫情高校联防联控工作开始，我立刻响应、即时动员、立刻行动，认真贯彻落实国家和学校的重要指示和有关部署，积极做好所带学生的防疫监控工作。

(一)传递信息

受疫情影响，学生们按照相关规定延期开学，在家进行网课学习。针对这种无法面对面传达学校信息的局面，我们利用网络优势，迅速、精确地联系各班同学，保证每一位学生了解学校的安排，响应“停课不停学”的号召。

(二)控制舆情

疫情初期有部分夸张的不实言论，严重影响到学生的学习和心态。此时需要通过网络化管理学生动态，利用新媒体整理素材并做好舆论宣传，道明当前形势，稳定学生心态；开展网络活动，培养学生乐观心态；抓住心理承受能力较弱的学生，施加正确的引导，调节负面情绪。

(三)重视思想

思想教育是网络育人的重中之重，我们借助网络平台的远程会议功能，超出空间限制进行红色主题教育，加深大学生爱国主义情怀，培养出爱国的社会主义高校学生。以开展腾讯会议班会、学习疫情期间优秀志愿者事迹、心理教育等方式进行思想层面的引导、巩固与升华。

(四)紧抓学习

为响应“停课不停学”的号召，我们加强学生线上学业指导。除了平常的网课之外，我们还开展了关于网课、四六级、工作等学习经验的交流班会，利用学校资源拓宽学生知识面，鼓励学生分享讯息、技巧。

二、具体措施

(一)每日确认学子健康情况，确保各类通知落实到位

为保障学子的生命安全和身体健康，每日确认427名学子的健康情况，“键对键”与学生“心连心”，守护学生身心健康。构建“人盯人”管理体系，利用好学生党员的模范带头作用，通过QQ、手机、短信、微信等多种方式与各班同学逐一联系，准确掌握学生思想动态及困难需求，确保学校延期开学通知、教学安排和疫情防控安排等重要信息第一时间、一人不落地落实到位。形成联防联控合力，建立“学院副书记—辅导员、班主任—学生党员、学生干部(室长)—学生”及“辅导员—学生家长—学生本人”联防联动机制，配合学校、学院完成学生健康状况“日报告”。利用微信小程序，微信公众号问卷、今日校园问卷、关注微信步数等形式，“日报告”学院学生情况。强化监督问责机制。深入贯彻落实《关于强化新型冠状病毒感染肺炎疫情防控严明工作纪律的通知》要求，发布《倡议书：抗击疫情，公卫人在行动!》，实行奖惩相结合的制度，完善监督问责机制。

(二)挖掘学生先进事迹，宣传正能量

为做好舆论宣传，加强对学生的爱国主义教育、社会责任教育、感恩教育，需要及时挖掘统计学生中的先进事迹，指导“青春公卫”公众号创作撰写微文，发布在学院的新媒体平台进行正能量宣传，激发了青年学子的爱国情和责任感。多位同学积极参与疫情防控，给进入社区的居民测体温、核查身份信息等，为社会奉献绵薄之力。动员学生党员、发展对象、积极分子书写思想汇报发声抗“疫”，彰显了同学们高昂的斗志和激情，这些思想汇报如冬日的篝火，温暖着前线工作人员的心。同时，公卫海外优秀校友也时刻关心祖国，关心疫情发展的情况，发视频为祖国加油。还借助青春公卫微信公众号平台先后发布《防疫48字小妙招》《使用过的口罩该怎么处理》《爱心接力，温暖传递，公卫老师给您支招》等文章，开展公卫传染病法“云”课堂活动，起到了安全提醒和号召引领作用。发起了《我们是疾控人》，号召公卫学子科学防控。开展了传染病防控知识竞赛，让学生认识到掌握相关知识对公卫学子至关重要。

(三)引导学生高效学习，筑基远大前程

为加强学生线上学业指导，响应“停课不停学”的号召，通过青春公卫公众号推出相关文章，引导学生利用好学术期刊数据库、线上图书馆、网课等平台进行线上学习；为毕业生分享相关就业信息鼓励毕业生在疫情防控期间不忘提

升就业竞争力，积极求职；组织开展线上班会，分享提高学习效率技巧；开展线上四六级总结大会，分析各班问题，提出解决办法，对提升各班级英语成绩有很大的作用；开展“学霸云讲师团，争当黄金帖”活动，分享学习方法与经验，建设云端优良学风。

（四）组织开展多项活动，帮助调节情绪和共同抗疫

为推动思想教育做好心理辅导，我们组织开展了网络思想政治教育主题班会，同学们感触深刻，并表明了对这场战“疫”的必胜之心；通过青春公卫发布《向老师们致敬！向学长学姐们看齐！》《抗击肺炎，他们在路上》等文章，开展战“疫”云演讲，鼓励学生刻苦学习。为丰富学生假期生活，还在线上积极组织开展多项活动：在 2020 年 2 月 2 日这个千年一遇的日子里组织学生及家长手写祝福，给无数前仆后继奔赴一线的医护工作人员加油；组织改编歌曲《只要平凡》，借助舞蹈向“逆行者”致敬；开展“同心抗疫，天佑中华”诗歌网诵会，以“抗击疫情”为主题进行支部海报选拔；开展唱响“好声音”，打好心理防“疫”战，学生们借助各种 K 歌软件录制歌曲，接力传唱着一首首暖心歌曲。通过“音乐疗法”调节情绪、疏解压力，也进一步激发了学生们的学习斗志，为打好心理防疫战起到了很好的助推作用，这件事已经被登载于“学习强国”江苏学习平台上。同时，我们鼓励同学积极参与社会捐赠行动，携手共铸坚强后盾，本次募捐活动共收到善款 8080 元，结合其他爱心人士，共向徐医附院捐赠医用外科口罩 4000 只，医用护目镜 150 个。这一行为和奋战一线的医护人员之举相比，或许微不足道，但饱含着徐医学子对其的关爱，旨在为“逆行者”送去一份安全。

三、启示思考

（一）因势利导，抓住时间节点

把握好思想政治教育的内在逻辑，抓住社会上出现的重大事件，结合背景情况，及时动态调整，顺着发展具体形势，以实际事件为契机，开展结合时事的特色教育活动，例如在疫情期间开展疫情防控科普教育，党情、国情内涵教育，舆论引导工作等，贴近时事，讲身边事、关心事、热点事，让思政教育融入生活，深入人心。

（二）客观分析，利用数据说话

思政课并非空洞地、独断地说教，通过掌握 SPSS 等基本的统计学方法，从统计学原理出发，对实际情况进行分析，对特定人群进行分析，将思政建立于客观事实之上。数据中有观点，有结论，用实例说话，凭数据理论。以理性、透彻的分析回应学生、引导学生、说服学生，用真理的力量教育学生。

（三）融媒传播，做活网络育人

在新媒体背景下，思政课需要结合时代趋势，将传统优势同信息时代结合，创新思政教育形式，增强思政教育时代感。运用新媒体技术增强思政的趣味性、多元性、创新性与易懂性，将理论转换为生活实践，宣传好榜样，传播正能量，讲好身边故事。发挥全媒体模式，推动思政改革，营造良好的舆论氛围，采用学生喜闻乐见的语言和方式，将理论讲透讲活，把有意义的思政课做得有意思。

四、专家点评

徐州医科大学公共卫生学院党委书记、副研究员胡斌点评：实现校园网络文化育人功能是加强高校思想政治工作的重要体现，培育积极的网络精神文化、打造先进的网络物质文化、促进健康的网络行为文化，是不断加强网络思想政治教育的重要途径。“因事而化，因时而进，因势而新”，面对疫情造成的新挑战，需利用网络进行对学生的技能培养、发展辅导、人格塑造、人生提升。紧抓时代特征与学生特性，拓展互联网平台，丰富教育内容，赋予教学以时代性与新颖性，无疑会使学生受益匪浅。通过立足学生成长发展需求、拓宽育人渠道、突出价值引领等措施，以网络引导学生在新冠疫情的背景下高效学习、调整心态、共同抗疫，培育社会主义时代新人，“互联网+”视域下的育人探索可谓必不可少。

作者简介

刘晨，女，中共党员，徐州医科大学辅导员，国家二级职业指导师。讲授《大学生心理健康教育》《大学生 HIV 科普实践》《大学生就业与创业指导》等课程。主持市厅级课题十项，发表论文十余篇，其中，SSCI 学术论文一篇。曾获江苏省高校辅导员年度人物提名奖、全国学校共青团优秀研究成果二等奖、江苏省学校共青团优秀研究成果二、三等奖、江苏省高校学生管理工作优秀论文二等奖、江苏省高等学校劳动教育优秀实践项目二等奖、全国高校思政队伍优秀学术论文三等奖、江苏省青年志愿服务先进个人、江苏省暑期“三下乡”社会实践先进工作者、徐州市实力团干部等国家、省、市，校级荣誉 50 余项。

“互联网+”视域下大学生爱国主义的探讨与实践

徐州医科大学　刘晨

一、做法简介

高校是涵养民族精神的重要阵地，爱国主义精神培育始终是大学校园文化建设的核心组成部分。中共中央、国务院在《进一步加强和改进大学生思想政治教育的意见》中提出，“要主动占领网络思想政治教育新阵地，利用校园网为大学生学习生活提供服务，对大学生进行指导和引导，不断拓宽大学生思想政治教育的渠道和空间”。伴随着互联网的兴起，本文主要从认同机制、引导机制、监管机制、保障机制四个方面对“互联网+”大学生爱国主义教育长效机制的构建进行了有益的探索。

（一）认同机制

针对高校学生普遍喜欢上网的现状，以网络为平台开展红色主题教育，强化大学生爱国主义教育，不断增强中华民族的归属感、认同感。一是建立红色爱国主义教育网站；二是开辟网上“专题”教育，及时、全面、深入地宣传党中央召开的重要会议和出台的重大决策，宣传我国改革开放和社会主义现代化建设取得的重大成就；三是利用校园网构建高校爱国主义教育平台。

（二）引导机制

新时代推进爱国主义要充分尊重大学生的成长规律和发展要求，适应大学生心理需求变化，破除文件语言中宣讲式、命令式的“要”，通过话语逻辑创新、话语导向创新、话语内容创新，转化为大学生群体对国家历史、发展和命运的认同。

（三）监管机制

一是政府加强信息监控与法治建设，为爱国主义教育营造良好的媒体环境；加大对互联网信息的监管力度，完善与互联网相关的法律制度体系。二是学校建立健全校园网络舆情预警监控机制；构筑坚固的“防火墙”，建立网络信息监控机构，建立网络预警机制和快速反应机制。

(四)保障机制

一是引导当代大学生牢固树立爱祖国的信念。当代大学生爱国主义教育首先需要解决爱不爱祖国的问题，这是大学生理想信念教育的重中之重。二是全面培养当代大学生爱国主义情操。热爱祖国，不是凭一腔热血、一股热情就能做到的事情，而是需经各方共同努力，不断培养大学生热爱祖国的感情。三是鼓励当代大学生参加爱国主义运动。行动是爱国主义精神最直接、最生动的表现。通过亲身体验、亲自参与，使爱国主义精神在心中牢牢扎根。

二、具体措施

(一)丰富教育内容，凝聚爱国情感

在开学第一课上，徐州医科大学公共卫生学院公共卫生与预防医学类课程的任课老师都会对学生进行思想政治教育，培养医学生爱国主义精神和人文情怀。通过国家意识教育使医学生认识到国家仍然是经济全球化背景下国际社会最重要的行为主体和国民利益代表单位，认识到每一个医学生成长发展所需的生活资源和社会环境是由国家提供的，个人的前途与命运和国家的前途与命运休戚相关，从而激发医学生的爱国主义精神。

(二)强化两个统一，把握爱国主义的时代性

徐州医科大学公共卫生学院在开展大学生职业规划课程时，要求学生进行个人的职业生涯规划时要紧密结合社会发展以及时代进步的需求。在国家“预防为主”的大时代背景下，鼓励学生利用自身专业优势，积极开展“久久防艾”“食尚营养周”等专业相关社会实践活动。爱国不是抽象、绝对的精神，有具体的政治立场和政治态度，由一定的历史条件决定。爱社会主义是爱国的具体内容和远大目标，爱国主义在坚持中国特色社会主义道路上获得正确的方向和强大的生命力。因此在这种意义上，创新大学生的爱国主义教育，就要强化爱国主义和爱社会主义相统一。

(三)培养理性精神，注重爱国行为的实践养成

党的十九大以来，徐州医科大学公共卫生学院一直动员学生党员和学生干部下基层、下社区，开展学习宣传贯彻党的十九大精神宣讲活动，取得一致好评。大学生们简单朴素而强烈的爱国热情固然可贵，但是在复杂的国际国内环境下，理性的爱国表达方式和社会行为却更为重要。其一，教育大学生爱国不是情感的宣泄，而是对国家积极认同和支持的深厚感情，是维护民族、国家的利益及尊严的行为。其二，培育大学生开放、包容、自信的良好心态以及冷静分析问题的能力和明辨是非的气度，提升大学生的综合素质。其三，引导大学

生把爱国与自己的生活、学习结合起来，将爱国精神体现在日常生活的各种行为中，组织大学生进入社区。

（四）创新爱国主义教育方式，增强教育效果

相关调查显示，大学生在移动互联网上获取新闻信息、查阅资料、学习专业知识、购物看电影等娱乐活动，占据了大学生活的绝大部分时间。互联网已经逐步成为思想文化信息的集散地和社会舆论的放大器。徐州医科大学公共卫生学院主要采取以下主要途径：其一，依托新媒体平台，发布爱国主义相关文章，使在校学生在贴近生活的内容、喜闻乐见的方式和轻松活泼的氛围中自觉接受爱国主义教育。其二，开展爱国主义教育主题活动，动员学生观看重大历史事件纪念活动宣传片、中华民族传统节庆纪录片、国家公祭仪式等活动现场直播。

三、启示思考

（一）优点

1. 有助于丰富思想政治教育的理论

一方面，随着“互联网+”技术的发展，思想政治教育的主客体都发生了新的变化，进一步丰富了“互联网+”时代思想政治教育的理论。另一方面，有助于促进思想政治教育与其他学科的融合，创建立体开放的教育新平台，促进高校构建全员育人的“大思政”格局。

2. 有助于深化对爱国主义教育的认识

通过“互联网+”的视角，可以开阔我们的思维。“互联网+”时代，大学生的主体性加强，爱国主义教育的内容更加丰富，方式方法更具多样性。通过对网络时代爱国主义教育的研究，可以深化我们对爱国主义教育的认识与理解。

（二）缺点

就集体活动而言，学生参与性不够高，且存在滥竽充数现象，特别是集体讲座，大学生讲座玩手机已经屡见不鲜。同时，部分大学生参加活动，存在以获取社会实践学分为目的的情况，爱国主义活动的初衷无法完全充分体现。以上问题亟须解决。

四、专家点评

徐州医科大学公共卫生学院党委书记、副研究员胡斌点评：爱国主义是一个永恒的话题，在如今互联网飞速发展的时代，传统爱国主义教育在一定程度上已经失去其原有的优势，“互联网+”视域下的爱国主义教育成为一种必然趋势。研究探讨“互联网+”视域下大学生爱国主义教育，紧抓时代特征与学生特性，拓展互联网平台，丰富教育内容，赋予教学以时代性与新颖性，会增强爱国主义教育的实效性。强化爱国主义教育，以网络引导学生理性思考，引导青年应对网络挑战，推动爱国主义教育由传统性向创新性发展，培育社会主义时代新人，“互联网+”视域下的爱国主义探索必不可少。

作者简介

刘晨，女，中共党员，徐州医科大学辅导员，国家二级职业指导师。讲授《大学生心理健康教育》《大学生 HIV 科普实践》《大学生就业与创业指导》等课程。主持市厅级课题十项，发表论文十余篇，其中，SSCI 学术论文一篇。曾获江苏省高校辅导员年度人物提名奖、全国学校共青团优秀研究成果二等奖、江苏省学校共青团优秀研究成果二、三等奖、江苏省高校学生管理工作优秀论文二等奖、江苏省高等学校劳动教育优秀实践项目二等奖、全国高校思政队伍优秀学术论文三等奖、江苏省青年志愿服务先进个人、江苏省暑期“三下乡”社会实践先进工作者、徐州市实力团干部等国家、省、市，校级荣誉50余项。

踏踏实实做板块　创新发展云教育

衡水学院公共管理学院　张艳青　周香孔　崔佳雨

一、做法简介

衡水学院公共管理学院选择以“网络育人”作为突破口，由张艳青博士负责实施，全体学工人员、团学管骨干共同参与，初步形成了具有衡水学院公共管理学院特色的网络育人雏形。以“微美公管”微信公众平台为媒介，宣传公管学院特色、向学生普及常识、向全体师生及社会宣传公管学院师生的思想状态、生活面貌及学院发展大事件，与同学们形成网上沟通管道。“微美公管”微信公众平台，作为公共管理学院的官方微信，推文工作实现全年覆盖，达到每日一更新，每年推文数量达 365 次，并由专门部门负责微信推送工作。“微美公管”公众号主要由学习馆、风采馆、朗读馆、“职”上云霄及急救知识等固定版块构成，根据学院中心工作及时更新内容。公众号自 2015 年成立以来，年审与备案工作及时跟进，关注度稳定增长，取得了良好效果。“微美公管”微信公众平台凝聚了公管学院全体师生的精神力量，展现了公管学院全体师生的精神面貌，成为公管学院新媒体工作中的一大特色，成为公管学院网络育人的大胆探索。公众号的内容与版块持续更新与优化，内容素材选取与使用均目标明确，公众号发展策略与路径具有典型性，受到其他院系的好评，成为其学习借鉴的对象。

二、具体措施

“学习馆”自设立以来，每日推送习近平总书记的语录以及在各大会议的讲话，旨在让习近平新时代中国特色社会主义思想进课堂、进教材、进头脑落实到位，真正实现高等学校立德树人的根本任务，为当代大学生提供思想引领，提高当代大学生的爱国热情。由张艳青博士指导新媒体部将“学习馆”学习语录栏目从静态文字学习宣传转为动态语音学习宣传，实现全年 365 天，天天学习，真正做到入口、入眼、入脑、入心。通过推送习近平总书记重要讲话，来加强我院学生的理论知识储备，了解习近平新时代中国特色社会主义思想精髓。

“风采馆”作为我院学生社会实践风采的记录板块，记录了学子们参与到养老院、指导文明交通、文艺下乡、深入社区等多种社会实践，展示了我院积极向上的精神风貌，对外展示了我院特色活动，并使我院活动理念受到衡水媒体报道。然后由学生会第二课堂负责人制作表格，上交校团委创新创业学分管理部门进行登记，实现基于学分激励的参与式学习，进而达到网络育人的目的，实现立德树人的根本任务。该板块实现了实践锻炼与理论学习同步发展，做到了理论与实践结合，促进了学生进步。

“朗读馆”板块的主要任务是编辑推出同学们朗读的优美文章，配以精美插图和励志语录，以便同学们相互学习。以艺术性的朗读，来传递文字间的信仰力量，增强同学们的思想力量。为确保同学们可以接触到多方面的理论知识，在每次内容推出之前，“朗读馆”都会先进行预览进行检查，以确保无误，“朗读馆”平时严格遵守备案、年审制度，且积极传播乐观向上的知识和信息。以新颖的方式来拓宽学生们的知识层面，开阔学生们的视野。

“‘职’上云霄”板块向同学们展示了京、津、冀学生就业岗位。针对如今社会上出现的求职难问题，通过大量的招聘公告向在校学生展示当今就业形势与需要趋势，减轻同学们的求职压力。让毕业生及在校生清晰地认识当前就业形势，根据自身优势、喜好与市场需求尽早进行职业规划，有利于大学生及时调整就业心理，解决当前大学生就业难题。

“急救知识”板块自设立以来，通过每天推送十条急救常识，为同学们普及了常见的医用急救知识，帮助同学们增长了生活常识，学到了更多的知识，开阔了视野。在遇到紧急情况的时候，同学们可以更加冷静地应对。不仅体现了对生命的尊重，还增强了学生的综合素质。

三、启示思考

（一）启示

从理论上充分调动了广大青年大学生学习习近平新时代中国特色社会主义思想的积极性，公共管理学院学生会新媒体部联合理论社团“习近平新时代中国特色社会主义思想传习社”共同发动社团成员广泛参与到学“习”大高潮中来，学习习近平新时代中国特色社会主义思想的精髓。人们常说：理论要与实践相结合。从静态文字到动态语音学习语录，通过到养老院、指导文明交通、文艺下乡和深入社区等多种社会实践，加深了对习近平新时代中国特色社会主义思想的认同。

(二)思考

《衡水学院思想政治教育质量提升工程实施方案》运行以来，公共管理学院网络育人实践取得一定成效。但是，需要完善之处还颇多。《衡水学院网络育人实施方案》必须与衡水学院的教学、科研、管理和服务实际相吻合，与衡水学院大学生生理和心理特点相适应，真正让广大师生受益，打造出具有衡水学院特色和风格的网络育人模式。这个方案的制定，不能操之过急。它是一个环环相扣的体系，是一个开放发展的体系。网络育人要想取得真正的成功需要做到以下几点：

(1)不仅要提供平台，而且要采取激励引导机制。

(2)注重细节，聆听学生们的建议，并采取其中合理、具有可行性的建议。

(3)强化实践教学，体现应用性。

(4)利用好衡水学院新媒体联盟这个平台做好推广工作。

(5)公共管理学院网络育人实践，应在不断总结经验的基础上，逐步向其他院系推广，形成一个品牌，获得系列经验。

(6)组建活动实践和理论研究团队，积极申报课题和撰写论文，争取产出更高质量的理论研究成果。

四、专家点评

衡水学院原党委书记王守忠教授点评：利用微信公众号对大学生实施网络思想政治教育，实现了指导教师、大学生和社会实践思想引领的同频共振，实现了学生自主评价、相互评价，线上与线下相结合，增强了他们解决问题的能力、态度和体验。

衡水学院马克思主义学院教授杨桂侠点评：利用微信公众号对大学生实施思想政治教育，主要是放在学生发展水平、发展程度和发展层次上，引导学生进行自我反思性评价，关注学生的体验过程，关注学生在探究过程中形成的情感、态度、价值观、综合能力等等，值得肯定。

作者简介

张艳青，男，中共党员，衡水学院公共管理学院党总支副书记，副教授，政治学博士，马克思主义理论博士后，河北省辅导员年度人物、河北省先进德育工作者等荣誉称号。主持、主研省级课题15项，发表中文核心论文6篇。

周香孔，女，汉族，衡水学院公共管理学院原党总支书记，教授，主持全面党务工作。

崔佳雨，女，汉族，衡水学院公共管理学院2018级政治学与行政学专业，担任系学生会办公室主任、班级团支书。

提升新媒体平台效力 筑牢网络思政教育“云端”阵地
——以抗击新冠疫情阶段为例

泰州职业技术学院　潘一静

一、做法简介

疫情就是命令，防控就是责任。在疫情大考面前，网络思想政治工作的实际效果检验着思想政治教育工作者的“云端”工作能力。通过新媒体和微媒体建设，辅导员应努力成为网络思政的设计者、优质内容的生产者、理论宣讲的践行者和网络思政的监管者，按照“内容求真，效果求实，文化求特”的工作要求，结合时事政治热点，及时回应学生所想，筑牢网络思政的“云端”阵地，主动高效地开展网络育人工作。

运用新媒体技术，化繁就简高效服务师生。疫情发生后，经济与管理学院学生工作小组迅速应对，及时掌握信息，按照文件精神要求开展工作，利用网络为全体学生提供全覆盖、全方位的服务，为“云端”思政打下基础。

运用新媒体技术，花式创新增强吸引力。用好“两微一抖”平台，编制小视频，通过发布微问卷、社群任务等做法，在积极传播先进文化的过程中逐渐形成体系化、品牌化、特色化的工作特点。

运用新媒体技术，研究需求提高黏合度。增强互动交流，根据学生反馈，把脉学生思想动态，通过学习通、问卷星、QQ 群等多途径关注学生的心理需求、学业困惑、经济压力，让社群的评论互动和学生的自我表达成为学生乐于参与的动力。

二、具体措施

通过新媒体和微媒体建设，辅导员应努力成为网络思政的设计者、优质内容的生产者、思政宣讲的践行者，按照“内容求真，效果求实，文化求特”的工作要求，结合时事政治热点，及时回应学生所想，筑牢网络思政的“云端”阵地，生动高效地开展网络育人工作。

(一)内容求真，化繁就简高效服务师生

运用好新媒体的多种媒介形式，内容求真，化繁就简，积累学生的“数据画像”，让互联网技术为新媒体传播影响赋能。只有迅速了解数据，掌握真实的情况，才能作出接地气的判断和选择。疫情发生后，经济与管理学院学生工作小组迅速应对，面向 47 个行政班、25 位班主任和 1170 名在籍生布置工作网络，设计摸排问卷，及时掌握信息，按照文件精神要求开展工作，利用网络为全体学生提供全覆盖、全方位的服务，为“云端”思政打下基础。在居家隔离期间，辅导员做好了多方面的信息摸底，包括学生性别、家庭成员、所在地域、政治面貌、居家情况、心理动态和特长爱好等多方面的信息，通过“云端”进行兴趣、地域、专业等同类质的划分，让学生在学习和生活中体会归属感。

(二)效果求实，研究需求提高黏合度

运用好新媒体的交互功能，通过评论、tag、接龙和视频等功能增强互动，再从评论反馈中提取关键词，把脉学生思想动态。居家隔离期间的学习主要通过网络课程完成，也为培养用户黏性提供了黄金时间。辅导员在通过学习通、问卷星、QQ 群等多途径开展学业督导的同时，还应关注学生的心理需求、学业困惑和经济压力，组织讨论，维系社群热度，让社群的评论互动和学生的自我表达成为学生乐于参与的动力，将个体的积极融入和学生的群体参与转化为催化思政教育工作效果的黏合剂。

以个体的积极融入为例，疫情发生后，学院迅速动员，明确分工，首先针对不同年级的学生了解生活、学习、经济情况，开展不同重点的帮扶工作。面向 2017 级毕业生，辅导员需按照“点对点”联系到人，确认每一位实习生的所在地和实习安全，定期回访因故滞留的学生，主动帮扶就业困难群体。疫情初期，有一名实习生因为身体残疾存在就业压力，因此格外珍惜实习机会。学院联系到学生时，该生仍倾向于坚持实习，以便争取下半年留任。辅导员在得知这一事情后，联系公司老板详细说明了疫情当前的特殊性，并解释学校的工作要求，恳请公司继续关心、支持学生的实习工作。考虑到学生的工作态度认真，也考虑到疫情特殊和班主任的诚恳，公司老板最后同意为该生保留工作岗位。学院也为这名学生启用了应急救助金。

以学生的群体参与为例，辅导员通过精心设计每日居家档案，除了常规的健康日报之外，还涉及了每天的“小互动”，以此来检验信息真实，确保信息畅通，力求当日问题当日解决。在当年 2 月 25 日的问卷中，辅导员针对学生的心理现状、经济状况和是否发生突发情况等方面的问题向学生提问，有一些学生也通过问卷的形式向学院反映了自身的情况。有的学生留言：“家人一直被困

家中，不能出去挣钱，没有经济来源。”这一情况也得到了关注。学院很快联系辅导员、班主任，私下联系学生了解情况，并给予了一定的帮扶。

每日居家档案发布以来，通过“每日一问”定点帮扶，安抚情绪，联系起网络空间中的师生。这些问题语言活泼，贴近学生内心，情系学生身心健康，成为学生心中的期待。（见表1）

表1　2月17日之后的每日一问

序号	日期	每日一问
1	2月17日	在家想喝什么饮品？我们出教程，随便提尽量满足
2	2月18日	进入2月下旬了，大家要调整状态，不要忘记自己还是个学生。这学期有什么学业目标？立个flag激励一下自己
3	2月19日	你的发型还好吗？来张发型自拍吧
4	2月20日	是否知道跨省变换位置之后要报备
5	2月21日	是时候展现真正的厨艺了，大家来张照片展示一下吧
6	2月22日	你下学期的状态
7	2月23日	当代大学生想开学的原因
8	2月24日	朋友，请推荐一部电影或者电视剧给大家吧
9	2月25日	最近有什么烦恼？或者有没有遇到具体的困难？比如，焦虑了，烦躁了，经济压力大，突然的变故等等。如果有，请留言
10	2月26日	2月2日上午，泰州市人民医院的15名护理人员响应国家号召，紧急整理行装，作为泰州市第一批援湖北医疗队出征武汉。前不久，这支队伍被泰州市认定为首批新冠肺炎疫情防控工作“骏马奖”，其中就有7名是我院护理专业的优秀毕业生。今天，他们中的六位在抗疫一线，写来一封封信笺，其中，有太多的牵挂，但更多的是作为一名医护工作者面对这场疫情必胜的信念，无悔的选择，永远的担当！他们是13届护理专业毕业生王晶，14届护理专业毕业生张蓉，15届护理专业毕业生仇嘉诚、魏峪清，16届护理专业毕业生邵峰、蔡伟等。同学们，你们想对驰援武汉的学长学姐们说什么
11	2月27日	疫情还没有结束，我们要坚定不出门，起拍下美景“云赏花”吧

（三）文化求特，花式创新增强吸引力

依托新媒体创新校园文化和个人工作品牌。辅导员可以通过“两微一抖”平台积极传播先进文化，编制小视频，发布微问卷和社群任务等做法，输出优质的文化内容，借助本校的文化积淀，逐步打造体系化的推送、主题化的微课、

故事化的宣讲和品牌化的活动，用花式创新讲好校园文化故事，提高网络思政的吸引力。

网络思想政治教育的内涵丰富，可以结合文化育人、实践育人和组织育人等不同方向精耕细作。以笔者主持的“静说校园工作室”账号为例，疫情期间充分利用媒体平台，展示学生抗疫故事，反馈学生精神状态，陪伴学生度过隔离阶段。

在疫情初期，经管院团委发起了“21 天戴口罩”计划，鼓励大学生身体力行，积极宣传防护意识，本次活动也受到了“学习强国”江苏站的关注。随着疫情的发展，本人坚持发布战疫日记，劝说同学们居家隔离，认真完成日报工作。针对学生间可能存在的经济困难、经济困难、无所事事、抑郁、焦虑不适等问题，我主持开展了为期一周的线上主题思政活动展。通过发布时长约为 1 分钟的视频，辅导员围绕自立自强和自律自爱等主题对学生进行教育。在中后期，积极响应团省委号召，以开展信仰公开课和抗击疫情等重点工作为契机，要求学生树立学习目标，养成良好习惯，全面开展信仰公开课实践。通过展示个人才艺和抗击疫情等艺术作品，激发学生的爱国情和参与感，同舟共济，为击退疫情构建积极的网络环境，积蓄饱满的精神力量。(见表 2)

表 2　经管院网络思政主题活动展

2.14	大爱：人间有情
2.15	约定：武汉人文
2.16	爱国：激扬文字
2.17	自律：强健体魄
2.18	自在：品味生活
2.19	节气：敬畏自然
2.20	身心：关爱健康

经初步统计，一周内视频作品在 QQ 空间、抖音平台、微信朋友圈累计获得浏览量 5588 人次，点赞数 387，点赞比率约为 6.9%。

回顾隔离期间，我以文化育人为定位，讲好校园故事。13 篇微信推送系统回顾了居家隔离期间的战“疫”故事；复学后，我组织了以“劳动育人”为主题的“有劳了 tony”互助理发大赛和以“实践育人”为主题的“退役军人俱乐部”国防征兵教育；在线下，我将“地摊经济”与“文化育人”融合，盘活经管院的咖啡厅，使其成为校园师生喜爱的场所之一。结合经管院的专业氛围，6 月 30 日，泰职院首届直播带货大赛落地咖啡厅，在镜头前为校内师生上了一堂生动的思政课。

2020 年 5 月以来，我陆续在江苏新闻网上刊发了《有劳了，亲爱的 Tony 老师》和《夜咖啡，唤起文化育人的“烟火气”》，推广了我校的育人工作。

如何筑牢网络思政的“云端”阵地？本人认为，作为一名辅导员，在工作中应有“功成不必在我”的精神境界和“功成必定有我”的历史担当，迅速响应时政热点，把脉学生情绪痛点，在工作中“看见”学生，最后互相成就。

三、启示思考

多元化的网络环境为开展新时代高校思想政治教育提供了丰富的内容和形式，高校辅导员应主动占领网络宣传教育阵地，运用新媒体手段，提高宣传效力。在抗击新冠疫情的背景下，师生齐心战疫，同舟共济，体现出优化网络思政教育方式手段的必要性和重要意义。辅导员应以“四个者”为工作要求，提升新媒体平台效力，筑牢网络思政教育的“云端”阵地。

（一）深度挖掘资源，做网络思政的设计者

深挖网络思想政治教育的文化资源，设计网络思政工作的框架。具体而言，辅导员可以结合红色资源和校史知识，讲好“四史”故事和校本故事。《关于加快构建高校思想政治工作体系的意见》中指出，要“重点建设一批高校思政类公众号，发挥新媒体平台对高校思政工作的促进作用”。作为网络思政的设计者，可以通过整合资源，融合文化育人和科研育人等内容，拓宽思政教育的外延，丰富新媒体平台的内涵，为师生呈现出导向正确、内容生动和形式多样的产品。

（二）提高政治站位，做优质内容的生产者

提高政治站位，凝聚思想共识，积极生产优质内容。辅导员的个人力量是单薄的，可以借助学校的专业布局，建设一支宣传队伍。这样，既不会造成资源浪费，也可对网络思政教育提供方向指引和整体把控。优质内容不是热门内容，作为“生产方”，要认真学习习近平新时代中国特色社会主义思想，学习习近平总书记关于教育的重要论述，才能常学常新，深化个人的政治素养，提高平台网络文化产品的可读性和理论深度。

（三）切换思考角度，做理论宣讲的实践者

以学生喜闻乐见的方式，对身边的思政宣讲素材进行小切口、多角度的处

理。以疫情期间为例，传统的思想政治教育模式不再适用于学生，“微直播”“小视频”的方式可以让学生通过网络参与，通过换位思考，打造平台上的思政课堂。

（四）提升理论素养，做网络思政的监管者

提升政治理论素养和媒介素养，监管新媒体平台的运营情况。恪守网络文明与底线，传递正确的价值观念，营造风清气正的网络环境，引导学生做中国好网民。新媒体的成立很简单，但是运营和管理，特别是对内容的监管尤其重要。在实际运营过程中，可以组建编审团队，以团队精神为平台管理注入生机和动力。

四、专家点评

泰州职业技术学院药学院党总支书记陈玉点评：新媒体是开展高校学生思想政治工作的网络阵地，也是推动思想政治教育入脑入心的重要抓手。在防疫过程中，学生长期居家隔离，思想政治工作的开展有了新的挑战。本次疫情防控就是一堂思政大课，辅导员应筑牢网络思政课堂，提升新媒体的工作效率，在疫情防控的生动实践中帮助学生坚定“四个自信”，加强政治领导、思想引导、情感疏导、学习辅导、行为教导和就业指导，真切地围绕学生、关照学生、服务学生，不断地创新思路和方法，提高工作能力和水平。

作者简介

潘一静，女，硕士，讲师，曾任泰州职业技术学院辅导员，现供职于南京信息工程大学金牛湖园区，国家心理咨询师，曾获江苏省高校辅导员素质能力大赛一等奖，市暑期社会实践先进工作者，校党支部工作案例二等奖，校优秀辅导员等荣誉称号。

推进书香校园建设　搭建育人特色新平台

河南大学　肖艳　贺颖　周青

一、做法简介

为推进书香校园建设，进一步加强大学生思想政治教育，落实立德树人根本任务，引导青年学生深化对习近平新时代中国特色社会主义思想的认识理解，喜迎中华人民共和国成立七十周年，河南大学党委学工部主办，文学院承办，于2019年4月至6月在全校本科学生中开展了“书香·追梦——跟着习近平总书记学读书”系列活动，该活动获河南省普通高等学校第三届校园文化建设优秀成果展演二等奖。

“书香·追梦——跟着习近平总书记学读书”系列活动，旨在将习近平总书记读过的经典书籍推荐给喜爱阅读的青年人，激励青年学子在习近平新时代中国特色社会主义思想的指引下，通过广泛阅读，不断开阔视野，提高素养，笃学修身，坚定信仰，进而传递中国智慧、中国气魄、中国立场与中国自信，努力使自己成为具有家国情怀的优秀大学生。

本案例是基于“传统与创新相结合”的理念，充分利用传统线下学生活动模式，并创新工作路径通过“抖音”等新媒体平台加强与学生的网上互动交流，实施网络思想政治教育的一次实践探索。活动共分为线上和线下两个环节，运用新媒体技术，推动思想政治工作传统优势与信息技术高度融合。其中，线上环节包括“习”闻乐见——心得感悟“河”你分享、古往“近”来——每日好书推荐、“平”语夜读——静心阅读养成等三个部分，充分利用学生喜闻乐见的“抖音”平台，每日打卡记录下那些与书为伴的美好时光；线下环节为“辉煌七十载·奋进新时代”朗诵比赛，从经典诗篇中汲取精神力量，礼赞新时代。

二、具体措施

活动于2019年4月23日世界读书日当天启动，于6月15日按期完成。一个多月来，一万余人次积极参与其中，河南大学广大青年学子一同“跟着习近平总书记学读书”。经过广泛宣传、深入推进，全校30个学院积极参与，“河大学工”抖音号被@近3000次，共收到50个班级报送的1300余份有效作品，49个宿舍的1200余次有效打卡，139位同学的分享视频。学院、班级、宿舍、个人和团队等层次的多维参与，逾千件内容积极健康、形式别出心裁的作品通过线上设计的三个活动，全方位、多角度地呈现出来。经过初赛和复赛的激烈角逐，共有来自10个学院的20余名同学脱颖而出，参加“辉煌七十载、奋进新时代”朗诵会决赛，特别是马克思主义研究会为纪念习近平总书记莅临河南大学考察指导十周年而原创的诗朗诵《春风未央，逐梦不止》，引起广大师生的强烈共鸣。

（一）与时俱进，品读经典

线上活动分为三个部分，均借助“抖音”这一流行网络平台开展，紧跟时代潮流，阅读分享习近平总书记读过的经典著作。

1. 交流心声，分享学“习”心得

“‘习’闻乐见——心得感悟‘河’你分享”活动，参赛个人在校园内选取背景，录制3分钟的个人读书感悟分享视频上传至“抖音”平台，学生们可以畅谈内心感受，做新时代的记录者和讴歌者。

2. 谈古论今，把握时代脉搏

“古往‘近’来——每日好书推荐”活动，以班级为单位开展，每位班级成员每天轮流推荐一本好书。内容选择以“谈古论今”为线索，既读习近平总书记用典时提到的书、习近平总书记的著作，也读古往今来代表中华优秀传统文化的典籍、红色诗词小说等，借助“抖音”平台推荐，让学生们自主选择经典、融入经典。

3. 沉静内心，形成向上合力

“‘平’语夜读——静心阅读养成”活动，以宿舍为单位开展，宿舍成员每天入睡之前集中阅读，单次阅读开始前录制宿舍静心阅读打卡短视频并上传至宿舍抖音号。静心阅读期间杜绝任何电子产品，单次阅读持续30分钟以上。学生们一起安静地从书籍中汲取营养，让经典书籍入脑入心。

（二）博学明志，铸魂育人

“辉煌七十载·奋进新时代”朗诵会是“书香·追梦——跟着习近平总书记学读书”系列活动的线下环节。在朗诵会决赛现场，10组参赛选手紧扣活动主题，倾情演绎作品，为在场师生带来了一场精神盛宴。我校经济学院孙仪佳现场诵读习近平总书记《在北京大学师生座谈会上的讲话》，带领师生重温嘱托，不忘初心、牢记使命；口腔医学院秦义程、冀梦真等同学带来《中华颂》，引人徜徉五千年文明长河，自豪中华儿女，奋进新时代……

通过经典名篇的现场朗诵，让师生直观感受到文化精华的力量，在全校范围内形成“人人好读书，人人读好书”的良好氛围。这不仅仅是一次校园文化活动，更是为全校师生上了一堂鲜活的“思政课程”，落实了“办好思政教育要深入贯彻新时代精神铸魂育人”，既有理论高度，又有情感温度，引发思想共鸣。

（三）知行合一，报效祖国

10 年前的 4 月 1 日，时任中共中央政治局常委、中央书记处书记、国家副主席的习近平同志莅临河南大学，来到河南大学马克思主义研究会“知行合一、报效祖国”理论研讨会会场，教导青年学子要靠实践把学到的理论消化吸收，在实践中不断加深认识。

10 年来，马克思主义研究会牢记习近平总书记的教导，成立理论宣讲团，深入到基层开展实践活动。“红领巾相约中国梦”“丝路连心　携手同行”和“青春喜迎新时代　砥砺前行建新功”等主题教育实践活动先后展开，会员们的足迹遍布省内各地，内容涉及社会主义核心价值观、“一带一路”、聚焦新时代背景下的农村脱贫攻坚战和新农村建设等，去了解真实的民生国情，运用所学知识作出力所能及的贡献。

为纪念习近平总书记来校十周年，河南大学马克思主义研究会特别创作《春风未央　逐梦不止》，表达出河大学子坚定信念跟党走，“知行合一、报效祖国”的决心。这篇原创诗歌荣获“辉煌七十载 · 奋进新时代”朗诵会决赛特别奖。

三、启示思考

中共中央、国务院印发的《关于加强和改进新形势下高校思想政治工作的意见》中指出，高校要加强“两微一端”建设，运用大学生喜欢的表达方式开展思想政治教育。新时代高校学生工作必须与时俱进，正视网络对当今大学生的影响，主动适应网络信息化的发展要求。

今后的工作中，我们将继续开展“书香 · 追梦——跟着习近平总书记学读书”系列活动，进一步细化活动内容设计，精准把握时代脉搏，在作品质量上下功夫，多出精品，真正让阅读浸润日常生活，成为河大学子的生活方式。

一是坚持积极利用网络带来的机遇，不断创新人才培养方式，丰富网络育人内容和形式，着力将活动打造为网络正能量传播平台，增强网络文化的引导力、影响力和凝聚力，不断提升网络育人成效。

二是要创新网络育人载体，培养健康向上的网络文化，在本次活动基础之上，未来可逐步开展“跟着习近平总书记学用典、跟着习近平总书记学诗词、跟着习近平总书记学文化”等多种活动，以文砺人、以文育人、以文化人，书写讴歌新时代。

三是要继续发挥网络新平台优势，打造指尖上的思政教育，除“抖音”平台外，还可以充分利用“快手”、微博和微信等大学生喜爱、乐于接受的平台进行推广展示，加强与校外媒体交流合作，进一步扩大活动参与面和影响力。

四、专家点评

河南大学文化传承与创新研究中心主任、教授王明钦点评：“书香·追梦——跟着习近平总书记学读书”系列活动影响面广大、教育效果显著，构建了网络思想政治教育重要阵地，积极传播先进文化。活动在师生中引发了强烈反响，万千学子在线下、在网络与书为伴，在氤氲着浓郁书香的校园里追求真理，养成良好阅读习惯，借助这个平台展现了当代大学生的核心价值观，传播正能量。而采用“跟着习近平总书记学读书”这一“话题”的方式，也让更多用户发现并主动参与其中，更好更便捷地利用网络演绎身边的“小美好”与正能量。案例充分利用信息化网络时代带来的便利，通过指尖微平台，充分发挥网络思政的育人实效，引导青年学子通过阅读经典书籍坚定文化自信，做中华优秀文化的传承者，读万卷书、立报国志，为实现中华民族伟大复兴贡献青春力量，形成了可推广、可示范、可引领的典型经验。

作者简介

肖艳，女，硕士，副教授，河南大学外语学院党委书记，GCDF 全球职业规划师，获得全国高校辅导员年度人物提名奖、河南省高等学校优秀辅导员等荣誉。

贺颖，女，硕士，讲师，河南大学欧亚国际学院党委副书记。

周青，女，硕士，讲师，河南大学美术学院党委副书记，曾获河南省高等学校辅导员年度人物、优秀辅导员等荣誉。

注：本案例于 2019 年获河南高校第三届校园文化建设优秀成果展演二等奖、于 2020 年获第四届全国高校网络教育优秀作品推选展示活动工作案例三等奖。

网络形式讲述“一百个高职学生的一百个故事”——秦皇岛职业技术学院辅导员工作室“故事育人”探索实践

秦皇岛职业技术学院　周海娟　李韦璇　王娜

一、做法简介

传统的大学生思想政治教育方式多采用说理教育，但说理教育过于强调抽象的道德规范和理论灌输，脱离大学生的日常生活，容易使思想政治教育陷入形式主义和教条主义的窠臼，不易于让学生入脑入心。

所谓“天边不如身边，道理不如故事”，为了进一步提升思想政治教育的温度，让学生入脑入心，秦皇岛职业技术学院辅导员工作室坚持“身边事育身边人、同样事育同龄人、多样事育多样生”的原则，在学生中开展“故事育人”，以网络形式讲述“一百个高职学生的一百个故事”。通过挖掘学生身边立得住、叫得响、师生公认的优秀学生，讲述他们的故事，展现高职学生独特的魅力，引导广大学生吸收优秀学生的精神养分，提升“看齐意识”，与优秀学生产生共鸣，从而提升完善自我。同时把“故事育人”和“网络育人”相结合，借助网络平台讲述学生故事，在“秦职芳华”微信公众号“故事与他”专栏中定期推送“一百个高职学生的一百个故事”，从不同侧面把优秀学生身上所承载的品质、能力和行为以故事的形式呈现，将优秀学生的体会、感悟和经验进行分享，以达到引领示范的教育效果。

二、具体措施

(一) 实施方法

项目组在“故事育人”探索实践中，充分发挥“教育叙事法”在大学生思想政治教育中的优势，注重对人性的关怀与理解，重视对个体的反思和内省。通过讲述故事的方式向学生传递一定的思想观念和价值观点，使学生在对故事的体悟和体会中逐渐内化为自觉认同，从而促进思想行为提升。通过讲述学生身边人的真实事例引发读者的思考，将艰涩的“大道理”转化为易于接受的小故事，使学生在阅读中把优秀人物的故事内化于心，外化于行，并不断修正自我。

项目组建立“秦职芳华”微信公众号，把“故事育人”和“网络育人”相结合，借助网络平台讲述学生故事。项目在实施过程中定期调研，了解学生的兴趣点在哪？学生成长的困惑是什么？什么类型的故事能引起共鸣？项目组没有单纯为了讲故事而讲故事，而是深入研究学生成长的规律，挖掘适合学生的成长故事，了解学生喜欢的话语体系，研究探讨故事传递的价值观念如何输出？什么样的方式能够引起学生共鸣？通过这些方式，使得“故事育人”在大学生思想政治教育中取得了较强的实效性。同时，在挖掘故事素材时，注重结合时代主旋律，把主流价值观置入故事中，使得“故事育人”在大学生思想政治教育中取得了较强的实效性。

（二）实施过程

实施过程包括三个步骤：

1. 如何讲故事——确定讲故事的方式

一是成立专业团队对故事严格把关。目前由秦皇岛职业技术学院辅导员工作室十名辅导员老师和十名学生负责“故事育人”项目的实施，辅导员老师负责故事的审核把关，学生负责编辑、配音、排版和推送。在获取优秀学生故事稿件后，首先由编辑组对故事进行初审，初审通过后由辅导员老师进行复审，对文字和故事情节进行严格把关，稿件复审通过后交由配音组进行文字配音，最后由排版组排版，这几个环节完成之后再由辅导员老师对文字版面进行最终审核，经过层层筛选，严格把关，确保了故事的质量。二是借助网络平台进行故事推送。优秀学生的故事经过最后的整合连同配音，一起在辅导员工作室的“秦职芳华”微信公众号“故事与他”专栏中定期推出，目前是每周推送两期，每期推送一名优秀学生的故事。

2. 讲谁的故事——确定故事主体

在故事主体的选择上，项目组始终坚持三原则。一是坚持真实性原则。“一百个高职学生的一百个故事”的故事主体均来自我校优秀学生，他们的故事主要通过师生推荐、评优评先和学生自荐等方式获得，故事贴近生活实际，具有普适意义。故事所承载的思想观点具有可复制性、可学习性和可推广性，能够引起广大学生的共鸣。二是坚持典型性原则。“一百个高职学生的一百个故事”的故事主体有的已经毕业，他们秉持优秀的品格踏踏实实投身工作岗位，已在某一领域或某一行业成为佼佼者；有的仍在校园刻苦求学，不断提升完善自己。他们付出努力和汗水，收获成功与喜悦，他们的故事对大学生的成长具有很强的指导意义。三是具有全面性。学生成长的路径是多维的，项目组注重从不同层次、不同角度和不同方面去选择学生故事，既关注成绩好的优秀学生，也关注实践能力强且进步较大的后进学生。所选故事主体包括勤奋好学、成绩优异的“校园专学人物”；爱好广泛、博学多才的“校园全能人物”；思维活跃、开拓创新的“校园创新人物”；多才多艺、展现自我的“校园文体人物”；积极实践，勇于开拓的“校园实践人物”；青春有梦、创业有为的“校园创业人物”；不甘消沉、创造奇迹的“校园自强人物”；心地善良、乐善好施的“校园爱心人物”；吃苦耐劳、任劳任怨的“校园劳动人物”。

3. 讲什么故事——确定故事内容

在故事内容上，项目组注重把握两个方面。一是在故事挖掘的过程中注意把握学生成长的转折点。大部分学生有着相同的成长环境和成长故事，为什么有的学生能够在经历某个转折点后变得更加优秀？这种变化背后的原因是什么呢？这个转折点是引起共鸣的因子，值得更多的学生去学习和思考，所以在故事中优秀学生成长过程中经历的重要的、方向性的或是触动性较大的点会被重点挖掘。二是在故事的挖掘中注重把握学生成长的标志点。这种标志点一般外化为某种荣誉或是奖项，所以“一百个高职学生的一百个故事”在讲述时会把学生获得的荣誉和成绩放在故事的开始，这些优秀学生的励志人生一定会有精彩的故事，这无疑会增加故事的吸引力，让更多学生带着期待去读完故事。

（三）实际成效

“一百个高职学生的一百个故事” 在大学生思想政治教育生本化和通俗化方面进行了有益的探索，故事潜移默化、春风化雨、避免理论说教，无形中激发了学生内驱力向执行力的转化，产生了良好的育人效果。自 2018 年上线以来得到广泛关注，截至 2020 年 6 月 11 日已经累计推出 159 名优秀学生的原创故事，线上累计点击量达到 50000 多人次。

1. 在学生综合素质提升方面起到积极作用

“一百个高职学生的一百个故事”通过讲述优秀学生的励志故事和人生感悟，让先进的主流价值观念占领校园高地，进而形成学习、崇尚、争当优秀的育人效果，提升了学生的自我效能感。学生们通过优秀学生故事的引领和激励找到了努力方向和前行动力，树立了向优秀学生看齐意识。学院整体形成了良好的校园文化氛围、班风学风良好、学生活动参与的积极性高、整体就业率高，2019 年我院毕业生整体就业率达到 95.3%，毕业生对学院的总体满意度达到 97%。

2. 在课程思政实施推进方面起到积极作用

“一百个高职学生的一百个故事”被作为“思政元素”融入教材和课堂，在“课程思政”教育教学中发挥了重要的作用。“十二五”职业教育国家规划教材《职业生涯规划》（刘艳红主编）在第二次改版时，注重“思政元素”的挖掘，选取“一百个高职学生的一百个故事”的部分故事作为优秀案例。同时在《大学生职业生涯规划与就业指导》课程教学中，学生故事多次被任课教师搬上课堂，成为“课程思政”实施过程中宝贵的一手资料，实现了思想元素与专业知识的有机融合。

3. 在全面推进资助育人“扶志”方面起到积极作用

除了在网络平台推送之外，项目组在线下已经把前100名学生的故事整理印刷成册并发放给学校重点帮扶对象。“故事育人”在困难学生帮扶中起到了思想浸润、励志教育的作用，把无偿资助和有偿资助、显性资助和隐性资助有机融合，对学校形成资助育人长效机制和“解困—育人—成才—回馈”的良性循环，对全面推进资助育人工作起到了积极的作用。

三、启示思考

（一）工作启示

1.“故事育人”要基于高职学生特点挖掘“身边人故事”

项目组立足高职学生实际，针对高职学生理论基础薄弱、自我管理能力差、缺乏规划及奋斗目标、受网络影响大、自信心不足等特点，挖掘优秀学生故事，采用学生易于接受的话语体系，通过网络形式讲述学生身边故事，变大道理为通俗易懂的小故事，引发学生去感悟、体验和理解。同时，为了使“故事”更适合高职学生“口味儿”，项目组在尊重故事真实性的原则上对学生故事进行“精心设计”。首先，为了避免故事的平铺直叙，在编辑过程中运用细节放大、情节递进等手法去整理、重组、概括学生的成长故事，增强了故事的可读性和趣味性。其次，对每篇故事都作了分解，并根据内容提炼醒目的主题，使得故事所体现的精神实质更加明了，网络排版更富美感。最后，为了增强宣传的效果，对每篇故事做了高质量配音，增强了故事本身的感染力，同时也让学生们感受到新媒体时代背景下“阅读”的魅力。

2.“故事育人”要基于弘扬校训精神讲述“多样性故事”

“崇德尚能，求真创优”的校训，高度浓缩了我校的文化和价值取向，它是学校的灵魂和旗帜，具有强大的凝聚力和向心力。“一百个高职学生的一百个故事”以校训为指引，将优秀学生故事分为“崇德篇”“尚能篇”“求真篇”和“创优篇”四个模块，不同的模块代表不同类型学生的成长故事。这种分类使得学生在阅读故事中能够更深刻、更系统体会故事本身所要传达的价值和意义，引领他们更好地用榜样的精神激励、引导和纠正自身价值标准、行为规范和道德准则，最后通过努力达到或接近优秀学生的思想行为。

3.“故事育人”要基于团队优势构建“整体性故事”

项目组实施的“故事育人”既重视学生故事类型的多样性，又重视发挥工作室团队优势构建“整体性故事”。这主要表现在两个方面。一是工作室在实施“故事育人”时，每一个故事从故事主体的选择到稿件编辑，从配音到推文每一项具体任务都是根据工作室成员的擅长进行分工，以确保讲好每一个故事。二是“崇德篇”“尚能篇”“求真篇”和“创优篇”四个模块，虽然每一个模块代表一个类型的故事，但是这四个模块又构成了一个整体，衍生成带有某种价值取向的故事群。这个故事群在滋养学生心灵、涵育学生品行方面发挥了重要的作用，潜移默化地引导学生将社会主义核心价值观和校园文化内化于心、外化于行。

（二）进一步思考

1.进一步强化“故事育人”淬炼学生理想信念的作用，讲好家国情怀故事和传统文化故事

家国情怀的锻造、社会主义核心价值观的培育、传统文化的继承与发扬是当代大学生成长的必修课，通过鲜活的故事培育青年学生的家国情怀和践行社会主义核心价值的自觉性。项目组下一步将把故事和时代主旋律、社会热点结合得更加紧密，如讲述疫情防控一线抗疫英雄逆风前行的故事；决战决胜脱贫攻坚劳动铸就中国梦的故事；“乞巧节”当天，姑娘们通过彩线穿针这样一个乞巧的方式来表达内心的喜悦，以劳动表达对爱情的美好向往等传统文化故事。

2.进一步增强“故事育人”的针对性和互动性，讲好辅导员陪伴学生成长成才故事

项目组计划推出“辅导员与100个学生的青春对话”专栏，主要围绕学业发展、学科竞赛、文体活动、志愿服务、创新创业、求职应聘、素养提升、大学生活感悟和释义青春困惑等方面讲述学生成长故事，用师生相伴成长的青春故事感染学生，引导学生，激励学生。

四、专家点评

秦皇岛职业技术学院学生工作部部长、教授郑利群点评：项目组能够遵循新时代背景下大学生思想政治教育规律，紧扣当代高职学生特点，不断整合学生工作队伍优质资源，凝练学生工作特色，创新学生工作思路，积极搭建育人平台和育人载体，探索适合高职学生思想政治教育的新途径、新方法，以增强思想政治教育的效果。

项目组实施“故事育人”，以“故事”为育人载体，挖掘优秀学生故事，运用学生们乐于接受的话语体系，将“崇德尚能，求真创优”的校训精神和主流价值观内隐于“故事”中，引导学生通过对“故事”的品读，触动心灵、启迪智慧。

“故事育人”这种教育方式将思想政治教育通俗化、生活化，使思想政治教育工作更接地气，更有实效。

鉴于“故事育人”项目所取得的成效，今后一个时期项目组应继续做好“故事育人”平台的创新和维护，使其成为大学生思想政治教育“全过程育人、全方位育人、全员育人”的优质平台。辅导员工作室应继续抓好队伍建设和制度建设，不断提升工作质量、提高宣传力度、扩大影响力，真正发挥好示范引领教育、创新驱动发展、提升学生管理工作整体水平、工作室孵化培育以及凝聚先进文化等功能。

作者简介

周海娟，女，硕士研究生，副教授，秦皇岛职业技术学院辅导员工作室成员，2019 年获得河北省高校辅导员精品项目三等奖、2018 年获得“河北省高校辅导员年度人物”称号、2015 年参加河北省第三届辅导员职业技能大赛获得专科组一等奖；2015 年指导学生参加河北省创业大赛分别获得一等奖和三等奖；2015 年获得河北省“先进德育工作者”、第十一届“河北省优秀志愿者”“秦皇岛市新长征突击手”等荣誉称号。先后公开发表学术论文 17 篇，参研省、市级课题 12 项，参与学院精品课建设一门，2013 年、2016 年分别获得市级考核优秀。

李韦璇，女，中共党员，燕山大学硕士，副教授，秦皇岛职业技术学院辅导员工作室负责人，河北省高校精英辅导员、骨干辅导员，河北省高校党的十九大精神“校园巡讲”和“网络巡礼”宣讲团成员。工作以来，先后荣获河北省高校“辅导员年度人物提名奖”、河北省先进德育工作者、“最美秦皇岛人 · 最美大学教师”等 36 项省市级荣誉及称号。在河北省第三届高校辅导员职业技能大赛中荣获专科组一等奖；2016 至 2018 年连续三年主持及参与申报的项目分别荣获河北省高校辅导员工作精品项目二、三等奖。参研课题 17 项，其中省级课题 11 项，4 项课题分获科研一、二等奖。发表论文 19 篇。

王娜，秦皇岛职业技术学院管理工程系副教授，学工办主任，“河北省三三三人才”第三层次人才。主要研究方向：思想政治教育、经济管理。近五年主持省级课题 3 项，获得省级以上荣誉 2 项。

注：“一百个高职学生的一百个故事”项目由秦皇岛职业技术学院辅导员工作室李韦璇、王娜、周海娟、苏艳华、张会、吴蒙、刘夏、陈艳芳、徐丹、郑思思十名辅导员老师和刘乐伟等十名学生实施。本次项目材料形成由周海娟、李韦璇、王娜三位老师执笔，工作室其他成员提出了宝贵的意见和建议。

本项目获得 2020 年河北省高校辅导员精品案例一等奖。

网络思政教育
——“数学与统计在线”在行动

白城师范学院　陈丹佐妮　王冠迪　王菲

一、做法简介

从广义的角度来看，网络思想政治教育是指在互联网和信息技术快速发展的时空情况下，以认识互联网的本质和影响为前提，利用网络运营思想政治教育的虚拟实践活动。从狭义的角度来看，网络思想政治教育是基于网络虚拟时空，根据互联网的特征和人们在虚拟社会中的思想行为形成发展规律，有目的、有意识、主动地对网络受众产生有效的影响，虚拟社会与现实社会所需要的思想行为形成适应双向或多重互动的许可，计划交流活动。在此基础上，以运用新媒体公众号对高校学生进行网络思想政治教育为初心，创建了公众号“数学与统计在线”。该公众号自定义菜单包括“学院概况”“数统要闻”和“学习筑梦”三个板块。其中，“数统要闻”包括对学生进行思想教育等内容的文章；“学习筑梦”板块可以使学生领悟到团日活动的主题思想，学习习近平新时代中国特色社会主义思想，争做新青年，为实现中国梦而奋斗。

本公众号不定期推送学院的动态，譬如教学研讨会、团学交流会、团学例会、党课活动等报道，借助新媒体平台使学生了解到活动的主要内容，切实领悟其中的正能量思想，并鼓励同学们向为国奉献靠近。

公众号也会推送自制高质量推文并转发高质量文章，如推送并转发关于习近平总书记的重要讲话等内容，学习习近平新时代中国特色社会主义思想，从而树立正确的人生观、价值观和世界观；推送并转发关于励志前行的文章，可以引发学生的思考，激励学生努力学习，不荒废青春；推送并转发关于节日民俗有关的文章，有利于学生了解我国传统的民族文化。

二、具体措施

为深入贯彻习近平新时代中国特色社会主义思想，依托网络媒介，落实思想政治教育，于2017年10月11日创建公众号——“数学与统计在线”。一路来，推送了无数新鲜事，传递了正能量。送走了一届又一届的毕业生，注入了两批新鲜的血液，两年里共收获了966位朋友。

公众号自定义菜单包括“学院概况”“数统要闻”和“学习筑梦”三个板块。“数统要闻”中包括文体活动、数学建模竞赛、党校培训和团日活动的相关信息。活动的开展也是重在培养学生的爱国奉献精神和积极性，以便达到我们思想政治教育的目的，我们每个人都应该为此贡献出我们的力量。“学习筑梦”包括学习课堂、学习小组和学习园地三部分。学习课堂中，同学们可以了解学习与习近平新时代青年思想，争做时代新人有关的团日活动主要内容；学习小组中有记录观看红色影片的活动，纪念革命事件，传承革命精神，不忘初心、牢记使命；学习园地主要记录以践行社会主义核心价值观，弘扬民族精神为基础，对新时代新青年进行的思想教育活动。在“学习筑梦”板块，可以让学生领悟到团日活动的主题思想，学习习近平新时代中国特色社会主义思想，争做新青年，将实现中国梦作为奋斗的目标。

公众号每天推送报道，譬如教学研讨会、团学例会、党课活动和团日活动等等。在微信公众号这个新媒体平台上，通过推送报道对学生进行网络安全教育和思想道德的引领。党课活动和团日活动的记录可以让同学们学习新时代新思想，了解社会主义核心价值观，从而形成正确的思想，积极投身到团、党建设中。将网络安全知识宣讲活动、网贷风险防范教育大会、办公软件培训等网络知识教育以文章的形式推送到公众号中，不仅可以让同学们深切地领悟网络知识，提高学生的网络文化素养，培养新时代校园好网民，也可以让学生熟练应用办公软件，为以后的学习和工作带来便利。在新生开学期间推送生活辅助的文章，让同学们认识到大学生活的独立性，提供大学生活的正确方式，避免发生不必要的矛盾，以便同学们得到更好的生活。

公众号通过制作推文向学生传递我国的民族精神。《教师节特辑》的推文中描绘了老师的辛勤付出与爱岗敬业的精神，表达了对老师的感恩之情，传承了我国自古以来尊师重道的精神；《花好月圆，为爱团圆》的推文介绍了我国的传统节日——中秋节，阐述了中秋节的来源与节日习俗，并向大家提出给家里报平安的建议，发扬了我们的民族文化和民族精神；以《不负韶华，考研加油》为题的推文提醒参加考研的同学们需要注意的考试事项，在推文中我们看到了老师对考研同学的鼓励，这些话语增加了同学们的考研士气，增添了同学们的信心，从而沉着应考，最后为考研的同学们加油，献上美好的祝福。2020 年，新型冠状病毒疫情出现，以推文的形式告诉大家如何科学有效地预防新型冠状病毒，保护自己与家人朋友，也表达了希望大家健康的美好心愿；同时告诫同学们要不信谣、不传谣，不在网络上传播谣言，以免在特殊时期对大家造成恐慌……利用公众号发送这些推文，可以将优秀的品质精神进行传播，告诫同学们要不信谣传谣，也是对学生网络素质的教育，让学生知道在网络中不可以肆意散播谣言，造成不良的影响，这是对学生进行思想引领的一个方面。

公众号也会转发高质量的文章：转发关于习近平总书记的重要讲话，可以使学生了解国家的时事新闻，关注国家动向，学习习近平总书记提出的思想，树立正确的人生观、价值观、世界观；转发关于励志前行的文章，可以引发学生的思考，激励学生努力学习，不要荒废青春，要在美好的年华中创造出属于自己的辉煌；转发与节日民俗有关的文章，有利于学生了解我国传统的民族文化，提醒同学们不能忘记我们的民族魂，要传承民族精神。通过新媒体让每一位同学都可以阅览高质量的文章，提高学生的思想文化素养，让学生领悟现代化新思想，这是对学生进行思想引领的另一个方面。

运用网络新媒体对学生进行思想引领、学习指导、生活辅导和心理辅导，为学生和老师都提供了交流的平台，同时也为学生带来了便利。

三、启示思考

坚持“以人为本”，如何高效地贯彻落实思想政治教育，成为高校当前面临的新问题和新挑战。思想政治教育工作贯穿高等教育始终，是一项复杂的系统工作，是高校立德树人、积极践行社会主义核心价值观的重要途径。随着现代信息技术的迅猛发展，网络化生活已成为当代学生的常态，对学生思想行为也带来了全方位、深层次的影响。运用新媒体新技术，运营公众号的方式，让每一位同学接收到想要推送的信息。理论、实践与创新三管齐下，以快速、准确和高效为基准，积极推动思想政治教育。

“数学与统计在线”公众号成立后，思政成效显著。如在防控、抗击疫情期间，多次发文呼吁大家加强防护，保护好自己，告诉大家不要造谣、传谣，并且普及相关病毒知识以及预防疾病的方法。推送此系列文章后，得到了积极成效，使面对疫情手足无措的学生们变得从容不迫，知道了正确的预防措施等知识，并使同学们积极响应了国家“不信谣、不传谣”的号召。

学生也可以通过公众号不限时间、不限地点方便快捷地搜寻到自己想得到的信息。内容丰富多彩，兼容并包，与时俱进，符合学生需求，提升了思想政治教育的延伸力。在内容上登载一些热点事件，让学生参与进来讨论和留言，这些事件或发生在校园里，或与参与者年龄相仿，让学生感同身受的同时，进行思想政治教育，推送应对此类事件的措施，使同学们建立正确的“三观”。通过此方式的网络思想政治教育有针对性地对学生开展思想引领、学习指导和生活辅导等，实现了思想政治教育工作的个性化和精准化发展，极大提高了思想政治教育工作的效率。

网络能让思想政治工作的传统优势与信息技术高度融合，让每一个学生告别传统复杂方式，通过看手机阅读的方式了解相关知识。用简单、节约且高效的方式来完成一系列的复杂思政教育过程，是网络思想政治教育的初衷，所以我们应该减少网络上的垃圾信息，传播高质量的信息，建立高质量的思想政治教育平台。改进传统公众号模式，做到更醒目、更吸引人眼球，但不浮夸，让更多的人更加关注教育，依托网络媒介，落实思想政治教育。

四、专家点评

白城师范学院马克思主义学院副院长、副教授宋玉兰点评：“数学与统计在线”公众号对于大学生来说是一个信息十分丰富的微信公众平台，切实做到了利用新媒体技术推动思想政治工作与信息技术高度结合。内容清晰、有条理，发布的推文为同学们提供了正确的思想理论，使同学们树立正确的观念，了解习近平新时代中国特色社会主义思想等内容，并在生活上对高校大学生进行辅导，提出建议和注意事项，便于让同学们获得轻松愉快的大学生活。推送的活动、会议报道体现了该公众号为同学们提供了多方面的发展平台，拉近了师生距离。分享的文章为同学们提供了高效的学习方法、社会新闻与网络安全相关知识，知识面丰富。自始至终以服务同学为宗旨，真正做到了让同学们有所学、有所收获。

作者简介

陈丹佐妮，女，硕士，讲师，白城师范学院数学与统计学院团委书记，国家三级心理咨询师，国家三级人力资源师，年度先进工作者，年度优秀辅导员，国家级创新创业大赛优秀指导教师。微信公众号运营者，负责推文审核工作。

王冠迪，男，硕士，助教，白城师范学院团委组宣部部长。学校团属媒体运营者，负责推文策划、审核工作。

王菲，女，白城师范学院数学与统计学院团委宣传部部长，优秀学生干部。微信公众号运营者，负责推文编辑工作。

“微·书·声”
——“公读共听”微信公众号网络思政教育工作案例

西安建筑科技大学　刘楠

一、做法简介

做好高校宣传思想工作，加强高校意识形态阵地建设，是一项战略工程、固本工程、铸魂工程。作为网络原住民的00后成长于全新的互联网时代，已逐渐成为高校的主要组成部分，这就要求高校宣传思想工作内涵更加丰富，网络思想政治教育的先进性、针对性与有效性要求更加深刻，创建契合新时代学风建设总要求、适合当代大学生喜闻乐见、符合大学生网络文化影响尺度的网络思政教育新阵地势在必行。

高校作为建设书香社会的重要阵地之一，读书氛围的营造、书香校园的建设成为新时代优良学风的重要组成部分。“互联网+阅读”已经成为很多大学生的阅读新方式，特别是当读书方式从看纸质书本转变为听有声读物，让读书可以在大学生的学习生活中无处不在。根据调查显示，有94.9%的大学生将微信作为经常使用的网络社交工具，而微信公众号的系统易用性、无须下载App的便捷性，使其成为受大学生喜爱的有声读物传播渠道，高校用户利用微信公众号使用有声读物的占比达59.9%。因此，微信公众号所具有的系统易操作、大学生喜爱、功能丰富等特点，已具备成为新的高校宣传思想阵地的条件。

综合以上特点，基于全环境育人理念，“公读共听”作为以西安建筑科技大学公共管理学院学科特色为基础，以培育和弘扬社会主义核心价值观为主旨，以有声阅读为主题，以声音传递正能量为途径的网络思想政治教育微信公众号应运而生。

二、具体措施

(一)内容构成

“公读共听”微信公众号以“配乐音频+暖色图片+文字”的模式进行排版，

符合主流大学生审美，使用户在打开页面的第一时间就可以看到并点击音频内容，将声音的主题最大化，从而填充大学生学习生活中的碎片化时间，并通过暖色图片的穿插，从视觉效果上增加用户好感度，提升用户对内容的认可度。再搭配音频内容的文字版，可以在听的过程中找到对应的原文，方便大学生及时收藏保存。

目前，共设置有三个栏目：书声、“声夜”食堂、时光胶囊，并分别设计了相应的宣传语。三个栏目具体运作方式如下：

(1)书声。宣传语：用声音温暖你。主要内容为大学生共读一本书，让停留在小时候朗诵课文时的稚嫩声音延长，提醒大学生朗读其实也可以陪伴自己一生。让声音隔离大学生对网络世界过多的喧嚣与嘈杂，静静地用自己的声音体悟自己喜爱的书中内容。书声栏目会通过前期向大学生征集“影响自己最深刻的、想再读一次的一本书”基础上，由学生自主报名参加某一本书的阅读，根据每本书的核心思想，精心挑选阅读配乐，将书本作为流动书，由大学生自发录制音频、制作音频后，发给“公读共听”微信公众号学生工作人员制作推文。目前完成的共读书目包括《追风筝的人》《解忧杂货店》《皮囊》《好吗好的》《人间最美是清欢》等，每本书平均有 30 人次作为朗读者读完，提高了学生参与率，并且在参与的过程中收获一份用自己的声音传递的琅琅书声，拓展了学生展示自己风采的平台。

在书声栏目下，设置了三个子栏目：书声、报名链接和战“疫”活动投稿。“书声”子栏目即“历次书声”，帮助用户可以尽快找到自己喜爱的、已发布的有声书籍。在自媒体环境下，用户既是内容的接受者，更是内容的生产者和发布者。报名链接的设置，可以有效地将用户主动转化为有声读物的制作者与参与者，进而不断地产生原创内容，扩大朗读者的范围与人数。同时，为了弘扬社会正能量，培育“网络新青年”，迎合当下热点问题开通了战“疫”活动投稿渠道，大学生可以将自己抗击新冠肺炎疫情的心得或者声音发布到“公读共听”微信公众号，用自己的声音表达新时代大学生的责任与担当，见证自己的青春岁月，主动发声。目前已发布的战“疫”专栏已达 10 余次，均为原创声音。

(2)“声夜”食堂。宣传语：饿了嘛？来一碗小确幸。结合青年人当下最关注的成长内容，“声夜”食堂栏目会不定期发送问答征集。如高考前夕发布“高考期间发生过什么事至今令你印象深刻?”为主题的问答内容，制作了《声夜食堂｜年少不惧岁月长》；父亲节前发布“最想对爸爸说的话”为主题的问答内容，制作了《声夜食堂｜我的盖世英雄》；基于大学生处于情感最为丰富的人生阶段的心理特点，发布“浮世三千，喜爱有千万种，那你的是哪种?”为主题的问答内容，从亲情、友情、爱情方面表达内心喜爱，制作了《声夜食堂｜少年与爱永不老去》；为引导大学生学会珍惜与放下，发布“得到了之后又失去和从未得到过，哪一个更令人难过?”问答内容，制作了《声夜食堂｜满船清梦压星河》；根据当下最热的电视剧、综艺节目，挑选符合社会主义核心价值观、符合当代青年审美的留言，制作了《声夜食堂｜许你夏日清凉、慵懒绵长》。

通过问答形式的参与并由主播朗读，让大学生的参与感更加真实，记录大学生的青年时代的观点与美好，而且可以通过大学生自己参与的方式，达到从传统的以老师为主体转换为以学生为主体的壮大高校主流思想舆论的效果。

(3)时光胶囊。宣传语：万家灯火与群星，人间值得又一刻。时光胶囊的初心是记录时光流逝中的声音，对话多年后的自己，用声音寄存现在的生活，见证在校大学生的成长声音。

“公读共听”是一个可以让全体大学生参与的一个微信公众号，不仅可以传递正能量，传播当下的热点新闻，而且可以帮助大学生热爱阅读、记录生活、记录成长，引发大学生热爱生命、热爱生活的感触。同时，“公读共听”微信公众号以声音传递正能量的方式，不仅适用于高校的网络思想宣传工作，一定程度上同样适用于企业思政、企业文化宣传等。

(二)特色与创新

(1)阵地建设创新。目前各大高校的宣传思想工作阵地包括校园官网、官方微信、微博等，大都以文字的形式呈现，少有采用“公读共听”微信公众号以声音为主要载体的方式开展网络宣传思想工作与思政教育。与此同时，非营利性质的“公读共听”有效避免现有有声阅读公众号的各类不利于大学生成长成才的广告，“公读共听”可将阅读落细落实到每一个学生之中，重视学生个体参与读书活动的实效性与参与感。“公读共听”微信公众号以读书为出发点，以大学生关注的内容和喜爱的方式开展培育和弘扬社会主义核心价值观，标本兼治，准确把握学生思想动态，创新网络思想政治教育方式，构建新型高校宣传思想工作阵地。

(2)工作路径创新。校园广播受播放时间、时长与途径的限制，难以确保内容传递的有效性，且其建立的微信公众号仍未将声音作为主要内容。“公读共听”微信公众号的建立，不仅听的时间更灵活，且学生参与面更广，对学生主体性强调更明确，成为社会主义核心价值观内化于心、外化于行的路径之一。截至目前，共完成 165 篇文章、135 次推送，关注量从 2018 年底初成立时的 99 人增加到目前的 368 人，《少年的你如此美丽》一文达到 1107 次阅读量，平均每篇文章阅读量超 200 次，参与学生在我所带学生中占比将近 80%。

与此同时，“公读共听”可以作为加强毕业校友与在校生、兄弟院校与在校生、在校生与在校生之间沟通交流的平台。曾有公共管理学院校友在“公读共听”发表自己的原创有声内容，以“过来人”身份与学弟学妹们“云”交流；中国传媒大学南广学院的学生参与“公读共听”的读书活动中……平台的搭建、阵地的坚守，成为弘扬主流思想的重要渠道。

(3)网络思政创新。“公读共听”微信公众号以激发大学生自我教育潜能作为网络思想政治教育创新发展的原动力。在每一篇推文制作的过程中，均增强了每一位工作人员和参与人员的师生网络互动交流，拉近与学生距离，及时了解学生思想动态，及时对学生开展思想引领、学习指导、生活辅导与心理咨询等。在大学“学分至上”观点的影响下，“公读共听”未设立加学分的奖励机制，净化学生参加“公读共听”的动机，充分调动与体现学生的参与感。每一篇推文均由学生自己朗读与制作，不仅让学生在大学期间主动锻炼并掌握一项热门技能，且每一次推文的制作均可供大众使用，实现资源共享理念，不断积淀校园有声资源，丰富校园文化，无形中将弘扬社会主义核心价值观渗透到学生工作中。

三、启示思考

(一)完善线上交流，增加线下交流

目前，“公读共听”微信公众号线上交流方法仅局限于公读共听小管家QQ小助手，作为给“公读共听”文字投稿的唯一方式，方式过于单一，且中间的操作程序较多，会导致部分大学生因此而放弃加入或参与，从而缺失一次次网络思想政治教育的机会，而且现在还没有线下交流的方式方法。应在丰富、精简线上交流的基础上，加强线下活动的交流。线下读书活动不仅是对朗读的回归，也是一个知识交流的过程，更是一种仪式。在仪式中，朗读者共同完成对内容的再创作过程，提高大学生的凝聚力与归属感，提高用户对平台的黏度，将新时代优良学风建设的新意涵融入其中，使网络上的思想政治教育与价值引领和现实中的思政教育相结合，实现无缝对接与相互转化，提高思想政治教育的力量，不断壮大高校主流思想舆论。

(二)主播匹配读物，强化内容再造

现有朗读者的选择并没有根据读物的中心思想进行匹配。无论是传统的朗读还是现代的有声电台，受众很容易受其影响，声音的抑扬顿挫、快慢缓急本身就是对文本材料的再加工。因此应合理配备各种类型读物的主播，提升公众号运作的专业度，最大限度发挥声音的魅力，强化对阅读内容的再造。同时，在确定主播时应注重其专业度把控，达到普通话二级甲等水平。

（三）丰富节目类型，壮大主流思想

现阶段有声读物的内容设计中均过于被动，如“声夜”食堂、时光胶囊等如无学生主动投稿即运作停滞；书声栏目在运作一段时间后，学生会出现一种疲乏期。因此应该将被动尽快变为主动，丰富节目类型，如推出广播剧、播报学院新闻，或结合学院学科特点，在征得主讲人同意前提下收录来校作报告的音频资料等可主动生成的栏目，让学生愿意在碎片化时间打开“公读共听”，接收到更多更高质量的内容，实现在网络层面壮大校园主流思想。

四、专家点评

西安建筑科技大学党办、校办主任、副教授高瑞龙点评：“公读共听”微信公众号以西安建筑科技大学公共管理学院学科特色为基础，以有声阅读形式向广大受众传递正能量，为培育和弘扬社会主义核心价值观作出积极探索。该公众号自运行以来，坚持经典与热点结合，校园与社会兼顾，读者与听众互动，设立三大栏目，多个品牌，深受青年喜爱。特别是通过老师和学生共同编辑、维护公众号，对大学生的素养提升方面，提供了很好的实践场所和展示平台。

作者简介

刘楠，女，硕士，讲师，中共党员，西安建筑科技大学公共管理学院团委书记、辅导员、学生党支部书记，国家三级心理咨询师，获得陕西省团干部素质能力大赛二等奖、陕西省高校育德先进辅导员、2023 年全国高校商业精英挑战赛国际贸易竞赛优秀辅导教师、陕西省高校“双百工程”“天竺山杯”市场营销大赛优秀指导教师、校十佳辅导员、校优秀工作案例一等奖、就业工作先进个人、优秀教工共青团干部、校三下乡社会实践优秀指导教师等荣誉。

注：本案例入选陕西省委宣传部、省政研会《新时代思想政治工作创新案例》。

后疫情时代，“党建+云思政”促高校毕业生就业的有效路径分析

广州大学人文学院　陈楚敏　张立　韩邱玉

一、案例简介

就业是民生之本，是“六稳”“六保”之首，高校毕业生就业更是“稳就业工作重中之重”。疫情暴发后，2020届高校毕业生就业形势更显严峻和任务艰巨。一方面，毕业生人数连年增长，学生工作经验浅薄难以应对竞争激烈的就业环境；另一方面，在遵守疫情防控重要前提下，过往的线下招聘会及就业指导活动难以大规模开展。后疫情时代，如何有效推进应届毕业生就业，是摆在每位毕业班辅导员面前的一道新难题。

案例中所需要解决的主要问题：

(1)后疫情时代，如何为毕业生提供切实可行的就业指导？

(2)如何充分利用“云端”平台，调动新媒体与学生群体先进分子力量助推学生顺利就业？

二、具体措施

(一)另谋新径，初启“党建+云思政”工作新思路

2020年2月中，2020届毕业生仍未如愿收到“返校通知”，疫情防控工作仍不能松懈。毕业生们既为前途焦虑不安，也为着由此给最后一学期带来很多不可控因素感到迷茫、躁动甚至不知所措。既然开展线下活动较为困难，毕业季工作不能止步不前，那么我们可不可以调动所有积极因素为就业工作“开路”呢？

受到当时QQ群直播、企业微信、腾讯会议、腾讯课堂、哔哩哔哩直播间等多种云端平台在教育教学上、支部组织生活等工作顺利开展经验的有效启发，这些应运而生的新媒体平台都是一种有效的应急和新颖的教育工具，线上铺开毕业生就业促进工作也不失为一种可行的、可探索的、可尝试的方式。

“党建+云思政”，主要是指依托信息技术和网络新媒体平台，将调动高校

有效资源与落实思政工作要求相结合的一种新的工作思路，相比起传统的线下服务活动，这种工作思路具有工作方式开展更灵活、资源覆盖面更加丰富、活动服务的辐射范围更广泛、育人的有效性与针对性更强的显著特点。

（二）党员带头，打造“云思政”工作的排头兵

工作推行之初，我们所在的毕业班党支部也有一些担忧的声音：“初次尝试，会不会有突发状况，达不到理想效果？”“万一同学们都不配合怎么办？”“如果有人看不到信息怎么办呢？”……

疫情居家学习的第一个月，我们发现年级不少毕业生会出现漏看消息通知、忘回消息，甚至由于紧张焦虑而卸载了微信软件等现象，这对于就业工作开展都是不利因素。为此，我们的“党建+云思政”工作决定先从支部党员带头试点做好信息对接服务开始，开创了“党员一对一”服务，即明确：

1.“支部1名党员对应团支部10~15名同学”

要求毕业班党支部全体党员，点对点、1对“1”（1个小组）地在线上高效落实各项最新工作指引和数据填报，实现毕业班学生全覆盖。

2.1名党员帮扶1名以上就业困难毕业生

要求毕业班党支部全体党员协助完成年级所有毕业生完成“广东省大学生就业创业小程序”简历填写、生源地信息上报，每人对接帮扶1名以上就业困难同学（如特别困难在库生、挂科后进生），提供就业信息服务。

（三）步步为营，“云聚”多方资源合力助推

在党支部党员排头助力下，各项通知和要求落实的时效性、高效性显著提升，我们也愈加发现“云平台”最大的便利就是可以打破时空限制，让我们有条件去调动更多的校内外资源通过网络直播或录播，与毕业生就业求职技能指导、朋辈经验分享等方面展开分享。

1.毕业班党支部书记：开讲“云面试”技巧第一课

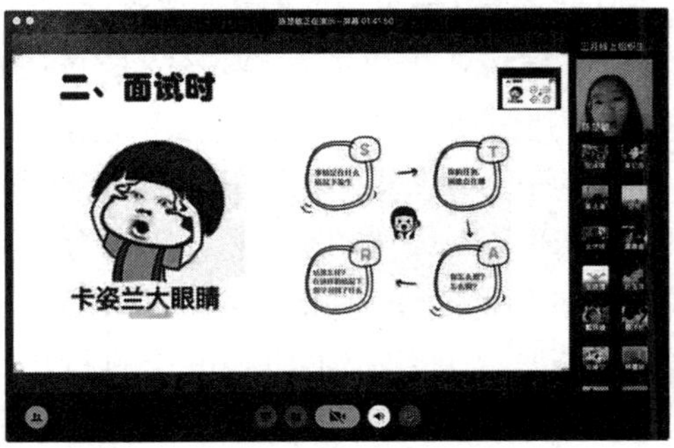

图1　支部书记陈楚敏“云面试”指导

2. 优秀毕业生党员：求职经验分享直播间、求职干货推送

图 2　优秀党员云分享

3. 优秀校友资源：多主题经验分享

图 3　不同主题的校友直播分享

4. 特别加训：毕业前 15 天的“线上讲课冲刺特训营”

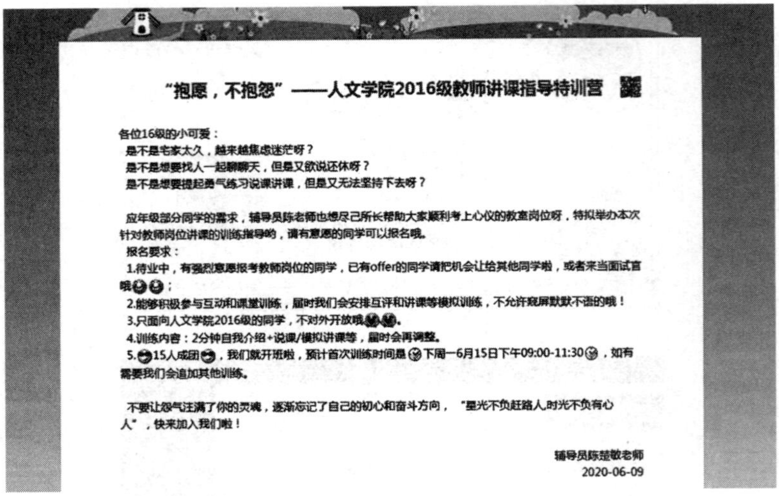

“抱愿，不抱怨”——人文学院2016级教师讲课指导特训营

各位16级的小可爱：
是不是宅家太久，越来越焦虑迷茫呀？
是不是想要找人一起聊聊天，但是又欲说还休呀？
是不是想要提起勇气练习说课讲课，但是又无法坚持下去呀？

应年级部分同学的需求，辅导员陈老师也想尽己所长帮助大家顺利考上心仪的教师岗位呀，特拟举办本次针对教师岗位讲课的训练指导哟，请有意愿的同学可以报名哦。
报名要求：
1.待业中，有强烈意愿报考教师岗位的同学，已有offer的同学请把机会让给其他同学啦，或者来当面试官哦；
2.能够积极参与互动和课堂训练，届时我们会安排互评和讲课等模拟训练，不允许窥屏默默不语的哦！
3.只面向人文学院2016级的同学，不对外开放哦。
4.训练内容：2分钟自我介绍+说课/模拟讲课等，届时会再调整。
5.15人成团，我们就开班啦，预计首次训练时间是下周一6月15日下午09:00-11:30，如有需要我们会追加其他训练。

不要让怨气注满了你的灵魂，逐渐忘记了自己的初心和奋斗方向，“星光不负赶路人,时光不负有心人”，快来加入我们啦！

辅导员陈楚敏老师
2020-06-09

图 4　线上讲课特训营

近一年时间内，我们为 2020、2021 届两届毕业生倾力调动各类资源，由党支部书记带头发起指导，并累计邀请了超过 20 名校友在腾讯会议、哔哩哔哩直播间(转播)开展各类主题教师编制考试与招聘准备、在岗公务员传授选调生考试、国企面试经验、升学、职场经验、论文撰写指导、考研复试面试技巧等分享会近 10 场，活动累计超过 3000 人次参与学习，活动有效地辐射到不同需求的毕业生，同时也通过网络渠道带动到其他年级在校生的参与。

(四) 云展延伸，“党建+云毕业”留特别纪念

就业工作在学院党委部署和支部全体党员的积极推动下，收获了同学们不少的好评与认可，但 2020 届毕业生仍然感到有诸多遗憾：或许无法拍摄毕业照，或许没有毕业典礼，或许没有毕业晚会等等的未知，也让不少毕业生伤感。

于是，支部党员再次发挥作用，抓准群众需求，由学院领导、班主任录制毕业祝福带头，党支部书记陈楚敏录制《夏天的风》(广大版)助兴，支委会联袂不同年级师生为全体 2020 届毕业生组织了“云毕业歌会”、制作 “云毕业视频”给毕业生送上祝福等，这一系列的“党建+云毕业”活动让毕业生们在美中不足中留下了一份特殊回忆。

三、工作成效

(一)彰显先锋：成立党员就业服务小组

疫情防控期间，“党建+云思政”工作开展初显成效，给毕业生提供了更有针对性、全面性的就业服务与指导，充分动员了校内外各方资源，特别是较好地发挥了学生毕业生党员在毕业生群体中的中坚力量。

后疫情时代，为将“党建+云思政”工作进一步做细、做强，我们在2021届毕业生党支部成立“党员就业服务小组”，凝聚“党员带头就业”组织生活特色，本年度每月支部党员大会，均安排了“就业经验谈”环节，邀请顺利就业的党员在支部、年级、学院进行经验分享与推送报道。

(二)服务辐射广：助力推进毕业生顺利就业

在“党建+云思政”工作思路推动下，学院的就业服务更有针对性、层次性和个性化地落实开展，服务累计超过3000人次，协助学院特困在库生、参与“15天冲刺特训营”的15名学员100%全员就业或升学、学院考研成功率首次突破10%，辐射到其他年级同学参与学习，提早提高就业竞争力。

四、启示思考

就业是最大的民生。为了推动实现更高质量的就业，后疫情时代，我院开创和推行“党建+云思政”工作思路积极响应了党中央的号召，努力在新困境和难题中积极发挥网络平台和人际资源另开新路为毕业生就业保驾护航。通过网络新媒体各类平台的有力运用，急毕业生所急、做毕业生所需，我们为毕业生提供了全方位的就业指导，有针对性地进行帮扶，促进毕业生就业工作保质保量完成。

(一)提高政治站位，调动网络力量优化思政工作思路

在新形势条件下，我们应当认真领会中央精神，提高政治站位，充分认识到做好毕业生就业工作的重要性。面对新形势，积极转变工作方式，掌握市场就业信息，分析学生在就业新时代下面临的风险和挑战，做好学生就业指导。

(二)对症下药、转变观念，提供有针对性的就业指导

相较往年，2021届毕业生的择业心态有较大变化，倾向于选择公务员、教师、事业单位等体制内的工作。而今年竞争又极为激烈，失败率偏高，为此，我们应当对毕业生加强引导，帮助毕业生认识到“行行出状元”，树立先就业再择业的就业观念，让学生未来发展融入祖国的发展与建设中。同时，由于每个

学生的性格、兴趣、成长背景存在很大的差别，所以我们应当根据学生自身特点与能力，帮助学生找准自身定位，有针对性地开展就业指导工作。

（三）云聚资源库、彰显模范，多方合力促就业

就业工作不仅仅是辅导员一个人的工作，就业资源也不是单纯的一个“单位信息”或“就业率”所能体现的，本次“云思政”思路的成功开拓离不开党的领导与部署、网络平台新兴力量的发展等的有效启发。要想更好地推进就业工作，我们还应当“云聚”党员先锋、先进模范、优秀校友以及校外专家学者的力量，构建自身的“就业服务资源库”，发动多方合力保就业、稳就业、促就业。

五、专家点评

广州大学学生处（学生工作部）副处长刘小燕点评：习近平总书记曾指出“新冠疫情的突如其来，‘新就业形态’也是脱颖而出，要顺势而为，补齐短板”，案例中学院党委副书记以及毕业生辅导员、兼职辅导员充分调动学院师生上下力量，覆盖自学院教师、党团学生干部到校友等多方力量与资源，打造了“党建+云思政”促进毕业生就业的有效路径，能为当前后疫情时代高校毕业生就业择业指导、职业生涯规划、就业技能训练提供一种新思路与经验参考。

作者简介

陈楚敏，女，讲师，广州大学人文学院学工办副主任，博士在读，曾获广东省高校辅导员素质能力大赛二等奖、2020 年广东省高校辅导员年度人物入围奖、广东省高校大学生心理健康教育基本功大赛优秀奖。

张立，女，广州大学人文学院党委副书记，曾获广东省大学生写作竞赛优秀指导教师、广东省高校思想政治工作实践优秀案例评选二等奖，指导学生获得省级以上奖项十余项。

韩邱玉，女，广州大学人文学院中国现当代文学在读硕士研究生，曾任毕业班兼职辅导员。

注：此案例曾获“广东高校学生工作优秀案例征集三等奖”（2021 年 6 月）。

以话语权赢得主动权：打造新媒体时代辅导员个人 IP
——疫情防控背景下抢抓网络育人机遇被“路转粉”案例反思

西安建筑科技大学　綦玥　吴静怡

一、做法简介

Z 某，19 岁，男，2019 级本科生，曾因多次上课无故缺勤、周末不按时归校而引起我的注意。经过了解，该生很少参加班级的集体活动，消息通知回复滞后，对辅导员安排的工作时常存在抵触性情绪与言语，疫情防控期间更是多次缺勤健康打卡，属于同学们眼中的“独行侠”和“钉子户”。与此同时，该生却非常热衷于网络平台上所谓“过来人”的疯狂吐槽，长期活跃于“抖音”“微博”“B 站”等新媒体平台，这与该生消息不回、通知不看、家长老师教育不听形成了鲜明反差。经过与该生及其家长多次谈心谈话，Z 某的家庭教育问题也随之浮出水面：父母较为强势，对孩子期望很高，从小对 Z 某属于“严加看管”类型，导致 Z 某内心对老师、家长说教极为抵触，异常渴望自由。全面掌握基本情况之后，我将 Z 某的个例问题研判为一项潜在的“群体性问题”并面向全年级开展了问卷摸排，其中针对多选题“你心目中的辅导员老师是什么样子”，99% 的学生均选择了“知心朋友”这一选项，并附带了诸多网络流行语言表示支持，为此我深受启发。在接下来的时间中，我有意地通过拓宽网络工作载体、使用网络语言、完善自身网络形象等方式手段，不断强化个人符合学生需求的正能量 IP 塑造，争夺网络思想政治引领话语权，取得了积极成效。疫情在家期间，在一场抖音直播活动结束之后，我收到了 Z 某的好友关注与私信留言“为老师打 call，粉了粉了！下次有课我报名哈”。这是该生入学以来第一次主动联系我并分享个人情绪，我意识到长期以来阻挡在他心中的那面“墙”终于被推倒了，而新媒体无疑是问题解决的重要“法宝”。

二、具体措施

(一)问题分析

(1)自我逃避，专业归属感不足。思想是行为的先导，一切行为上的问题都源自内心思想的偏离。该生多次无故缺勤、周末不按时归校，疫情防控背景下仍然不自律、不自觉，在明确校纪校规的前提下还屡次违反纪律是缺乏规矩意识的表现，深层次原因是对学校教育、学校生活的有意识逃避。该生很少参加班级集体活动，老师同学消息通知回复滞后，也是自我封闭、厌倦交流的行为表征，加之该生专业学校志愿填报均由父母主导，内心对于自身喜好和从事专业没有规划和想法，因而对专业、学院以及班级的归属感不足。

(2)家庭影响，师生信任感欠缺。心理学大师海灵格说："幸福的家庭，都有一个共同点：家里没有控制欲很强的人。真正的爱，从来不是支配和控制，而是让对方活得像自己。每个人来到这世间，不是为了按照别人的方式过一生。"该生从小生长在一个父母比较强势的家庭，父母的期望给该生带来很大的心理压力。该生渴望自由，向往新鲜事物，这与条条框框的约束形成一定冲突与落差，造成该生内心对老师天然抵触，对工作要求应激抵触，师生之间信任感欠缺，对话交流从一开始就陷入了较为困难的境地。

(3)话语脱钩，教育吸引力薄弱。该生对于老师家长的日常教育引导触动不大甚至了无兴趣，但是却非常热衷于网络平台上所谓"过来人"的疯狂吐槽，长期活跃于"抖音""微博""B 站"等新媒体平台，主观喜好是该生对外信息选择性回馈的主要评判依据。该生作为00后，是网络时代的原住民，深受互联网思维的影响，主体意识、个性意识、多元意识较为突出，形成了以自我、现实、包容、适应、平等和关怀为代表的价值观，拥有着独特的话语体系。该生在等待老师权威解释和"过来人"吐槽中选择轻易相信后者，辅导员在新媒体平台网络思想引领相对缺位失声，学生长期拒绝帮助却在发现辅导员老师以网络形象、网络语言、网络对话出现在自己熟悉的新媒体领域后选择主动打开心扉，由路人转成铁杆粉丝，这一转化对比昭示着当前辅导员与新时代00后学生存在话语脱钩、教育吸引力薄弱的现实风险，呼唤着教师话语主导权在新媒体时代的进一步强化。

(二)问题处理

(1)家校联动聚焦学生发展诉求。针对该生自我逃避、专业归属感不足的问题，我与该生先后开展了多次对话，采用积极心理学理论，以赋分评价法对该生学习生活中出现的困惑或焦虑一一进行剖析，厘清当前学习发展中的主要困惑、主要矛盾并引导该生树立学习自信：该生以高考理科全校前20的成绩考入本专业学习，基础知识掌握较好，第一学年课程相对较为简单，迎头赶上问题不大。该生因为外部压力的宽松变化内心渴望自由、自主、独立，经过与该生家长的深入交流，我委婉地将学生的发展诉求传达给父母，并和父母约定给孩子半学期的自我调整期，其间以鼓励、支持、引导代替强压、批评或责骂，给予该生充分的平等与尊重，并时刻保持家校联动做好信息通告。

（2）靶向对标增进师生交流互信。师生交流才能熟悉，熟悉才能取得互信。针对该生对辅导员工作的抵触性情绪与言语表述，我坚持解决思想问题与解决实际问题相结合，一方面继续坚持政策宣讲普及教育，建立健全“辅导员—班长团支书—班委会—宿舍长”四级信息沟通机制，深入该生所在班级、宿舍整理收集同学意见；另一方面，对问题背后可能隐藏的群体性问题隐患进行仔细研判，面向全年级开展关于辅导员工作改进提升的问卷摸排，在了解掌握学生群体舆情新特点、新动态的同时，以“有则改之，无则加勉”的态度进一步推进自身工作“升级换代”。

（3）自我提升强化流量正向引导。在收到同学们的反馈之后，我意识到随着新媒体、自媒体技术的蓬勃发展，信息爆炸将整个时代带入了“流量时代”。学生接受知识的来源和方式的巨大变迁为辅导员工作带来了全新挑战，必须能吸引学生的关注流量，才能进一步做好思想政治教育各项工作。在日常的对话交流中，我有意识地搜集整理了一大批学生喜闻乐见的表情包图片，学习使用了包括“C位出道”“奥利给”“XSWL”等具有代表性的网络词汇，不断增强亲和力，加速与学生群体的进一步融合。网络平台分享生活，疫情“宅家”期间，新媒体的发展为我和学生之间提供了更为便捷的交流平台，为了做学生身边最亲切真实的朋友，我以日常Vlog拍摄方式将自己最真实的生活与学生分享，通过建立一种平视平等的关系，引导学生主动分享他们的故事与思想。在系统性布局方面，我以打造符合学生需求的正能量个人IP为目标，注册成立了个人抖音号、B站号、微博号与微信公众平台，设计了青春阳光的动漫头像，并有计划有组织地在平台上进行直播授课与感悟分享，带领学生近距离走进学院、走进专业、走进课程，引导学生在“信其师”的基础上“信其道”。

三、启示思考

打铁还需自身硬。纵观本案例的来龙去脉，问题的成功解决虽得力于家校联动的合力助推，源自班团组织建设的进一步夯实，但其中最为关键的一点是辅导员自身话语权的全面提升，最核心的工作步骤是顺势而为，依托新媒体技术打造符合新时代学生需求的辅导员个人IP，增加自身关注流量，从而紧紧团结学生、凝聚学生、服务学生，在新媒体时代通过做好网络思想政治教育实现辅导员立德树人工作的“一窍通、百窍通”。

个人IP，网络用语，是指个人对某种成果的占有权，在互联网时代，它可以指一个符号、一种价值观、一个共同特征的群体、一部自带流量的内容。简单来说就是，对于如今的粉丝经济而言，如果每个人都是产品，把自己打造成最好的产品便是赢得话语权的核心，进而才有实现个人价值到品牌价值转化的可能。对于辅导员而言，人生导师和知心朋友的角色定位，立德树人的根本要求，需要我们靠近学生、走进学生，了解新一代学生的真实生活状况，紧跟新时代学生的脚步。

党的十八大以来，党中央高度重视网络阵地建设和网络宣传思想工作，习近平总书记多次强调，要根据形势发展需要把网上舆论工作作为宣传思想工作的重中之重来抓。《关于进一步加强和改进新形势下高校宣传思想工作的意见》强调要充分运用新型传播手段创新高校宣传思想工作，掌握网络舆论主动权，并针对创新网络思想政治教育明确提出要求。结合本案例与日常工作学生反馈，关于新媒体时代如何提升辅导员话语权进而做好网络思想政治引领工作，我有以下思考建议：

（1）坚持用户思维，转变话语方式，增强网络思想政治教育话语表达的大众性。学生在哪里，思想政治教育的工作就要延伸到哪里。习近平总书记指出，高校思想政治工作要“因事而化、因时而进、因势而新”，面对熟悉而又陌生的00后一代，辅导员需要研究工作对象、研判工作走向，就必须坚持用户思维，不断学习、吸收、使用学生喜闻乐见的话语方式，让宏大叙事变成娓娓道来，大道理变成小故事，典型模范变成身边榜样，与“后浪”共成长。

（2）坚持创新思维，掌握话语先机，增强网络思想政治教育话语传播的广泛性。一方面，坚持理念创新，要及时借鉴吸收新技术、新平台的价值赋能补短板、强弱项、提能力：以抖音为例，以“疫情宅家期间辅导员的一天”“辅导员和你聊聊天”“辅导员带你转学院”直播等形式主动出手，拉近师生距离，解答学生思想困惑；另一方面，坚持内容创新，结合学生成长成才规律，依托微信公众平台等自媒体持续产生差异化“干货”供给，以丰富的内容打造持续的号召力、影响力和衍生能力，牢牢掌握话语先机，让教育声音广泛传递，达到预期效果。

（3）坚持底线思维，开展话语争锋，增强网络思想政治教育话语主体的斗争性。树立一盘棋思想，要充分认识到网络思想政治教育同其他教育工作的协调统一性，也要充分预判到新时代背景下信息技术高速发展可能带来的全新考验，围绕挖掘价值、学习技能、获取头衔等方面砥砺自身能力，在提升才干、充沛知识、完善技能三个方面增强话语争锋的正气、底气、定气、锐气与朝气，要在关键时刻勇于发声、善于发声、正确发声，始终成为学生想得起、找得到、靠得住的贴心人。

四、专家点评

西安建筑科技大学土木工程学院党委书记、副教授张成中点评：该案例以打造新媒体时代辅导员个人 IP 为切入点，结合学生成长成才规律，阐释了网络思政的重要性，提出的建议可行性较强，对各高校加强网络思政建设具有一定参考价值，值得推广。

作者简介

綦玥，男，中共党员，西安建筑科技大学土木工程学院团委副书记、本科生辅导员，助教，在读硕士，陕西省“溪涧清源”辅导员工作室联席主持人，陕西省全民国家安全人民防线宣讲团成员，获全国国家安全人民防线宣教比武“风采奖”、第三届陕西高校团干部素质能力大赛(专职团干部组)一等奖、陕西省高校辅导员素质能力提升训练营“业务标兵”奖、校优秀共产党员、校十佳辅导员、陕西省优秀共青团员等荣誉。

吴静怡，女，中共党员，西安建筑科技大学管理学院研究生辅导员，助教，硕士，校暑期“三下乡”社会实践优秀指导教师，校毕业生就业工作先进个人，优秀工作案例校级三等奖，参与横向项目 1 项、参与校级辅导员专项项目 2 项。

注：该案例荣获 2020 年陕西高校网络思想政治教育优秀工作案例三等奖、2020 年西安建筑科技大学辅导员工作优秀案例一等奖。

寻找定位 创新补位 推动网络思政育人提质增效
——西安建筑科技大学土木工程学院“阿砼木”新媒体工作室改革实践与探索

西安建筑科技大学 綦玥 吴静怡

《普通高等学校辅导员队伍建设规定》中明确规定高校辅导员有九大主要工作职责，其中关于第六大职责“网络思想政治教育”的具体阐述所用字数仅次于第一大职责“思想理论教育和价值引领”，可见其内涵丰富、意义重大。新冠疫情暴发后，随着在线教育课程的广泛普及，网络新技术平台成为师生链接的关键纽带，网络思想政治教育也因师生居家隔离政策要求成为高校“立德树人”目标达成的战时“补给线”。习近平总书记在全国高校思想政治工作会议上指出：“做好高校思想政治工作，要因事而化、因时而进、因势而新。要遵循思想政治工作规律，遵循教书育人规律，遵循学生成长规律，不断提高工作能力和水平。”网络思想政治教育工作因其自身的特殊性，加之“后疫情时代”的深刻社会变革，呼唤着深化改革与革陈出新，以满足培育时代新人的使命要求。

一、案例简介

西安建筑科技大学土木工程学院坚持“围绕学生、关照学生、服务学生”新媒体工作发展定位，以“时间补位、角色补位”的工作思路，打造了以“西建大土木青年之声”微信公众平台为主体，以“西建大土木人”和“砼心向党”微信公众平台为两翼的工作主抓手，凝聚合力，打磨品牌，不断推进学院“阿砼木”新媒体工作室改革创新，服务学院疫情防控常态化背景下人才培养工作再上新高。土木工程学院“阿砼木”新媒体工作室依托原土木工程学院团委宣传部、学生会宣传部、学生会文艺部绘画组、“依木了然”大学生网络服务队整合改进而来，于2020年正式成立，隶属学院团委直接管辖。一年来，通过不断建章立制，学习思考，工作室逐渐摸索出了一条符合院情，贴近实际、贴近生活、贴近学生的新媒体工作经验，切实承担起了“举旗帜、聚民心、育新人、兴文化、展形象”的使命任务，助力网络思政育人工作提质增效。

二、具体措施

(一)寻找定位:围绕关照服务,完善供给侧结构性改革

网络思想政治教育的主线是思想引领,网络是其在新时代背景下的重要媒介与形式,如何走进青年生活与内心,通过“春风化雨,润物无声”完成教育服务的各项使命,实现“立德树人”才是其根本。正因如此,土木工程学院“阿砼木”新媒体工作室着眼于思政教育吸引力、丰富度、获得感的“三提高”,不断通过供给侧结构性改革,激发新媒体工作创造力。

(1)围绕学生,分门别类搭建平台,提高思政教育吸引力。为实现网络思政精准化、专项化教育,工作室经过悉心研判,围绕“讲好土木人故事,传承土木人精神,记录学院发展大事”整合运营“西建大土木人”微信公众号,深耕大学精神培养与学院文化熏陶,教育引导学子传承“厚土华木”之精神,爱院爱校爱祖国;围绕“服务学习生活,凝聚青春力量,传播土木声音”整合运营“西建大土木青年之声”微信公众号,深耕党团班级建设、优良学风培育、日常管理服务、心理健康辅导,教育引导学子做“德智体美劳”全面发展的新时代卓越工程师;围绕打造土木师生“理想信念的锤炼阵地、守望初心的精神高地、理论知识的学习园地、青年党员的教育基地、学生党建的活动营地、先锋骨干的培养源地”整合运营“砼心向党”微信公众号,深耕学生思想理论教育和价值引领,教育引导学子学理论悟原理,躬实践明责任,积极向党组织靠拢,用习近平新时代中国特色社会主义思想武装头脑指导实践。三大平台各有重点、各司其职更互为支撑,为网络思想政治教育提供差异化内容供给,实现教育“因材施教”,更因针对性而更具吸引力。

(2)关照学生,寓教于学构思舞台,提高思政教育丰富度。转变思想认识,细化内部建设。新媒体工作室以“项目制”代替常见的“任务制”,建立完善“中心主任—分管副主任—组长—组员”的学生队伍自我教育、自我管理机制;以“积分制”代替常见的“评分制”,着重强调集体成果中的个人贡献度并赋予分值,围绕专项工作开展试点,致力建设从挂榜到揭榜、履榜、评榜、奖榜的“揭榜挂帅”全链条机制,激发学生创新创造活力。重视学用并举,强化工作设计。深化指导设计,本学年工作室从校内外选聘专业教师 2 名和学生干部骨干 3 名担任工作室发展顾问团,参与工作室品牌打造、形象设计、效果评价和业务培训,帮助学生在干事中学会谋事,不断总结提升,避免工作质量的低位徘徊。深化环节设计,重点突出学生主导参与。工作室先后打造了《砼行》人物类专访活动、《土木人的一天》系列 Vlog 视频活动,从主题构思、海报设计、新闻撰

写、视频制作、推文宣传等各环节拓展学生教育环节；强化院、班合作，构建“新媒体工作室+班级文艺委员+支部宣传委员”工作大格局，坚持服务对接下沉，增强班级、支部投稿荐稿数量和意见收集展示，在广大舞台搭建的过程中扩大教育影响，丰富教育内涵。

(3)服务学生，以生为本转换展台，提高思政教育获得感。工作内容聚焦学生学习生活关切。工作室现推出有“立志筑梦”“学习追梦”“躬行圆梦”“学生风采”“知行合一”六大教育板块，其中子模块内容累计21个，涵盖学生思想政治教育、专业学习发展、文体素质锻炼和生活权益维护等各个方面；联合学院学生会各部门，打造了在线“学霸讲堂”“身边的榜样、前行的力量”“最美笔记、最美书桌展示”“最佳团日活动评选”“党团电影配音”等活动，营造积极向上的良好氛围，打造学生身边的典型榜样。工作开展聚焦学生喜闻乐见方式。打造新媒体育人矩阵，开通“西建大阿砼木”官方抖音平台与微博号，进一步强化图片、视频、音乐等类型媒介的综合使用，与时俱进开展抖音线上直播，成功举办“辅导员微课堂”“辅导员带你逛学院”“迎新生大直播”等活动，增强了服务学生能力本领，拓宽了师生交流渠道；强化工作室logo与形象周边设计，举办“土木大事件”学生问题集中反馈栏目，通过深入人心的“阿砼”“阿沐”卡通形象切实增强服务学生的亲和力。通过学生问题反馈，进一步深化问题导向、实践导向，不断增强学生参与学院事务管理的话语权，全面提高其教育获得感。

(二)创新补位：着眼“两贯通”，助力工作亮品牌

习近平总书记指出：“要把思想政治工作贯穿教育教学全过程，实现全程育人、全方位育人。”学生在哪里，“朋友圈”就在哪里，思想政治教育就得延伸到哪里。网络是育人的“虚拟场域”，是没有边界，却又是随手可及的课堂和校园，是大学生思想政治教育的“新型阵地”。如何让新阵地更好地服务于“立德树人”大局，如何将新老阵地统筹协调，发挥出“1+1>2”的效果，新媒体工作室立足于“时间补位”“角色补位”两个基点，充分发挥平台优势，助力思想教育时时有，协同育人处处新，形成了土木工程学院独特的工作品牌。

(1)时间补位，贯通“假期”与“日常”，实现思想教育引领不间断。新媒体工作室坚持打造“全天候”网络平台运营服务，实行“值班制”，在放假期间依然做到“不掉线”。围绕“社会实践”开展专题新闻跟踪报道，协助举办社会实践线上系列讲堂；围绕“欢度春节”开展最美家风评选、我和我的家乡照片征集、中华传统文化弘扬等主题教育活动；围绕“班级建设”开展班级风采展示，围绕“学风建设”开展“假期学习笔记”与“土木青年假期读书班”成果展等，工作室通过活动载体的完善使教育管理得以拓展，用时间补位弥补假期教育的空白。

(2)角色补位，贯通“线上”与“线下”，实现学生成长锻炼不停歇。学生的成长成才需要通过具体事务性的锻炼得以实现，后疫情时代新技术的灵活使用更是其中的关键要义。工作室重视通过自身技术载体资源的利用，将日常教育教学手段信息化、数字化，推动“线上”“线下”工作相结合，两轨运行。强化育人媒介补位，与喜马拉雅等平台媒介合作，组织开展“有声书”录制、“迎新春”才艺展示等专题活动，让线上空间成为学生另一个交流成长空间；深化育人渠道补位，构建校内外育人同心圆，链接“校企合作”与“家校互动”，打造学院宣传名片，凝聚育人合力；开辟“家校互动大讲堂”，举行“四大导师”线上指导交流会，进一步缩短空间产生的疏远与距离感，见证并记录学生成长中的点滴往事。

三、主要成效和经验

土木工程学院“阿砼木”新媒体工作室经过一年的改制运营，取得主要成效如下：

(1)新媒体工作矩阵初步形成。三大微信公众平台累计关注人数万人有余，抖音号视频点赞量突破10万人次，微博阵地实现从无到有新突破，校团委院属公众号WCI活跃指数排名数次位列前三，多次问鼎第一。

(2)新媒体周边产品备受学生喜爱。自主设计工作室吉祥物“阿砼木”动漫形象，完成形象玩偶、抱枕、水杯、挂件等衍生主题产品的设计生产与推广，“阿砼”“阿沐”形象深入青年学子内心。

(3)新媒体宣传学生骨干队伍基本建立。一年来，经过组织改革，院、班合作更加密切，工作室吸引力显著增强，牵头召开“新媒体工作研讨会”1场(同管理学院、文学院、安德学院)，学院班级宣传委员技能培训5场等，共培育有学生网络意见领袖与骨干40人。

(4)新媒体品牌活动日趋成熟。秉持“做有温度的新闻，做有高度的新媒体”理念，工作室撰写高浏览量新闻推文10篇，拍摄制作微电影3部，打造了《砼行》《老教授专访》《有声书》等特色品牌4项，促进了校内积极健康、向上向善的先进网络文化形成，搭建了高校思想政治教育的有力平台。

工作室主要建设经验可以概括为以下“八化”：构思系统化、团队专业化、管理规范化、运营项目化、内容多彩化、形式新颖化、活动精细化、评比常态化。

四、启示思考

(1)进一步扩大交流合作，将“走出去”与“引进来”相结合。强化同其他学院、其他高校新媒体工作者密切联系，举办“联名接力”活动若干、学习交流会议若干。

(2)进一步强化争先创优，将“学榜样”与“创榜样”相结合。对标全国高校大学生网络文化节、“网上重走长征路”暨推动“四史”学习教育等赛事要求，培育学生网络工作能力，打造打磨高质量品牌作品，培育学生群体中的“网络明星”，激发学生创造力、向心力、凝聚力。

五、专家点评

西安建筑科技大学土木工程学院党委书记、副教授张成中点评：该案例以打造“阿砼木”新媒体工作室新媒体矩阵为切入点，结合新时代学生成长成才规律，阐释了网络思政的重要性，提出的建议可行性较强，对各高校加强网络思政品牌建设具有一定参考价值，值得推广。

作者简介

綦玥，男，中共党员，西安建筑科技大学土木工程学院团委副书记、本科生辅导员，助教，在读硕士，陕西省“溪涧清源”辅导员工作室联席主持人，陕西省全民国家安全人民防线宣讲团成员，获全国国家安全人民防线宣教比武“风采奖”、第三届陕西高校团干部素质能力大赛(专职团干部组)一等奖、陕西省高校辅导员素质能力提升训练营“业务标兵”奖、校优秀共产党员、校十佳辅导员、陕西省优秀共青团员等荣誉。

吴静怡，女，中共党员，西安建筑科技大学管理学院研究生辅导员，助教，硕士，校暑期“三下乡”社会实践优秀指导教师，校毕业生就业工作先进个人，优秀工作案例校级三等奖，参与横向项目1项、参与校级辅导员专项项目2项。

网络育人　学生C位
——以“盘景职顺”公众号运营为例

盘锦职业技术学院　杨景顺　唐杨

一、做法简介

当前，互联网突破了课堂、高校、求知的传统边界，成为高校思想政治工作的最大变量，网络育人显得尤为重要。从一定意义上说，谁赢得了互联网，谁就赢得青年。从2016年腾讯发布的微信年度生活报告中数据显示：微信平均日活达到7.68亿，其中60%的用户是15~29岁的年轻人，39.8%的用户每天会利用公众号进行碎片化阅读和生活信息流的收集，公众号日提交超过70万群发消息。由此可见，青年是微信及微信公众平台忠实的使用者，其中以大学生为主的学生群体占微信用户数的14.4%，按此比例测算，目前约有1.35亿青年学生用户，其中大学生用户占较大比重。

同时，习近平总书记还提出要运用新媒体新技术使工作活起来，推动思想政治工作传统优势同信息技术高度融合，增强时代感和吸引力。

因此，2018年9月，我创建了“盘景职顺”公众号。公众号名称有两重含义：一是亮明身份：学校名称(盘锦职业技术学院)+辅导员姓名(杨景顺)；二是对高职学生未来就业的美好寄语：愿盘锦职业技术学院的学子们前景顺顺利利。创建这个公众号的初衷是为了与实习生有一个平台进行引导与交流，后来随着所带学生年级的变化，公众号的受众由实习生扩大到各个年级，推文内容根据我所带学生年级特点，紧跟关键时间节点进行编辑。所有推文均为原创，推文以“讲述学生故事”为主要形式，学生是每一篇推文的主角，学生是C位。以个别学生的故事为典型案例，让其他同学在读别人的故事的同时，读自己，反思自己，鼓励自己。用这样有温度、有情感的推文来与学生建立情感信任关联，进而进行思想引领。

新媒体环境下，高校辅导员开设微信公众号具有重新掌握网络微舆论场话语权、重构师生之间信任关系链、打造学生工作品牌项目，构建大学生育人共同体的现实价值。

二、具体措施

（一）搭建平台，丰富沟通渠道

传统思想政治教育形式单一、内容枯燥教条，学生抵触情绪大，教育的有效性难以保证。辅导员利用公众号这个平台，用学生们喜闻乐见的形式，利用身边事、有趣事、身边人、同龄人，潜移默化地进行思想政治教育与引导，大大丰富了与学生的沟通渠道，弥补了校外实习生思想政治教育引领的空缺，提高了思想政治教育的有效性。

（二）把握时机，抢占舆情导向

公众号的推送一般与学生们的学习、生活状态保持同步。例如，入学、军训、第一节课、期末考试等常规时间节点，会相应推送这些时间节点比较有代表性的学生故事，以点带面地对全体同学进行常规思想政治引导。另一个就是在突发事件的关键节点，第一时间进行推文，抢占先机引导舆情方向，进行主流价值观引导。

（三）精选内容，用好朋辈教育

通过精选推送内容，推身边同学的典型性个人故事。同学们通过阅读自己身边同学对生活和学习的感悟，以朋辈育人的方式，激发了全体学生对思政教育的学习兴趣，让学生实现从被动接受思政教育到主动思考和学习转变。由于推送的大学生故事内容涉及大学生生活的方方面面，囊括了大学生专业学习、职业规划、心理健康、实习困惑和进步等内容，一方面，年龄相当的学生们在阅读文章时容易产生共鸣，能在文章中找到前进的方向和力量，达到互相激励成长的作用；另一方面，推送后也就树立了典型和榜样，被推送本人在榜样力量的激励下会更加不断进步，从而实现了全体同学的成长成才。

三、启示思考

（一）“图文+视频”双轨并行

近年来，随着短视频和直播的大热，公众号逐渐失去光彩。腾讯高级执行副总裁、微信事业群总裁张小龙说，“视频化表现应该是下一个十年内容领域的主题”。面对同学们习惯的变化，思政公众号也需要自我革新、自我优化。虽然文字具有很强的感染力和传播力，但视频化的内容更加直观。因此在以后的运营过程中，可将视频号与公众号相互关联。丰富思想政治教育的表达、表现形式，与时俱进，与同学们俱进。

（二）保持同步，提高读者黏度

在推文内容的筛选上，除了以辅导员的视角去发现和利用素材进行网络思政教育，更应该站在学生的视角，去了解他们，更大范围地唤起同学们的关注热情。只有让同学们接受了，才能对其精神世界产生强烈冲击或弥漫式浸润。将推文内容进行相应的形式包装和表达方式的转换，以符合大学生新媒体接受心理。

现在的95后、00后出生在互联网初步兴起的年代，成长在互联网初步发达的年代，目前已经处于全面移动互联时代，自拍、分享、转发、点赞、评论等新媒体行为已经成为其每日生活的必需。他们热衷于碎片化的休闲娱乐需求，通过微信朋友圈的传播分享获得存在感，从获得的点赞中获取心理满足感。二次元文化为素材的网络文化符号深深地吸引着他们，比如网络表情、网络流行语、网络音乐、网络声客等，以二次元文化为内容的文字、图像、视频动漫等也得到了95后、00后大学生的特殊喜爱。

基于这个特点，公众号应该多借用相关网络热点，借鉴参考相关的表达形式，提高公众号自身的吸引力。与学生特征相适应，才能满足其心理需要，才能引起良好的心理唤起，才能进一步进行深入引导。多利用网络流行文化特点、彰显自由和开放个性、生动且贴近生活的网络话语，形式新颖、活泼，对原有题材进行适合青年人接受心理的深度加工后，讲述具有正能量、主流引导的故事。

（三）吸纳专业教师、学生，组建完备的运营团队

辅导员扮演角色多样化，大到学校改革参与者，小到学生起居生活帮助者，除了党团建设、学生干部队伍管理、学生活动参与等日常事务外，还需处理偶发的应急事件。公众号靠辅导员一个人运营是很艰难的，“盘景职顺”目前的运营就存在这一问题。

通过几年的运营证明仅凭一人之力，无法形成稳定的运营模式，无法给予受众良好的体验，无法成为学生成长成才的重要平台，因此微信公众号要有完备的运营团队作为支撑。辅导员作为这个团队的领头羊，要善于整合、优化各种资源做好运营和管理工作，提升自身上传下达的执行能力、统筹分工的引领能力、主次矛盾的区分和协调能力。

因此，在接下来的工作中将思考和着手建立一支更加完备的运营团队。从知识领域、技术领域，还有管理领域进行完善。将专业教师、学生吸纳到队伍里。可以解决同学们遇到的学业上的、就业方向、专业成长等方面的问题。另一个特色是将学生吸纳进队伍。一方面，学生能更加敏锐感受到全体同学的学习、生活状态，能为公众号运营注入新鲜、年轻、更贴近受众的想法；另一方

面，可以提升学生的写作、沟通、运营等各方面的综合能力。

人始终渴望打破并超越环绕自身的现实，不论团队如何组建，辅导员是灵魂，是方向。所以，辅导员一定要保持并践行终身学习的精神，加强自我发展的内在驱动力。这样面对教育环境的新变化、学生发展的新特点，辅导员才能顺应趋势，满足新形势下立德树人的根本需求。

四、专家点评

盘锦职业技术学院信息工程学院党支部书记孙宏伟教授点评：“盘景职顺”公众号通过线上思政在日常管理、互动中推进学生教育管理，建设融知识性、教育性、通俗性、娱乐性于一体的教育平台，切实占领网络教育阵地，有效加强了辅导员与学生的交流、学习，让同学们通过一键关注的形式可以随时随地进行阅读、分享和学习。

作者简介

杨景顺，女，硕士，讲师，盘锦职业技术学院纪检监察处干事，辽宁省心理咨询师，曾获辽宁省高校“两学一做”学习教育主题征文三等奖，辽宁省高校网络教育优秀作品推选展示活动三等奖。在学习强国、《新盘锦》、盘锦日报等平台发表文章20余篇。

唐杨，副教授，盘锦职业技术学院教师，国家心理咨询师。

红色微电台展现鲜活党史
“声”动人心传承红色基因

——河北软件职业技术学院让党课教育走“新”更走“心”

河北软件职业技术学院 李波 王欣 王叶明

一、做法简介

打破“会议式”“课堂式”集中学习模式，抓住碎片化时间，把党课学习变成“由耳入脑，由脑入心”。长期以来，河北软件职业技术学院不断探索新时代红色文化铸魂育人的新思路、新方法、新途径，因势而谋、应势而动、顺势而为，不等不靠，主动出击，探索并实践青春党建模式，主动适应青年群体的需求和特点，积极探索以“引领青春航向、构筑青春堡垒、创新青春模式、回应青春诉求、释放青春能量、推进青春接力”为主要内容的青春党建工作模式，在系党总支牵头下，发挥当代青年大学生的活力，创办了“青春智工 · 党团之声”微电台，讲党史、学理论，将红色之声送到师生耳朵里、心田里，打造“新颖式”学习体验，推动党史学习教育往深里走、往实里走、往心里走。

“青春智工 · 党团之声”微电台每周推送一期节目，以音频节目为主，视频节目为辅，每期节目 3 到 5 分钟，通过系部微信公众号和抖音公众号进行推送。以声波形式传递党的声音，改变了党课的空间和时间限制，利用声波传递党史，由“声”入脑，真正把党课送到了“一线”。

河北软件职业技术学院智能工程系利用“互联网+”的“微传播”效应，利用微电台讲党课，最大化地利用了青年大学生的碎片时间。现在的社会信息发达、生活速度加快，传播速度快、信息简单化的碎片阅读和碎片信息更容易被年轻人接受。针对这一现象，智能工程系考虑到声波这一传播形式，时间自由、空间广泛，只要录好党课，通过微信公众号传播，师生们可以自由选择收听时间。同时，为了让党课更加生动抓人心，每节课控制在几分钟时间，大学生不管是在教室、宿舍、食堂，或者放假在家，还是在吃饭时、临睡前、自由活动时，随时随地都可以打开手机听一节党课。

“微电台”让党课更加生动入脑入心。在传统的课堂式、会议式党课中，课堂上往往会强调纪律和内容的严肃性，而微电台则发挥了当代青年大学生同伴传递教育的作用，由大家身边的同学来播讲，在传播党的声音的同时，让党课变得不再受时间和空间的限制，更加贴近年轻人的语言和接受方式，微电台的节目内容短小生动，一个小故事传递一个大道理，真正把党课教育推进脑、入到心。

二、具体措施

为了让“青春智工·党团之声”微电台的节目不但在形式上贴近师生们需求，更要在内容上“精工细雕”，才能吸引广大师生们收听，达到创制声波党课的意义。为此，智能工程系从微电台的制作播出团队建设到有声节目内容的打磨，都要求精磨细作，力求创新。

（一）素质把关，制作团队晖光日“新”

“青春智工·党团之声”微电台节目制作和播出团队的打造至关重要。作为党课和党史的讲述者，必须有坚定正确的政治立场和丰富的党史理论知识储藏与积累。同时，声波传递也对朗读者的声音条件、普通话水平要求也较高。这些条件，就要求为微电台制作播出团队的成员整体素质必须要过硬。

为了打造好微电台的制作播出团队，智能工程系党总在青年大学生中广泛开展选拔，从思想政治层面到多媒体制作应用能力，经过多方面考察后，最终确定了12名青年大学生加入了微电台的团队，成员们有的是入党积极分子，有的是团学干部，并且全部经过我系青马班培训合格后上岗，从而有力地保证了微电台节目制作播出团队的政治可靠性和节目的质量。

（二）精磨细作，党课形式独具创“新”

在“互联网+”时代下，如何利用好新媒体传播形式上好党课？这是摆在大学生思想政治教育工作者和党务工作者面前一个必须要回答的问题。“青春智工·党团之声”微电台成立后，智能工程系党总支书记亲自抓节目质量和内容，与青年大学生制作播出团队一起挑选内容、打磨作品。

传播党的声音，讲述党的历史，内容是关键。同时，微电台针对的是在校师生，要占领年轻人的舆论宣传阵地，内容风格活泼生动才能吸引当代青年大学生。为了在第一期节目就能够抓住青年大学生的注意力，“青春智工·党团之声”微电台制作播出团队经过精心选择首期节目主题，对节目内容进行层层修改和把关，“青春智工·党团之声”微电台在开播首期推出了《马克思是个00后》系列节目。这档浸润理想情怀、洋溢青春气息的有声节目，带着青年大学生一起感知真理的力量，把握时代的脉动，激发了青年大学生前进的动力，受到了师生的一致好评。

有了好的开始，“青春智工·党团之声”微电台制作播出团队一鼓作气，继续推出了《做怀揣家国情怀的追梦青年》《白求恩精神薪火相传》等有声节目，力求选题上与青年大学生贴近，内容及表现方式生动活泼。

（三）紧跟时事，党课内容推陈出“新”

为了培养青年大学生的政治敏锐性，提升青年大学生的思想理论水平，微电台不忘及时传播党的最新会议精神，宣传党的方针政策、理论路线。党的二十大召开后，“青春智工·党团之声”微电台推出一系列专题节目，不仅宣传党的会议精神，更深入到青年大学生们开展采访，倾听大家对会议精神的学习感悟、理解和声音。

在常态化开展党史学习教育之际，“青春智工·党团之声”微电台推出了党史学习专题，给青年大学生讲党的成长奋斗历史和光辉征程，达到了“润物细无声”的教育效果。

不仅如此，每逢有纪念意义的日子，微电台均会推出相关主题的播送，紧跟时事。如雷锋月推出雷锋精神特辑等等，力求把党课教育变成日常，培养青年大学生把听党课当成习惯。

（四）多方联动，推广媒介日异月“新”

为了充分利用好红色教育资源，智能工程系党总支组织大学生党员和团员赴革命圣地西柏坡、保定市留法勤工俭学纪念馆、冉庄地道战等红色教育基地参观学习，“青春智工·党团之声”微电台制作播出团队借此机会，同步开展和进行网上直播，在参观中全程与网上青年大学生互动，主播在红色教育基地绘声绘色讲解党史，并且热心回答了粉丝和观众的提问，通过同龄人教育同龄人的方式，引导青年大学生了解中国共产党百年来的发展历程，学习革命先辈的先进事迹，让爱国爱党的精神融入青年大学生的心中和行动中，让党课真正“活”起来，有力地发挥了“同伴教育”传递正能量的作用。

三、启示思考

（一）借助新媒体开展大学生思想政治教育是因势而谋、应势而动、顺势而为

伴随着新媒体的融合与发展，高校大学生思想政治教育的方法创新就要充分重视对各种新媒体的运用。笔者长期从事高校大学生的思想政治教育和高校基层党务工作，就笔者工作性质而言，在日常工作实践中，特别注重对于师生的 QQ 群、微信群、微博、微信公众号的建立。高校思想政治教育就要主动适应新形势，形成了常态化、机制化、微型化，将党课教育的内容具体化、形象化，增强学习主体的学习兴趣，发挥广大师生党员、入党积极分子、团员干部作用，使得党的声音得到了第一时间的传播，让广大师生党员、入党积极分子、团学干部成为传播党的声音的冲锋号、排头兵，从而提升高校党课教育的实效性。

（二）大学生思想政治教育工作者要学习和提高驾驭新媒体的能力

新媒体时代下，大学生思想政治教育工作者要不断提高新媒体综合运用的技术和能力。熟练使用QQ、微博、微信等网络交流平台软件，善于捕捉网络热点问题，有目的、有意识地从正面引导广大师生党员、入党积极分子、团学干部；充分利用新媒体时代下社交软件强大的传播功能，抢占网络舆论的制高点；善于运用图文并茂以及音频、视频相结合的活泼、亲民、通俗易懂的网络文章形式，演绎严肃的党课教育主题内容。只有这样，才能拉近受众主体的距离，掌握广大师生党员、入党积极分子、团学干部、青年大学生的思想动态，达到新媒体环境下高校党课教育的应有之效果。

（三）新媒体时代大学生思想政治教育工作者要学会聚焦总目标，打好组合拳

新时代下新形势，要求我们的思政工作者就像一个医术高超的医生，能够把脉开方，药到病除；又像一个水平精湛的音乐家，能够拨动心弦，引发回响；更像一个经验丰富的舵手，能够把握方向，逐梦领航。我们要继续按照习近平总书记提出的“八个统一”要求（坚持政治性和学理性相统一；价值性和知识性相统一；建设性和批判性相统一；理论性和实践性相统一；统一性和多样性相统一；主导性和主体性相统一；灌输性和启发性相统一；显性教育和隐性教育相统一），打好组合拳，提升思政工作者的亲和力和感染力、针对性和实效性，让学生领会科学理论的实践价值、中华优秀传统文化的智慧力量、中国发展的时代意义。深入挖掘学生思政工作的形象、载体、氛围、情感、仪式、使命等要素，把社会主义核心价值观的要求、实现中华民族伟大复兴的理想和责任融入系部文化中，通过富有时代感、独具系部和专业特色，符合现代传播特点的方式展示出来，使其真正沁入学生心中。

四、专家点评

河北软件职业技术学院社会服务中心主任周洋点评：随着中国经济的快速发展，中国互联网的不断普及和深入，中国社会正在经历着前所未有的变革。“互联网+”、电子商务、移动支付、新媒体、共享经济、快餐文化、二次元等新生事物不但快速改变着整个中国社会，也给中国青年一代大学生的生活、学习、思想等各个层面带来了前所未有的变化，这种变化可以说是空前的，甚至是具有“划时代”意义的。从目前来看，00后已经成为中国各个层次高等教育的主力军，而高校思想政治工作如何在新时代“立德树人”这样一个背景下焕发新的生机，占领网络制高点，显然就具有非常重要的现实意义。在自媒体时代大发展的今天，传统的高校思想政治教育也迎来了重要的变革机遇，占领网络阵地，充分利用新媒体开展思政育人工作，“微思政”可以说是应运而生。河北软件职业技术学院智能工程系作为二级系部，创新思想政治教育的载体和形式，创建“青春智工・党团之声”微电台，紧扣了当代大学生“互联网原住民”的特点，同现代信息技术融合，有针对性地把党课教育盘“活”，让大学生参与其中，乐在其中，更学在其中，发挥大学生自身优势，党总支全程加强引导和管理，让“微思政”把互联网这个最大变量转化为思想政治工作的最大增量，更让党课教育焕发出勃勃生机，党课教育的效果则是“润物细无声”，走“新”更走“心”。

作者简介

李波，男，中共党员，副教授，国家二级职业指导师，现任智能工程系党总支书记，多年来深耕“网络思政”教育阵地，累计在省级以上期刊、各网络平台发表相关学术论文和个人作品60余篇，出版辅导员工作相关专著多部，主持和承担省市级专项课题10余项，曾获河北省教育厅“先进德育工作者”、河北省调研河北活动“一等奖”等奖励和荣誉30余项。

王欣，女，硕士，讲师，河北软件职业技术学院教师。

王叶明，男，硕士，助教，河北软件职业技术学院教师。

第七章

转危为安——校园危机事件应对

校园危机事件处理与思考
——以一起学生打架案例进行分析

南京理工大学泰州科技学院　刘银华

一、做法简介

《普通高等学校辅导员队伍建设规定》(教育部43号令)中提到辅导员的主要工作职责之一是校园危机事件应对。作为一名辅导员，要定期组织开展学生安全教育，对校园危机事件进行初步处理，及时掌握危机事件信息并按程序上报，对危机事件进行有效预警并积极参与危机事件后期应对及总结研究分析。如何更好地应对和处置校园危机事件，下面我以一起学生打架事件为例，阐述工作思路和处理方法，为类似的高校校园危机处理提供一定借鉴。

2016年3月28日13点，我在出差返回学校的途中，突然接到后勤保卫处徐老师的电话。徐老师反映我所带班级学生朱某在食堂门口被B学院的三名学生打伤，朱某当场晕倒，后被“120”救护车送至医院治疗。据食堂的工作人员讲，B学院的三名学生在斗殴过程中还使用了器械。此案例反映的是因学生打架引发的校园危机事件。我的做法：第一，了解并掌握涉事学生打架的原因。第二，疏导涉事学生的情绪，做到心理疏导与思想教育并行，而不是简单地批评和指责。第三，在学校党委及相关部门的领导下，做好该突发事件的舆论引导和其他学生的警示教育工作。

二、具体措施

(一)安排学生骨干赶往第一现场，初步查明原因

由于还在出差返校的途中，不能第一时间赶往现场。我马上联系学生骨干去查明朱某被“120”救护车送到哪家医院，伤势如何以及为何原因进行斗殴。学生骨干在后勤保卫处徐老师的帮助下，迅速找到朱某就诊的医院，初步了解到朱某鼻梁骨折、嘴里吐血，身体状况不是太好。朱某与B学院学生冲突的导火线是对同一个女生产生好感，双方争风吃醋，导致斗殴。

（二）及时向上级领导汇报，并请 B 学院辅导员协同处理

突发事件发生后，本人立即启动应急预案，向分院主管领导汇报本突发事件的基本情况。晚上 7 点，我回到学校后立马赶到医院看望朱某，进一步了解朱某的病情并让朱某描述事情发生的前因后果。

随后，请 B 学院的辅导员协同处理，分别找参与涉事的三名同学以及部分见证的学生单独谈话，分别倾听学生讲述事情经过，站在学生角度处理问题，体会学生的情绪和想法，理解其立场和感受，将体谅和尊重放在首位，并让他们进行书面陈述。晚上 12 点左右，此事件前因后果已基本清晰。朱某因为与 B 学院的牟某同时追求一个女生，朱某利用 QQ 和手机短信对牟某进行谩骂，并威逼牟某不要再追求该女生。牟某随后找来该学院另外两名男生邱某、裴某帮忙一同找朱某理论，双方由于言语不和，B 学院的邱某动手打伤朱某，朱某在整个打架过程中没有还手，B 学院另一个学生裴某只是进行助威旁观。获取到这些信息后，我们对牟某、邱某、裴某三名同学进行了严肃的批评教育，告知他们违反了学校《学生手册》中的规定，包括打架斗殴问题的严重性和可能的处分结果，让他们充分认识到自己的过错，然后要求他们三人主动承担全部医药费并向朱某及其家长道歉。三名涉事同学认错态度较好，表示接受以上要求。

（三）联系家长通报实情，并请双方家长来学校处理

查明事情原因后，我和 B 学院辅导员立即通知涉事学生家长，请家长到校会谈，对事情发生的客观经过作了详细通报，协助双方家长进行谈判并签订书面协议。

（四）及时通报事件处理情况，避免负面舆论

在学校党委及相关部门的领导下，我们及时通报事件处理情况，避免了负面的舆论。整个事件处理后，我立即召开专题班会，组织学生讨论、交流预防和解决恋爱引发冲突的具体方法，鼓励学生加强沟通，引导学生学会站在对方角度思考问题，教学生正确应对负面情绪，提高自我管理、自我尊重、自我反省和自我观察的能力。

三、启示思考

（一）注重学生骨干队伍的建设

一般突发事件的发生是很短暂的，这就要求辅导员在平时的工作中就应建立班级联动机制，培养得力的学生骨干。遇到问题出现，第一时间就可以让辅导员大致了解到事情的原委和发展态势。同时，辅导员务必做到第一时间尽量到场，不能赶来，应立刻指挥学生骨干或者学生党员维持现场秩序，避免事态进一步发展。

（二）重视恋爱教育，端正学生的爱情观

高校中因为恋爱引发冲突的突发事件也占有相当的比例。有的同学视恋爱为儿戏，互相玩弄感情，甚至脚踏几只船，引发几个恋人之间争风吃醋，继而斗殴。有的因一厢情愿，恋爱不成，导致心理失衡，甚至发展到心理变态，继而引发报复斗殴等。对大学生进行恋爱教育，帮助学生认识到：爱情除了美好之外，更包含责任、尊重、包容和理解，从而树立正确的爱情观。

（三）加强大学生法制观念教育，消除冲突事件发生的隐患

加强大学生的法制观念教育，让他们认识到打架斗殴可能带来的严重后果，树立底线意识，明确不能逾越的界限，学会用冷静、克制、理性的眼光看待问题。引导学生切勿触碰法律底线及校规校纪，树立牢固的法律意识，这样才能有效杜绝此类冲突事件发生的隐患。

（四）加强危机管控，防患于未然

在日常管理中，辅导员需要加强危机管控，时刻绷紧安全这根弦，以案例分析、宣传警示等形式对学生进行安全教育预警，告知学生需要遵守学校的相关规章制度，让学生在危机时刻知道该如何处理，防范此类危机事件的再次发生，并做好相应的教育记录。

（五）辅导员需要具备一定的校园危机事件处理能力

1. 现场处理时，要保持中立态度

到突发事件现场后，先了解事件发生的情况，然后找出事件的主要参与者，并稳定事件参与者的情绪。尽量避免和群体对话，最好与参与者进行一对一的交谈，从参与人的言语中，判断事件的严重性。应以安抚为主，避免讲大道理、乱扣帽子和打压，以免加重事态的发展。

2. 处理问题有理有节，与家长达成共识

对重大事件，家长是必须来校处理的。我们要尽量和学生家长处理好关系，尽早与家长达成共识，尽快处理问题。对学生及其家长可能采取的不友好态度要做好思想准备。一方面，我们要对学生家长给予理解，在有限的范围和合理的尺度内允许他们发表看法和发泄情绪，使他们的焦虑情绪得到合理释放。相关人员必须保持冷静和克制，不能激化矛盾，产生负面作用。另一方面，稳定对方情绪，进行科学、有效沟通，不断提高化解矛盾的应对能力；在必要时也可以采取换人、换地和转换话题等方式转移家长视线，避免冲突升级。

3. 及时做好舆论引导工作

我们要做好突发事件发生后的舆论引导工作，遵循公开、坦诚和负责的原

则，统一信息传播的口径，及时、透明地予以披露信息，向社会公众告知突发事件发生的时间、地点、原因、现状、问题、学校目前和未来的应对措施等内容，以低姿态、富有同情心和亲和力的态度来表达歉意、表明立场。

4. 注重善后处理

善后处理是一个重要环节。因为突发事件总是给学校和学生带来一定的危害，只有把突发事件的善后处理工作做好，才能把突发事件造成的损害降到最低。所以，当学生突发事件得到有效控制后，辅导员应重视化解突发事件过程中反映出来的各类矛盾，发挥“创可贴”功效，减少学生因过度紧张、恐惧和焦虑等不良情绪引发的不安定因素。

四、专家点评

南京理工大学泰州科技学院原院长、教授刘玉海点评：高校突发事件会对学校的教学管理工作、学习及生活秩序造成一定冲击甚至危害。伴随着高校扩招，学生人数不断增加，高校突发事件也随之增多，面对这些突发事件，如何应对和处置，是摆在高校学生工作者面前的一道难题。本文以一起学生打架斗殴突发事件为案例，详细阐述了解决的思路和实施方法，体现出高校辅导员迅速反应的能力。该案例对其他高校在处理学生突发事件的应急预案设计、现场处理的工作思路和工作方法，以及相关学生管理工作提供了借鉴作用，不失为一个优秀的案例。

作者简介

刘银华，男，硕士，副教授，南京理工大学泰州科技学院辅导员，注册国际职业指导师、国家三级心理咨询师、国家三级创业咨询师、全球模拟公司创业实训讲师、SYB 创业讲师、三级人力资源管理师、北森生涯规划师，担任商学院学生党支部书记，获得校优秀就业工作者、心理工作者、优秀共产党员等称号。

注：该案例曾获 2016 年江苏省辅导员工作案例三等奖，2017 年校级辅导员工作案例一等奖。

为“义气”消费　父母来“买单”

西北民族大学　祖立亚尔·扎克

一、做法简介

王某(化名)，来自一个普通的家庭，是家里兄弟姐妹中唯一的大学生，是父母的希望和骄傲。2014 年进入大学后，王某在学习上并不努力，他在课余时间认识了不少“铁兄弟”，一段时间消费金额超出自己的经济能力，于是利用学费代替生活费。因为无法上缴学费办理网络高息贷款，又因无法偿还网络高息贷款，最终由父母来偿还。此案例反映出的是学生因高额消费，导致无法上缴学费，用父母的血汗钱为自己错误“买单”等问题。

二、具体措施

本案例需要解决的是：如何帮助王某远离一帮“铁兄弟”，吸取教训规划后期的大学生活。如何引导学生不要再次出现办理网络贷款的现象，正确树立消费观和价值观，作为辅导员，我采取了以下措施：

(一)跟学生谈话，了解所面临的困难

通过跟学生谈话了解学生的生活，了解目前所面临的问题，认真听取学生的诉求，把学生当作自己朋友一样对待，听取学生的心声，陪伴学生听取学生的人生规划，正面引导学生让学生感受到自己所面临问题的严重性。

(二)化解学生的错误认识，正确引导

在耐心听取完学生面临的困难，用学生朋友的身份进行交流，让学生自己找出自身的错误，使学生感觉到父母的辛苦和全家对学生的期望和信任，帮助学生树立正确的消费观和价值观，体现出学生的错误想法，同时向学生强调网络高利贷的危害，用实际案例给学生解释，让学生明白自己是哪一点上出现了问题，以今后要怎么做、怎么改等话题正确引导学生。

（三）耐心引导，解除困惑，诚信对待

给学生耐心做引导下一步的处理办法，认真对待学生现在的状态，了解学生因网络高息贷款原因有没有出现心理异常，可以通过班级其他同学、舍友进一步了解。对学生的目前状态需要给学生一点希望，学生会出现面临父母的困惑，面临班主任、辅导员的困惑，面临舍友、同学等亲朋好友的困惑，通过各层次的谈话和协调给学生解除所面临的以上困惑。让学生信任辅导员为学生所做的工作，诚信对待学生的各类诉求，全力帮助学生从困惑中走出来。

（四）规划方案，关注学习，提高成绩

通过跟学生各层次的谈话做通学生的思想工作后开始关注学生的学习情况，通过任课老师了解学生的学习状态，对学生的学习情况给予合理的关心，利用课余时间多跟学生保持联系，督促学生学习，监督学生不要出现高额消费行为，让学生明白学生在校的主要任务是学习，努力提高学习成绩是回报父母的重点。当然提高学习成绩不是近期就能提高的，需要保持一个月甚至一个学期的时间来督促。在辅导员、班主任、任课老师的监督和自身努力之下，学生的成绩自然会有好的结果。

三、启示思考

类似案例中的学生需要的是关心与关爱。该生面临的问题是身上没有钱了，把学费都花完了，无法面对父母，还有出现高额的贷款在等着学生偿还，在这种情况下不给学生温暖和关心，学生会出现更多心理压力，无法面对时避免不了学生会出现更严重的后果。

作为辅导员，应从关心的角度出发，杜绝此类情况再次发生。详细摸排清楚学生中存在通过哪些网络平台办理高息贷款，摸排班级学生有没有高额消费的情况，关注没有缴纳学费的学生做好家校联系证明未缴学费的真实原因，避免学生出现欺骗情况。

四、专家点评

西北民族大学中国语言文学学部常务副书记马鸿波点评：该案例以学生高额消费而进行网络借贷为切入点，结合新时代学生成长成才规律，阐释了当代大学生消费观与价值观塑造的重要性，提出的建议可行性较强，对引导新时代大学生远离网络借贷与非法借贷具有一定参考价值，值得推广。

作者简介

祖立亚尔·扎克，男，维吾尔族，中共党员，西北民族大学中国语言文学学部辅导员，助教，中国语言文学学部本科生第五党支部书记。曾获得西北民族大学优秀辅导员，获得西北民族大学2023年暑期“三下乡”社会实践《优秀指导老师》等荣誉称号。

身陷“校园贷” 情深“暖人心”

洛阳理工学院 张臬臬

一、做法简介

潘某，男，19 岁，大一学生。2019 年 5 月 31 日下午 3 点 30 分，接到该生室友电话，反映该生近期萎靡不振、闷闷不乐，并于当天下午 3 点对其女朋友说：“如果有一天我不在了，要好好照顾自己”，初步判定该生有自杀想法。我在接完电话后，将该案例定性为校园危机事件。分别从“用好学生骨干，确保该生安全”“立即汇报领导，听从领导指示”“取得家长联系，做好家校育人”“加强个别教育，做好思想引导”“持续后期关注，加强心理疏导”等五方面处理此次事件。

因 2019 年 3 月 13 日，该生父亲曾向我咨询学校收费情况及缴费时间，并透露出 1 个月内，该生通过多种理由获取 21000 元。在向家长解释我校学费缴费标准及缴费时间后，我通过直接谈话、侧面了解等途径，了解到该生月平均消费水平在 2000 元左右，高于当地学生月平均消费水平，并有撒谎、追求高昂消费品等情况，遂安排同宿舍的学生干部、宿舍长对其思想动态和心理动态进行密切关注。在密切关注该生期间，我与该生谈话 11 次，与其室友谈话 9 次，与家长进行电话或者短信沟通 7 次，向副书记汇报 3 次，在院辅导员例会交流 2 次。在该生陷入“校园贷”无法自拔的情况下，通过 78 天的持续关注与跟进，向其长期灌输“社会支持”的强大力量，最终与学校领导及家长，同心协力挽救了该生的生命。

二、具体措施

(一) 用好学生骨干，确保该生安全

当时我带的学生较多，分为 8 个行政班级，分布在 59 个男生宿舍和 4 个女生宿舍。所带学生人数较多，且大部分是具有鲜明个性的 00 后大学生，这对我

做好辅导员工作提出了新的挑战。我深知要做好学生管理工作，就必须抓好“学生干部”这个关键少数，让他们成为我工作中的重要帮手，成为信息提供者、舆情监督者和工作推动者。因此，我不仅注重学生干部的选拔，也非常注重学生干部的培训。除了学校组织的培训，我还利用周四下午的班会时间，召集学生干部进行理论学习，并进行主题讨论，教授他们发现问题、解决问题的方法和能力，提高他们的工作能力。

在潘某事件中，正是将学生干部培养成了拥有较高业务能力的“得力助手”，才能第一时间了解到该生对其女朋友发出的信息，发现该生异常，才能在家长到达学校之前，一直陪伴在该生身边，确保该生情绪稳定，避免造成难以挽回的局面。

（二）立即汇报领导，听从领导指示

在得知这一消息之后，我立即与主管学生工作的副书记进行详细汇报。因前期与副书记汇报过该生的基本情况，领导要求确保该生安全，联系学生家长尽快到校。在得到领导的指示后，为避免发生意外，我以走访宿舍的名义，于当日下午 5 点到达学生宿舍。当时该生精神状态萎靡不振，一天没有下楼吃饭，我试图与学生交谈，但学生始终采取回避的态度。后遂在宿舍楼道间与宿舍长、团支书谈话，了解该生近期的状况，要求轮流关注该生动向，不得让该生单独行动，以确保该生人身安全。

（三）取得家长联系，做好家校育人

在到达宿舍之前，我与该生父亲进行电话沟通，告诉该生父亲这一突发情况。该生父亲当时人在深圳，表示会立即买票赶到学校。从宿舍楼离开后，我与该生父亲再次沟通，该生父亲表示没有买到直达洛阳的高铁，只买到了隔天下午 3 点到洛阳的火车。但是时间就是生命，于是我建议让该生在信阳新县的母亲到校处理。该生母亲表示，次日早上 9 点左右能够到校处理。随后，我将与家长沟通的结果立即汇报给副书记，安排好副书记与家长到校后的见面事宜。

（四）加强个别教育，做好思想引导

针对“三难”（家庭经济困难、生活困难、学习困难）学生，我会定期与他们谈心谈话，了解他们的思想动态和心理动态，运用专业知识帮助他们做好心理疏导、思想引导、学业辅导和就业指导等。结合学生的思想特点和行为特征，努力成为他们的朋友，有针对性地去帮助学生。

在刚开始接触潘某时，我运用耐心倾听、引导交流等谈话技巧，了解学生内心的真实想法，同时侧面了解具体情况，对事情的真伪进行鉴别，发现该生存在撒谎、追求高昂消费品等行为。在与该生 11 次的谈心谈话中，我逐渐帮助该生树立起正确的消费观、价值观、人生观。同时，对他加强了法治教育，更为重要的是让该生意识到社会支持的重要作用。由于该生身陷校园贷无法自拔，欠下巨额贷款，心理压力过大，难以自我排解，便产生了轻生的念头。但是在产生轻生念头的时候，他也能向其女朋友发出最后的呼声，有意识地寻求社会支持。

(五)持续后期关注，加强心理疏导

家长达到学校之后，与副书记达成一致。认为孩子的生命大于一切，遂为该生办理休学手续，让孩子先回家休养一段时间。后了解到该生父亲为该生偿还了高达16万元的贷款。该生父亲为该生介绍了一份在广州的工作，希望通过步入社会，增长见识，让孩子得以锻炼。在该生休学期间，我积极加强该生的后期关注，做好孩子的心理疏导。希望该生通过此次事件，认识到“校园贷”的套路及危害，帮助其树立正确的消费观，在日后遇到问题和困难时，积极寻求社会支持，正确对待困难和挫折。

(六)实际成效显著，育人成果突出

辅导员是开展大学生思想政治教育的骨干力量，作为辅导员应该围绕工作职责，加强学生思想理论教育和价值引导。通过长达78天的努力，重点关注该生状况。在初步推测该生陷入“校园贷”后，定期与该生谈话，与家长沟通，让学生认识到社会支持的重要作用，并在该生有轻生想法之时，积极寻求社会支持，妥善处理，及时挽救了该生的生命。该生在休学离校之际，对在场全体老师深深地鞠了一躬，表达了对全体老师的感谢，学生家长也对全体老师表达了感谢。让学生及学生家长感受到学校老师的关心，感受到周围群体和社会各界的关心。在日后面对困难和挫折时，学生才能认识到自己并不是孤立无援的，认识到积极寻求社会的支持，才能更好地处理问题，避免悲剧的发生。

三、启示思考

该案例属于因“校园贷”引发的校园危机事件。随着新媒体新技术的发展，00后大学生的入校，多起“校园贷”事件接踵而至。又因学生抗挫折能力较弱，心理承受能力较差，极易产生轻生念头，产生校园危机事件。

一个人的健康成长，离不开社会支持系统。所谓个人的“社会支持系统”，指的是个人在自己的社会关系网络中所能获得的、来自他人的物质和精神上的帮助和支援。这就要求我们在学生遇到问题时，要及时给予学生来自辅导员、同学及家长在物质上和精神上的社会支持。在潘某深陷“校园贷”危机初期，正是由于辅导员、学校领导和老师、室友和家长的社会支持，才能让其正确认识自身所处的境况。但是面对贷款金额的逐步扩大，难以解决，产生轻生想法后，向女朋友发出信息也是一种寻求社会支持的方式，最后才能够合力、妥善解决此次问题。

在以后的工作中，作为辅导员，我们要帮助学生，尤其是帮助重点关注的学生，引导他们认识到社会支持的重要作用，培养其遇到问题和挫折时积极寻求社会支持。面对复杂多变的学生问题，我们更要始终坚守一颗“初心”，以情育人，用爱心滴灌每个学生的心灵。坚持问题导向，做到有的放矢，充分利用家长和学生干部的力量，及时发现问题并解决问题。这就要求我们必须要加强对学生干部的培训，教授其发现问题的能力，拥有解决问题的实力，还要教授家长育人的技巧和策略，做好家校合力育人。

四、专家点评

洛阳理工学院智能制造学院原党委书记、教授赵红霞点评：事情发生后，张老师为解决问题从现场处理到后期关注等多方面进行了处理，体现了她解决问题的系统性思考。本案例中的学生潘某的行为属于冲动性自杀行为，但也是因“校园贷”产生的心理压力过大而产生的结果。对陷入困境中的人而言，社会支持犹如雪中送炭，能够带给他们持久的温暖和安全，以及重振生活的信心和勇气。相对于大学生来说，社会支持系统中的辅导员、同学和父母等，能有效缓解心理压力，缓解紧张情绪。这样，遇到不顺心的事情就可以求助，即使不能快速解决问题，但支持系统形成的“安全阀”也会减轻痛苦的程度，给人以求助的途径和希望。学生工作无小事。管理部门、服务部门在合力育人、全员育人中也具有重要作用，各部门都应把促进学生健康成长作为一切工作的出发点和落脚点。

作者简介

张枭枭，女，博士，讲师，洛阳理工学院辅导员，国家心理咨询师，获得校辅导员素质能力大赛一等奖2次、校优秀党员等，省级征文获奖3篇，发表论文2篇，参与市级及以上课题项目5项，“大学生英语导游大赛”优秀指导教师，校职业生涯规划优秀指导教师。

严抓管理　主动沟通
——基于一起疫情期间大学生自杀事件的思考

武汉体育学院　罗中原

一、做法简介

2020年初，一场突如其来的疫情席卷了全国上下，A省B市也进入封城状态。C省某高校大一新生因疫情在家上网课，上课时点名不在，班委告知后发现其未请假且尝试联系其本人，联系不上，遂马上主动联系家长时发现，该生于昨日凌晨在家乡跳江身亡，还未来得及告知学校。事发后第一时间，将逝者情况汇报给学院领导，并协同校学工处、保卫处等多个部门，立即起草关于×××同学自杀事件的应急预案。多方协作、统筹兼顾，做好该事件应对和善后工作。学院还成立了应急处置领导小组和工作组，全力做好统筹安排、接待抚慰、后勤保障、安全保卫、善后谈判、舆情处置等工作。同时，邀请校心理咨询中心的专业老师对可能引发心理危机的哀伤团体开展心理辅导，主要对逝者同寝室的学生和其他情绪不稳定的学生进行团体辅导，以期缓解心理压力，引导他们积极面对生活，以健康的心态投入正常的学习、生活中。

该事件在多方统筹兼顾、联动共振下，最终得到了较为圆满的解决。此类校园危机事件，是高校值得深思的社会现象与现实问题。

二、具体措施

(一)全面做好前期各项准备工作

1. 材料整理

第一时间整理与逝者家庭的沟通情况等详细信息、日常管理工作的台账、个人自传，以及本次事件的详细经过等。如手机近期通话记录、录音、QQ、微信、记录、密友(同学)提供的证明材料等。

2. 善后工作

辅导员作为处理人，要本着人道主义关怀，从家属角度出发，尽可能为其提供帮助，随时向学院、学校的领导小组反馈进度。

3. 达成一致

冷静理性地与家属进行沟通。需注意保存好沟通谈判的内容及录音，当自己无法做出决定时，一定要积极主动及时地汇报给上级领导，直到达成一致为止。

（二）立足危机干预机制

（1）查清事实、明确责任。

（2）协商达成一致。

（3）出于人道主义关怀，学校主动补偿。

（4）协助家属做好销户等善后工作。

（三）全方位关爱，预防心理危机——学院积极开展哀伤团体心理辅导

为了关爱可能陷入心理危机的同学们，帮助他们走出哀伤的阴影，我院邀请校心理咨询中心和学院心理学系的专业老师，进行了为期数周的团体心理辅导。此次辅导分为四个阶段，在心理咨询室这一温馨的环境中进行。

第一阶段，创设舒适的咨询环境，奠定良好基础。学院高度重视，邀请心理健康中心和学院心理学系教师精心布置心理辅导场地，确保同学们能在一个安静、温馨的环境中敞开心扉，倾诉心事。

第二阶段，事实叙述、感受整理。同学们以个人视角，详述事件发生时的所见、所闻、所感，以便于老师们更好地了解他们的心理状况，为后续的心理辅导提供依据。

第三阶段，运用积极心理学，引导同学们进行放松训练。在专业的指导下，同学们学会了如何调整心态，缓解消极情绪和压抑感，以更加积极的心态面对生活。

第四阶段，告别与面对。在老师的鼓励和引导下，同学们逐渐走出哀伤，以更加阳光、健康的心态重新投入到学习和生活中。

三、启示思考

（一）完善机制是前提，确保工作有章可循

加强对校园突发危机事件的预防和处理，健全和完善心理健康教育工作机制是前提。学校应秉承育心与育德相结合的教育宗旨，加强人文关怀和心理疏导，构建集培训、普查、咨询、跟踪、干预、调节于一体的心理健康教育体系；围绕预防教育、早期预警、危机干预、后期跟踪等环节，建立“培训—备案—鉴定—保密”制度，努力培育学生理性平和、乐观向上的健康心态；同时要加强与地方公安、交通、消防、医疗等部门联系，建立长效合作机制。

（二）及时发现是关键，确保事件处置妥当

构建层次网络，开展排查工作。建立多层反馈通道，落实学校、学院、年级、班级、宿舍五级排查体制。依托班级反馈表、学院安全台账，采取谈心谈话、团体辅导、班级活动、心理排查等方式针对性获取重点关注学生信息。对经济困难、就业困难、学业困难、心理问题、行为问题五大类群体学生予以重点关注指导。此外，还通过学生管理中出现的“日常旷课、考试缺考、考试挂科”等现象，深度挖掘多维度辨别心理危机隐患并及时处理。

（三）支持系统是保障，重视心理问题排查

社会支持理论认为，个体所拥有的社会支持网络越完善、社会资源越强大，就能够越好地应对各种挑战和威胁。社会支持系统差、缺乏家庭温暖和同伴关爱的学生抗挫折能力相对较差，容易发生心理危机事件，辅导员、班主任要予以积极关注和帮扶。学校还可以通过为班级选聘学生班主任计划，不断增强同辈互助力量，让朋辈互助作用得以充分发挥。在应对学生心理危机时，要充分发挥心理健康教育教师、心理咨询师、辅导员、班主任等育人主体的主导作用，借助家庭支持系统的力量，强化家校育人合力。必要时邀请家长到校，联合拟定帮扶措施，共同承担对学生的教育和监管责任。

四、专家点评

武汉体育学院运动医学院党委书记李沙丽点评：近年来，大学生心理问题、心理危机以及自杀防控等领域的关注度逐渐提升。然而，在学生心理危机事件的识别、处置及协助危机学生度过困难阶段的过程中，仍然面临诸多挑战，对心理健康教育工作带来新的考验。通过对一起大学生心理危机事件的发生、演变及干预过程进行深入分析，本案例总结出三点危机干预的经验与启示：建立健全机制为前提；及时发现至关重要；构建完善的支持系统为保障。

在该事件中，辅导员在解决问题过程中能够及时掌握事件信息并按规定上报，稳定局势并控制事态发展。通过多部门协同合作，妥善处理事件，遵循合法合规的处理流程，为我国高校应对类似危机事件提供了有益借鉴。

作者简介

罗中原，男，中共党员，武汉体育学院运动医学院团委书记、本科生辅导员，讲师，在读博士。获全国就业指导人员、高校创业指导师证书。武汉体育学院首批辅导员工作室主持人，曾获团中央三下乡社会实践优秀指导教师、校优秀党务工作者、优秀辅导员等多项荣誉。参与科研项目 2 项，参编书籍 1 部。

网络赌博　危害未来

西北民族大学　祖立亚尔·扎克

一、做法简介

艾力(化名)同学在刚入校时，学习成绩等各方面表现优异，同时担任班长一职。从大二年级开始，学生出现变化，出现沉迷网络游戏、进行赌博、上课不认真、旷课等情况。根据后期了解，该生在大二第一学期因网络游戏赌博已经输掉的金额高达 3 万元左右，导致影响自己的学习及后期大学生活。此案例反映的是学生因沉迷网络游戏进行赌博，严重危害自己未来。

二、具体措施

本案例需要解决的是：如何帮助艾力逐步远离网络游戏赌博。如何引导艾力树立正确认识网络游戏赌博的危害，回归正常生活，作为辅导员，我采取了以下措施：

(一)跟学生约谈，认真了解学生所面临的困难

发现艾力最近出现旷课的情况，主动跟该生了解旷课理由，学生以各种理由回避真实的情况，不敢承认自己因沉迷网络游戏赌博等原因旷课，同时也不承认有赌博输钱等情况。跟学生谈话时仔细倾听学生所说的情况，认真关注学生的表情变化，给学生承认错误、自觉说明情况的机会。

(二)认真观察、做好安抚、正确引导

在听取学生所说的情况时，认真听取学生的描述，在说关键词语和具体原因时认真观察学生的动态，一般人在撒谎时很明显会出现表情变化，如有感觉到学生出现隐瞒事实时尽量聊一些安抚学生心情的话题，正面引导学生先认识到自己的错误，使学生自身感觉到网络游戏赌博的危害性，让学生自身感觉到自己的错误。

(三)精心疏导，减轻压力，继续安抚

根据了解到的学生的家庭情况、成长环境、学生宿舍环境、学生性格等多方面因素掌握学生出现沉迷网络游戏赌博行为的过程、让学生有感觉到自己具体出现这些问题原因。用真诚的心态面对学生，让学生感觉到温暖，取得学生的信任，让学生乐意说出自己的问题。同时关心学生的学业，让学生感受到既然事情已经发生了，要做到端正心态，正确面对事实，不要出现心理异常。

（四）制定计划，提升自己，增强信任

帮助学生制定自己今后的学习规划，让班级学习成绩优异的学生帮助学生一起学习。制定学习计划，按照计划规范性地开展学习，根据学生自己的兴趣爱好参加各类校园活动，丰富课余生活，鼓励学生对自己树立信任感，不逃避现实，鼓励学生忘记网络赌博游戏，帮助其在日常生活中找回自己，建立面对现实的信心，同时更加团结同学，促使其快乐地成长。

三、启示思考

不能使用简单的处理办法解决问题。对于此类网络游戏赌博而出现问题的学生，如果开始就对学生采取批评、惩罚等方式，学生心理上会出现更大的压力，同时也会引发学生对生活的失望。因学生自身无法面对所遇到问题，会出现心理恐慌，导致学生反感甚至反对。应该详细了解问题出现的原因，根据实际情况制定解决方案。

作为辅导员，要用爱心、耐心面对学生，成为学生的知心朋友。要尊重学生的选择，平等对待学生，给予学生更好的平台，给予表现机会，让学生感觉到辅导员是在帮他，而不是在害他，让学生接受事实，从本人的思想和实际行动出发表现出认错的态度。

四、专家点评

西北民族大学中国语言文学学部常务副书记马鸿波点评：该案例以学生参与网络游戏赌博为切入点，结合新时代学生成长成才规律，阐释了当代大学生消费观与价值观塑造的重要性，提出的建议可行性较强，对引导新时代大学生远离网络游戏赌博，培养健康兴趣爱好具有一定参考价值，值得推广。

作者简介

祖立亚尔·扎克，男，维吾尔族，中共党员，西北民族大学中国语言文学学部辅导员，助教，中国语言文学学部本科生第五党支部书记。曾获得西北民族大学优秀辅导员，获得西北民族大学2023年暑期“三下乡”社会实践《优秀指导老师》等荣誉称号。

校园危机事件处理与思考
——以一起在校学生深夜突发疾病案例进行分析

咸阳师范学院　王晓敏

一、做法简介

根据《普通高等学校辅导员队伍建设规定》(教育部43号令)处理校园突发事件是辅导员重要的工作职责。对于大学生身体健康、校园和谐稳定意义重大。下面我以一起在校学生深夜突发疾病为例，以辅导员的第一视角，分析辅导员处理学生突发疾病事件的处理流程，进行工作反思，为辅导员处理大学生突发疾病事件提供一定借鉴。

2020年某月某日凌晨1点，我正处于深度睡眠阶段，突然接到同事唐老师的电话。唐老师反映我所带班级学生田某在宿舍突发大出血，出血量过多，田某室友已拨打“120”，随后该生被送往医院救治，后经过医生诊断、急救、治疗，直至身体恢复出院。此案例反映的是因在校学生深夜突发疾病引起的校园危机事件，该事件事发深夜，毫无防备，病情紧急，学生恐慌。我的做法：第一，初步了解学生病情，安抚学生情绪。第二，及时向主管领导汇报，与家长沟通，保持手机畅通。第三，对学生情况持续跟进，关注学生心理变化，成立学生学习帮扶小组，做好其他学生的情绪安抚工作，并开展安全教育，引导学生树立生命至上的意识和集体意识。

二、具体措施

(一)第一时间赶往现场，了解学生病情，安抚学生情绪，陪同学生前往医院救治

在接到同事唐老师的电话后，我在10分钟之内赶到宿舍楼，“120”救护车已经到宿舍楼下，公寓工作人员、安保人员均在现场，随即立马让班长取上田某的身份证一同前往医院。上救护车后和田某对话，学生意识当时仍然清醒，可以准确地说出家长的联系方式。询问田某大出血前的活动，在突发大出血的

前两天，田某曾请两天病假回家，与医生沟通是否与学生之前的肛肠疾病有关并与救护医生了解学生的病情。田某当时脸色惨白，十分紧张，我及时安抚学生情绪，并告知其父母已经在路上，我会一直陪在他身边，让学生不要紧张，听从医生安排。随后让班长安抚田某室友情绪，告知室友以及本班同学不要恐慌，不要散布谣言。及时将事件的基本情况报告分管领导，立即与田某父母沟通，在与学生家长沟通过程中，要注意家长情绪，救护医生如实告知田某父母当时田某的病情，田某父母表示连夜赶至医院。田某虽出血量过多，但在送至医院急诊的过程中，意识清醒，救护医生初步判断可能与肠道出血有关，原因需要到医院做进一步检查。

（二）随时与医生沟通，及时向上级领导汇报，联系学生家长，保持沟通顺畅

凌晨 1 点 30 分，田某被送至急诊室进行救治。随后，救治医生在对田某作进一步检查后，告知田某目前出血量过多，判断肠道出血的可能性非常大，具体的出血位置需要后续作进一步的检查确认，还在出血，需要输血并签署病危通知书。本人立即启动应急预案，向分院主管领导汇报此次突发事件的基本情况和进展。随后，与田某家长电话确定家属到达医院时间、告知田某目前的情况以及医院的处理流程，救治医生告知田某父母当时学生的身体情况以及可能出现的情况，在沟通过程中做好工作记录，并在得到田某父母的授权后签署病危通知单。

（三）等待学生家长到达医院，及时跟进学生情况，关怀家长

在田某家长未到达医院之前，随时与其父母陈述病情情况。早晨 6 点 30 分左右，田某家长经历 5 个小时的车程到达医院，第一时间与救治医生了解学生情况，救治医生告知学生情况危急，还未脱离危险期。在得知更加详细的病情情况后，学生田某的母亲情绪十分激动，随即对学生家长进行安抚，并与学生家长了解家庭病史，得知田某的爷爷一直患有和田某很相似的肛肠疾病，但从未出现大出血情况，一直在用药治疗。根据疫情防控政策，田某只能由一名家属陪护，随后 7 点 30 分我将学生情况和家长交接完全后才离开，赶回学校处理工作，并向分管领导报告学生的病情情况。

（四）跟进了解学生情况，整理书面文档向领导汇报，开展安全教育主题班会

到校后随时关注学生是否脱离危险期，每天向家长了解学生的身体状况，并协助家长解决好学生的医保使用问题，在田某康复出院后，向田某收取病历复印件。当时正处于学期末，本人及时与代课老师、班委沟通，为田某成立学习帮扶小组，帮助田某补齐课程。对此项突发事件进行情况说明，对相关文档进行整理汇报给分管领导。整个事件处理后，我立即召开安全教育专题班会，并邀请校医院的医生向学生讲解基本的肛肠疾病预防知识，呼吁学生健康饮食，注意身体健康，加强体育锻炼，培养每一位学生生命至上的意识以及对安全健康问题的防患与基本的处理办法。此外，我还对班委、宿舍长进行突发事件的处理培训，提高学生的应急处理能力。

三、启示思考

（一）建立危机事件处理联动机制

一般突发事件发生的特点就是快、急。这就要求辅导员在平时的工作中注重对学生干部在处理突发事件中的培训。建立“宿舍—班级—辅导员”的危机事件处理的联动机制，遇到突发情况，第一时间可以大致了解突发事件发生的原因以及事件发展的情况。培训学生骨干在遇到关于疾病方面的突发事件中，以学生的生命健康安全为重，第一时间拨打“120”，并且辅导员务必在第一时间尽量在 15 分钟内赶到现场。如果不能及时赶到，应安排学生骨干维持好现场秩序，做好现场的记录工作，安抚好相关学生的情绪。

（二）重视学生家族病史档案的建立

在学生入校后，统计过学生本人的既往病史以及正在治疗的疾病，但是忽视了家族病史档案的建立。家庭病史在很大程度上对学生的健康安全也有一定的影响，如学生突发疾病，可以及时通过家庭病史的建立向救治医生说明情况，尽量为救治医生的诊断提供信息。并且，根据学生日常所请的病假，了解学生身体情况，及时更新学生健康档案库。辅导员也要多关注疾病多发学生的身体情况、心理情况和学业情况，并安排学生骨干及时关注此类学生。这就要求辅导员在平时把工作做细、做实。

（三）加强大学生生命至上的意识，切实做好安全教育

安全教育不在一时，不在一次。突发事件的特点除了快、急，还包含概率问题，所以每一次开班会、开学前后、节假日前后都要对学生进行安全教育，定期开展疾病预防的知识讲座，加强大学生生命至上的意识，抓好早操的锻炼机会，鼓励大学生加强体育锻炼，让他们对自身健康负责，定期开展体育活动、健康知识竞答等活动，预防学生疾病，并做好相应的教育记录。

（四）辅导员需要具备一定的在校学生突发疾病危机事件的处理能力

1. 保持冷静，理性对待

在校大学生突发疾病，由于其突发性和不可预知性，往往造成辅导员处理上的被动。作为辅导员，遭遇突发事件首先自己要冷静，不能自乱阵脚。辅导

员自己的个人心理素质要高，要具备一定的突发事件应对的处理能力，应以学生生命安全为重，在整个事件处理过程中要保持手机畅通，事件出现任何新的情况和进展都要与领导和学生家长进行沟通。

2. 掌握学情，提前预防

突发事件在工作中无法预估，作为学生辅导员，一定要对学生的基本情况，包括受教育背景、家庭成长经历、性格特点以及既往病史等情况及时了解，并筛选出重点关注对象。同时，要建立"宿舍长—班级骨干—辅导员—相关领导"四级一体的预警机制，做到提前预防、及时处理、及时跟进。

3. 及时汇报，顺畅沟通

遇到突发事件，如果情况不是特别紧急，可以根据辅导平时的工作经验进行初步的处理。如果情况十分危急，要及时与上级领导沟通，听取领导处理意见，同时，要特别注重和学生家长的沟通，在沟通过程中注意安抚学生家长的情绪，对事件处置有理有据有节。

4. 安抚学生，持续关注

事后跟进情况是一个非常重要的环节，也是一个非常容易忽视的环节。因为突发事件总会给学生带来一定的创伤，不仅要对当事学生进行安抚，也要对相关参与学生、宿舍学生进行安抚，关注学生们的心理变化，发挥辅导员"创可贴"功效，减少学生因过度紧张、恐惧、焦虑等不良情绪引发的不安定因素，帮助学生早日恢复正常的大学生活，引导学生树立安全意识、集体意识。

四、专家点评

江西理工大学能源与机械工程学院党委书记、副教授饶先发点评：该案例以一起在校学生深夜突发疾病事件为切入点，结合新时代学生成长成才规律，给出了辅导员危机处理建议，提出的建议可行性较强，值得推广。

作者简介

王晓敏，女，硕士，咸阳师范学院辅导员，助教。2022 年陕西省大中专学生志愿者暑期文化科技卫生"三下乡"社会实践活动先进个人，校级"大学生创新创业指导师"。

网络跟风引发突发危机事件的处理与思考
——学生溺水事件分析

四川省食品药品学校　殷建强
成都理工大学工程技术学院　孔国伦

一、做法简介

2018 年某月某日星期六，甲、乙、丙和丁四位同学因在网上看了相关捕鱼的视频后，私自在网上购买了渔网，即当天四位同学伙同，用书包装着渔网到江边捕鱼。到达路边后甲同学留守路边看守小黄车，乙、丙和丁三位同学走到江边，发现江边水位较浅，于是乙同学便拉起裤脚，涉水到深浅交叉处撒网。由于第一次使用渔网，因操作不当渔网飞出后绕回并缠住了乙同学，随即乙同学落水。见此情景，会游泳的丙同学急忙脱下衣服裤子下水施救，因没有学过专业的救援导致丙同学在施救时被乙同学牢牢抓住，随后两人在十几秒的挣扎中沉入水里。此时，丁同学因不会游泳，在岸边见此情况后被吓住了，失去了判断和行动能力，甲同学也跑到江边。附近的村民发现后过来救援，但为时已晚，并报警。丁同学缓过神后给辅导员打电话告知在河边游泳（未说乙、丙同学溺水事件）。

该生辅导员因周末也没有值班，所以未在学校，便打电话给 A 辅导员，让 A 辅导员前往制止。A 辅导员随即赶往，到地点后，A 辅导员发现救护车和消防车，察觉到事情严重，立即跑到河边询问甲、丁同学和消防人员，并马上上报上级领导。

二、具体措施

（一）紧急参与救援

A 辅导员到达现场，初步了解情况后，立马配合消防、公安等相关部门的救援。

（二）立马报告上级

立即上报值班领导，请求现场支援，并按学校制定的相关应急预案开展工作。

（三）及时联系家长

马上与该生辅导员电话联系并告知事情状况，紧急联系两名溺水学生家长，告知其家长：学生私自下河捕捞溺水，情况不明，消防、救护、学校等部门正在开展紧急救援。

（四）校内学生清查

组织班委立即开展人员清查，落实每位同学的去向。告知没有离开学校所在地的同学返回学校，已离校回家的同学依次跟家长确认。确保每位同学安全和通信畅通。

（五）家长接待

面对到校后情绪激动的家长，尽量避免言语冲突和肢体冲突。尽量把家长安抚在学校内，并做好医疗救护，避免家长在较强的情绪波动中引发其他疾病。

（六）做好其他学生心理干预

到达现场后看护好其他相关同学，等待其他支援老师到达后，送回学校进行 24 小时看护。学校心理老师及时介入，进行心理干预和疏导。必要时外请心理医生，进行心理治疗。

三、启示思考

（一）案例思考

1. 网络兴起与传播

现在网络上兴起大量的撒网捕鱼视频，抖音、火山等 App 类似视频层出不穷。对于认知能力未成熟的大学生极具渲染力，大学生作为成年的“未成年”人，心智还不够成熟，对于网络盛行的事情不经过仔细思考，盲目追求、攀比等，容易造成仿效。

2. 安全意识不足

当代大学生安全意识较差，对有些行为的安全后果缺乏考虑，时常把自己处于“被动自杀”的环境中。

3. 应急处置能力较弱

大多数高校重视学生学业和身心发展教育，缺乏对大学生应急事件处理能力和正确救援方法的教育。导致大多数学生在面对应急突发事件时无法开展有效、正确、及时的救援处置。

(二)案例启示

1. 树立正确的网络认识和提高辨别能力

(1)正确看待网络视频

网络视频作为我们日常生活中消遣的一部分，开启了崭新的一篇。高速的信息传递、有效的知识学习等，使人们的生活越来越离不开网络。但网络也是一把双刃剑，在享受网络的便利时，也有无数风险在传播。网络舆论和网络跟风对当代大学生的影响大大加深，特别是这两年抖音、火山等短视频 App 的快速兴起。一些大学生为了新鲜刺激、收获流量，引起更多关注，从而冒着生命危险去翻拍或者自制视频类作品。忽略了那些短视频中的高难度技术或者搞笑视频原本是专业人士和熟人拍摄，因而没有风险。在未正确认识下翻拍视频的大学生就容易发生危险或引起冲突和矛盾。因此，加强网络认识对当代大学生尤为重要。

①开展网络认识辩论赛，了解学生对网络的认识，再抛出特定条件，从而引导学生正确对待网络视频的传播与舆论。

②利用主题班会或周会，从社会价值、人文价值等方面进行讲解，提高学生对网络的正确认识。

③主动参与网络视频，制作或者转发一些正能量的网络视频到学生群体中，从而转变学生模仿、跟风内容。

(2)提高网络辨别能力

网络不再作为单一的信息传播后，一些主播和自制媒体利用网络手段进行一些虚假信息宣传和不实信息误导，来吸引大量“粉丝”，毫无社会责任、道德底线，只为简单快速地获得暴利。面对网络信息的挑战，这就要求大学生提高自己的思考和判断能力，用批判的眼光和理性的态度去审视和理解网络传递的信息，学会辨别网络信息。

①提高知识储备。

利用阅读课外书籍和多样化的社会实践来提高大学生在除专业课本以外的知识储备，从而增强大学生对一些行为的可行性判断能力和信息真伪判断能力。

②提高网络信息的处理能力。

利用思政课程、班级讲座等形式，对大学生所关注的热点事件作分析与引导。引导学生不信谣、不传谣，对未经验证的消息不轻信。对所谓的“热点话题”“热点视频”不围观，更不盲目“跟风”，养成良好的网络心理和理性对待、正确分析的思想。

2. 树立良好的安全意识观，建立有效机制体系

(1) 提高人身安全意识

高校辅导员一直都在强调学生人身、财产、交通等安全，但每年还是有一些意外不断发生。很多安全只是停留在嘴上强调、文字上显示，没有真实摆在眼前，很多学生就会左耳进右耳出。如何具备有效的安全意识，让安全牢记，显得格外重要。

①着重开展实践演练和案例讲解主题班会。利用模拟真实的环境让学生感受各种危险的可怕性，从而提高安全意识学习的积极性。

②组织知识竞赛、海报制作等活动方式，让学生自主学习安全防范，营造良好的安全认识氛围，从而提高安全意识。

(2) 监督机制

深入学生群体与生活，建立一个完善的监督机制，能有效帮助辅导员及时掌握学生思想动态和动向。而班委、党员和室长等人员分散在学生各个群体，利用这些同学建立一支学生监督队伍，及时发现及时上报，可以在一定程度上有效抑制安全事件发生。

(3) 提高应急处置能力

随着我国高等教育的不断改革和扩招，近年来在校大学人数有 4000 多万人。当代大学生作为一个庞大的群体，应急救援知识与能力缺乏，在遇到自然灾害与突发事件时，不能妥善处理自救和互救的关系，极容易造成伤亡。而每年都有大学生因应急事件处置不当而失去生命，应急突发事件处理与干预已成为高校亟待攻克的重点难点。大多数高校都是让辅导员咬紧牙关把握住“主题教育”的第一道防线，其次就是开展校内消防和地震逃生演练，大多数大学生只是充当了一个“群演”的角色，很难满足大环境下的应急救援能力培养。如何有效地开展应急处置能力培养，应着重从以下几点进行：

①开设课程，全面普及与学习。

将应急处置能力培训在大一阶段，且纳入必修课程，从应急救援员、综合救援队伍中聘选兼职教师。依托校外力量与场地，进行理论+实践操作，从各方面培养学生应急救援知识与处置能力。

②网格化的培训模式。

以辅导员为排头兵，落实学校网格化管理。学校报销培训费用，送辅导员参加应急救援培训，考取国家级应急救援员证书。另外，在学校建立的网格化管理之中，以辅导员为中心开展知识学习培训和实践动手培训。

③建立学校应急救援队伍。

在辅导员取得相应资质后，学生对应急知识掌握和实践能力培训后，以学

校牵头联合应急部门，由应急部门领队，辅导员为中轴，学生干部参与，组建一支校内的应急救援队伍。不定期开展培训，提高队伍整体应急救援能力。

四、专家点评

成都理工大学工程技术学院副院长、高级政工师林娟点评：本文以学生溺水突发事件为案例，详细阐述了应对办法和处理流程，体现了辅导员应急反应和处置能力，并对该案例进行分析，将问题瓶颈前移，从思想和意识上去教育学生和培养学生应急救援能力，并在高校组建应急救援队伍给出自己的思路。近几年来，大学生因网络跟风引起的突发事件不断增加，给高校管理造成一定的影响，也让一线学工人为此头疼。如何有效预防和处置类似突发事件，本案例给其他院校或一线学工人提供了一定的参考价值。

作者简介

殷建，男，中共党员，四川省食品药品学校专职教师，在辅导员岗位 7 年，发表论文十余篇。

孔国伦，男，汉族，中共党员，硕士研究生，成都理工大学工程技术学院讲师，生涯规划与就业指导师，乐山市职业指导师。在辅导员工作岗位 14 年。主持并完成高校防艾基金项目 1 项，西物院政研会课题 1 项(参与 2 项)，参与省级课题 1 项，通过了全国职业核心能力认证项目(职业核心能力、创新创业)师资培训、四川省大学生创新创业青年导师培训。曾获优秀学生工作者、优秀学生管理奖、优秀指导教师奖、就业工作优秀班主任、打击治理电信网络新型违法犯罪工作先进个人等荣誉 10 余项。

咳嗽声中的故事
——校园危机事件应对

河北传媒学院　任倩　薛冰

一、做法简介

学生王某，来自福建，家庭经济情况比较困难。某日同宿舍人员反映，王某近两日咳嗽频繁，当日清晨咳嗽时伴有血丝出现。得知情况后，辅导员要求王某立即停课到医院进行检查，重点进行肺结核的排查，检查时发现王某对肺结核的针剂产生反应。于是，辅导员立即带领王某和其宿舍全体成员赶往指定医院，经确诊为肺结核后，王某进行住院隔离治疗。在安排治疗后，辅导员第一时间与王某家长取得联系，家人得知消息后，顾虑家庭经济状况、路途遥远、路费昂贵等原因，不愿来校陪护。王某的父亲甚至提出，孩子在家时身体状况良好，是在学校感染的肺结核，学校应该负责安排陪护并担负治疗费用。另外，由于肺结核疾病的特殊性，同宿舍人员在等待检查结果时，有个别学生恐慌情绪严重，致使事件的处理更加复杂和棘手。

二、案例分析

（一）要有危机意识

辅导员看待学生问题时，要有危机意识，当学生反映情况后第一时间要对事件的各种可能性有初步判断。在该案例中第一时间要想到王某是不是得了肺结核，若确诊后应考虑该宿舍成员及密切接触的在校人员是否感染，是否会造成群体事件。

（二）要有妥善的应对策略

处理问题的一个核心为：要迅速有效地稳定学生的情绪。在这个事件中，最迫切需要处理的是稳定宿舍成员的情绪，防止由个体事件引发成群体事件，同时要加强对王某的关怀和安抚，让其安心接受治疗。

处理时要遵循的一个原则为：既要维护好学校和学生双方的合法权益，又能解决学生的实际问题。

（三）当务之急与问题的关键

当务之急：王某在住院期间的陪护问题，由于肺结核疾病的特殊性质，需要住院治疗的时间长并且要进行隔离治疗。

问题的关键：责任划分和医药费的问题。要划分责任，就要定位该事件的性质，根源在于明确学生感染肺结核的病因，是个人事件还是群发事件，是个人生活习惯还是学校住宿环境。因此，在处理过程中，必须查清事件的起因，并依照《学生意外伤害事故处理办法》的相关原则进行妥善处理。家长因经济状况困难不愿意进行陪护，除动之以情，问题的根本在于要解决家长和学生在经济上的后顾之忧。

三、具体措施

（一）理论依据

《学生意外伤害事故处理办法》是我们在处理学生意外事件中的依据，尤其是学生家长提到的学校责任的问题，有法可依、有法必依，才能恰当地处理学生事故，维护学校和学生的合法权益。

（二）过程与方法

（1）及时处理与汇报

王某在县医院初步诊断后，第一时间安排王某及宿舍其他成员前往指定医院进行肺结核排查。同时，按照《学院突发事件（疾病、冲突）应急处理预案》要求，第一时间向学院领导汇报情况，保证信息及时传达。

（2）安抚安顿学生

在安排王某进行确诊过程中，组织宿舍成员进行胸片排查。在等待结果时，稳定宿舍成员情绪，对于恐慌情绪严重的学生，进行重点安抚。

由于当时只有辅导员一人在医院，面对王某办理住院手续和宿舍成员情绪安抚两方面的问题分身乏术，所以向医院寻求帮助。辅导员带领王某办理相关手续并个人垫付需要的费用，医生帮忙给宿舍成员讲解肺结核的成因、感染途径、防护措施等知识，用更权威和专业的态度来缓解学生的恐慌。

（3）持续沟通，做通家长工作

辅导员在将王某妥善安顿后，周末两天在医院持续观察学生情况，并随时通过电话和短信与家长进行沟通，表明辅导员和学校的积极态度。

与学生分析感染肺结核的可能原因——发现宿舍成员检查结果都未感染肺结核，而王某最近学会了吸烟并在课后长时间待在校外网吧，可能是由于吸烟及长期待在网吧这样的封闭环境中，身体抵抗力下降而感染结核病菌，所以，此次事件主要是学生个人的原因。

辅导员及同学对他的关心和帮助——辅导员为学生垫付医疗费，宿舍成员经过医生的专业讲解后，恐慌情绪逐渐缓解。尤其是在确定自身没有感染后，情绪得以稳定，有两名学生主动要求帮忙陪护。

在这些工作的基础上，辅导员取得王某的理解，就“学校责任”和陪护问题，和学生一起，做通了家长工作，家长终于答应尽快来学校处理。

(4)解决学生及家长的后顾之忧

为学生及时办理请假手续，并处理好体育保健课的相关事宜，并申请了特殊宿舍，以便学生出院康复期间家人陪护。通过了解学生的实际情况，辅导员在与学院及学生处领导汇报后，积极帮助学生申请助学金，在一定程度上解决了学生和家长在医疗费用和学费上的后顾之忧。

(三)结果评价

王某家长来石家庄后，了解到王某的身体情况和情绪都比较稳定。学生出院后，母亲在学生宿舍陪护了一段时间，待学生身体康复后，家长离校。学生及家长对学校的处理方式感到满意，并对老师和学生的关心帮助表示感谢。

四、启示思考

突发事件是辅导员在学生日常管理工作中遇到的相对比较棘手的事情，就像本案例中的情况，处理妥当了可以大事化小，处理不当就有可能引发群体性事件，对学校和学生带来不良影响。在处理的过程中，有法必依、理性分析、情理结合等方式都对事件的解决发挥了作用。这个案例带给我们的思考有以下几个方面：

1. 有法必依

《学生意外伤害事故处理办法》是我们在处理学生意外事件中的依据，有法可依、有法必依，才能维护学校和学生的合法权益。

2. 快速反应

学生能够在发现问题的第一时间向辅导员进行汇报，辅导员处理问题要及时，迅速控制事态发展以防引起连锁反应。比如本案例中，肺结核具有传染性，若不及时处理会造成很大波动，甚至造成群体性事件引发学生恐慌，更严重者导致大面积传染，就必然需要重新界定责任问题。

3. 多重借力

辅导员永远不是一个人在战斗，要充分利用资源学会借力。比如在本案例中，借助医生的力量做好学生的情绪安抚工作，借助学生的力量做好王某的陪护工作，借助学校其他部门力量解决学生及家长住宿问题，借助国家及学校政策的规定解决学生和家长在经济上的后顾之忧。

4. 查漏补缺

在事件的后续处理上，辅导员一方面要对该生进行持续关注；一方面也要从自身出发，反思在事情的应急预案和处理措施上还有没有需要改进的地方，在对待学生家长的相关质疑及各种要求等是否能够合理回应，同时需要及时将工作过程进行文字备案、整理，进而使将来能从容化解各类状况。最重要的一环，要以此为戒，做好其他学生的安全教育工作。

五、专家点评

河北传媒学院党委副书记、副校长陈强点评：这是一起校园公共卫生安全事件危机应对的典型案例。联系此次新冠疫情，任何公共卫生安全事件处理成功的关键要素在于快速处理、信息透明，不拖拉、不隐瞒。

在该案例中，辅导员反应迅速、处置得当，抓住了两个要点：一是学生身患传染性疾病——肺结核，需要立即就医；二是传染性疾病有可能引发周围同学的恐慌。那么，快速使患病学生得到医治，消除周围同学的恐慌，做好安抚工作的同时做好疫情防控措施，避免传染蔓延，就是辅导员应对此事件的关键。

做好此类工作，对辅导员的责任心和敏感性两点职业素质的要求尤为关键。立足教育命运共同体，确实做到以学生为本，站在学生的角度考虑，把每一位学生当成自己的孩子一样关心爱护，那么事件的处理结果一定会是令各方满意的。

作者简介

任倩，女，讲师，河北传媒学院信息技术与文化管理学院党总支书记，国家心理咨询师，河北省辅导员骨干人才库成员、省辅导员人物提名奖、省先进德育工作者，校级辅导员素质能力大赛一等奖。

薛冰，男，河北传媒学院辅导员，助理人力资源管理师，多次荣获优秀共产党员、安全先进个人、社会实践优秀指导教师等，所带班集体获先进班集体。

注：本案例获 2019 年河北省高校辅导员工作案例二等奖。

走心守护　“及时”护法
——2020年疫情防控工作总结

昆明冶金高等专科学校　王译梓

一、做法简介

2020年春节，一场疫情突如其来。作为一个从事辅导员工作12年的“老”辅导员，思索着在特殊时期怎么样去更好地守护学生？在前期深度了解班级学生并建立信任的基础上，结合学校、学院的疫情防控工作，现将疫情发生以来的工作经验总结为“六个及时”。

二、具体措施

（一）对社会热点问题敏感，及时发声，引起同学警觉

日常自主关注社会热点问题，早在1月24日得知疫情发生时，第一时间引起高度警觉，自主发声，在班级微信群发了通知公告，并以身作则，以自己的实际行动（取消所有外出，居家隔离）作出表率。同时通知同学们：疫情当前，不要外出，宅在家里，勤洗手，戴口罩，做好防护措施，如发现不适及时与老师联系。1月26日就让每一位同学接龙打卡说明自己是否接触过疫区人员。

（二）关注实况，及时传播疫情官方消息，传递正能量

在班级微信群内经常插播关于疫情的各类消息，如，“居家自筛是否感染新冠”“新冠确诊患者同行程查询工具”“关于新冠肺炎的一切”“钟南山说”“各大高校免费课程资源网站”等官方渠道发布关于新冠肺炎的消息，同时鼓励大家在家防范的同时，可以对自己感兴趣的学科进行线上学习。

（三）主动了解同学的不同需求，及时给予相关帮助和走心谈话

除了发群公告“广而告之”外，基于平时对同学的了解，有针对性地与各类同学开展一对一谈心谈话。在接到不能返校返岗的通知时，及时对家校距离较远的同学一对一交代不要提前买票，等学校通知开学后才能买票。在学校还未发布实习学生不得提前返岗的通知前，第一时间想到并主动与学院汇报商讨实

习生返岗问题。得知学校通知后第一时间发群通知告知学生，并对有意向提前返岗的同学进行 1 至 4 次的一对一劝说；有个别学生因特殊原因已经到岗的，建立专属关注群，实行每天报告轨迹、体温等，主动与所有在岗学生的单位负责人进行电话联系。询问实习学生近期表现和近况，了解公司关于疫情的防护措施等；实行所有学生易班、蘑菇钉双打卡，未按时签到的采取打电话等“叫醒服务”，或者直接联系家长，做到每一个同学都能在 9 点前准时签到。

（四）关注学校、学院及学生动态，及时召开线上班会答疑解惑

关注学校、学院的一些政策更新、学生的思想动态。多次开展线上主题班会，为同学答疑解惑、开展爱国主义教育和生命安全教育，以及指导他们提升自我价值。在我的抛砖引玉下，同学也自发组织多种线上活动，如主题团日活动、线上防控标语征集等。

（五）结合班级“性格”，及时分享，提高班级整体素质

不同的同学有不同的性格，不同的班级，也有不同的“性格”。疫情期间根据不同班级或者每天发生不同的事，有针对性地进行“每日分享”，有时是一段有用的小知识，有时是一个励志的小视频。通过“小”分享，影响每一个同学，从而带动整个班级积极向上。

（六）掌握学生动态，发现问题及时上报，防止事态恶化

疫情工作中，会有少数不可控因素。因此本人在疫情期间每天对学生的思想动态及行为进行线上监控，若发现突发不可控情况，及时向学院上报，积极思考解决方法，防止事态恶化。

三、启示思考

学生工作无小事，疫情期间更是出不得差错，要把相关政策“硬核”落地又要用学生喜爱的方式去做工作，六个“及时”帮助我在特殊艰难的时期把所带的 6 个班，308 名毕业生保护在“安全区”内。因此，我也总结了此次疫情防控工作的几点启示：

（一）前期与学生们的关系建设是基础

比如掌握每一位同学的性格和特征，建立好学生与辅导员之间的信任、理解和支持等。没有前期良好关系的建立，无论什么工作都会很难开展。本次疫情防控，我的工作能得到学生们的大力支持，也源于前期良好关系的建立。

（二）根据学生特点因材施教开展工作是关键

习近平总书记说，做好高校思想政治工作，要因事而化、因时而进、因势而新。要遵循思想政治工作规律，遵循教书育人规律，遵循学生成长规律。因此，我认为根据学生特点开展工作，学会共情与换位思考，成为他们无代沟的朋辈好友，是做好辅导员工作的有效方法之一。

(三)有政治敏锐性、事态预判性及主动工作是核心

对社会热点问题要主动关注并提高敏感度，对事态的进展要有预判性，主动工作就掌握了主动权，对事态的预判性使得处理突发事件也不至于手忙脚乱。

四、专家点评

昆明冶金高等专科学校建筑工程学院党总支书记、教授杜重麟点评：疫情是一场没有硝烟的人民战争，在这场疫情中，作为辅导员如何从思想上、行为上引导学生正确认识、科学应对、积极行动，对学校抗疫来说具有重要的意义。本案例的“六个及时”能够根据学生、班级特点，结合疫情发展的不同阶段给予学生及时指导和帮助，将学生工作做实做细又赋予温度，值得学习与借鉴。

作者简介

王译梓，副教授，昆明冶金高等专科学校辅导员，教育部思想政治教育工作队伍培训研修中心(云南师范大学)讲席专家、特聘研究员，全国学生资助工作“推荐学习个人”，云南省学生资助工作领域专家，“资助万里行”全国品牌活动发起人，全球职业规划师(GCDF)，被全国高校辅导员工作研究会推荐至对外经济贸易大学学生处资助管理中心进行辅导员岗位交流。开发了原创版权课程两门《100000个W——手把手教你如何做资助》、《看、写、发、反——手把手教你“搞定”通知》；录制微课《资助育人过程中的三大误区》被“中国大学生在线”思政大讲堂栏目录用；为全国各大平台、高校开展资助类课程讲座，深受高校辅导员的好评，累计培训本专科高校辅导员学生干部10000余人。

抗疫“零距离”，高校辅导员应如何应对？

西安建筑科技大学华清学院　郭凡

一、做法简介

自2021年12月4日，西安入境航班隔离酒店出现1例本土确诊后，西安的疫情呈现散点暴发，由最初的个位数增至为3位数，人们出行提心吊胆，长安不安。各个高校采取了封校管控措施以及全员核酸检测，在两轮阴性结果的呈现下，校内师生学习、工作、生活一切正常，然而就在我们以为一切安好之时，12月22日凌晨1点左右，学校疫情防控指挥部接到区疾控中心反馈，我校学生小李在全院第三轮核酸检测混检中筛出异常，区疾控中心迅速派负压救护车连夜将混检异常的学生拉走，前往酒店集中隔离，再次进行核酸检测。随后校内拉响疫情封控管理的警报，封闭管理高度戒备，火速进行学生信息排查，为我所辖学生，随即开始进行确诊学生信息整理、上报、跟进。

及时取得联系后，基于与学生日常的了解与熟悉度，通过电话、微信不断开导学生，帮助其缓解紧张、崩溃的情绪，告知其医学技术很发达，我们也已接种新冠疫苗，只要积极配合治疗，会回归正常的集体生活。学生全程心情低落，忐忑不安，但也积极配合区疾控在隔离酒店中做核酸检测，等待结果。下午，学生被胸科医院接走，进行CT拍片，后经新冠科医生会诊，学生被确诊为新冠肺炎轻型。至此，学校被区疾控进行接管，校内师生所有人员不进不出。然而更让人焦心的是，12月23日零时起，西安全市小区(村)、单位实行封闭式管理，西安面临着2020年以来最为严重的新冠疫情挑战，学校在仅有100余名教职工的现实条件下肩负起一万余名学生的后勤保障工作，各方压力巨大。

本人通过以下方法解决：

一是与确诊学生本人取得联系，持续性进行关怀、疏导，做好心灵抚慰，让学生冷静、积极、正面地看待新冠肺炎确诊问题，询问近期活动轨迹，做好记录外，及时联系学生监护人，做好家属情绪的安抚。

二是迅速通过请假小程序，翻看学生本人及同宿舍舍友近14天有无请假外出的情况，如有请假，记录详细去向，时间段做好留存。并且查阅学生近期的上课、考试情况，以及与外班外专业学生互动的情况，为流调提供翔实数据。

三是做好舆论舆情的引导。召开线上会议，要求所辖学生停止外出，在原宿舍进行自我隔离，不可随意串宿舍、楼道走动等，减少交叉感染。并及时进行班委工作的部署，要求在班级中做好正向引导，不可造谣传谣，做好班级内部学生思想动态的掌握。

二、具体措施

（一）全员核酸，应检尽检

辅导员召开云班会，深入宣讲国家以及学校关于疫情防控工作的政策，并进行疫情相关知识的科普，提高同学们核酸检测意识，提倡学生配合疫情防控自觉完成。在实施中以楼栋、楼层为单位组织，全程由辅导员、学生志愿者进行引导往返，保持一米线，不聚集。同时，为保证核酸检测全员完成，要求学生到达检测现场后，以核酸检测现场为背景，按照指定动作进行自拍，并进行核酸结果截图与打卡照片的核查，上报翔实数据。

（二）流调摸排，不漏一人

对于接触过且经过疾控流调研判后确定为B类密接的学生进行校外酒店集中隔离，C类密接学生进行校内隔离区隔离，根据区疾控要求实行一天一检的核酸检测制度，及时关注学生体温与核酸结果。此外，与区疾控中心、酒店工作人员做好沟通联系，关怀学生在外的酒店生活需求以及心理状况，无论是酒店内的新冠疫情科学防护宣传还是疫情防控政策宣讲，帮助学生能够树立配合疫情防控政策意识，增强身为公民的责任感与使命感。

（三）宿舍隔离，禁止出入

宿舍进行半封闭管理，根据学生在线宿舍信息的填写（包含人数，清真餐），学生在宿舍门后放置接餐的工具，一日三餐由志愿者们身着防护服，进行无接触配送。与此同时，学工部门、公寓管理部门以及行政部门联合制定封控期间宿舍楼学生的管理细则，包括公共区域卫生、消杀、核酸通知等。且通过广播电台、楼道通知、微信推文等渠道进行校内关于志愿者图鉴、战“疫”手绘、线上手语操、心“情”spa等内容宣传，丰富学生在寝生活。

（四）携手医护，化身“树洞”

校医院与校心理发展部门携手，联合举办线上疫情讲座、生命健康与心理健康知识宣讲、自我防护讲堂，为师生普及防疫知识。并对部分学生患有慢性病、突发疾病等就医难的问题，进行线上问诊，配送药品，让学生身体在第一时间得到有效救治。此外，疫情封控期间部分抗压抗挫能力弱的学生会陆续出现压抑、焦虑、失眠等问题，可通过“树洞”服务诉说心情故事帮助学生缓解精神压力，最大范围地满足学生身心健康所需，让学生能够安心在校内生活、学习。

三、启示思考

(一)建立健全舆论引导机制

在疫情防控期间，应充分利用校园官网、微信公众号、网络直播等线上平台，强化对学生宣传教育，组织开展科学防疫的教育培训，提升学生对安全危机事件的敏感度和防范意识。加强对学生进行关于突发事件处理的宣传教育和技能培训，将危机意识的培养树立融入学生思政教育和特色活动当中。在日常的思政教育中，要培养一支专业素质较强的学生干部和志愿者队伍。

(二)加强学生干部的素质培养与能力提高

学生干部作为辅导员的左膀右臂以及班级的主心骨，在正确思想的指引下，可以在学生群体中传递正能量，且在老师关注不到的地方能够及时解答学生疑惑，安抚学生恐慌情绪。同时，在学生群体中微博、微信朋友圈、QQ空间、贴吧等网络平台可以起到引导舆论正确走向，将危机解决在萌芽状态，营造稳定和谐的校园环境。

(三)家校携手护航学生成长

通过在家长群发布的《致学生家长的一封信》及时将校内的疫情防控政策进行告知，并将学生在校实时状态通过发送短视频、图文并茂的推文进行分享，让家长们安心、放心，支持、理解、配合学校疫情封控政策，与此同时，积极组织学生通过电话、视频等方式与父母、朋友报平安，让学生在疫情下的大环境中能够放松，正面应对疫情管控，从而避免因信息壁垒产生社会舆论。

总之，突发事件来临时，激发高校师生的主人翁意识，调动高校全体师生的积极性，密切配合，协同合作，定能守得云开见月明。

四、专家点评

西安建筑科技大学华清学院学工部部长马啸尘点评：该案例以一起校园疫情防控案例为切入点，结合新时代学生成长成才规律，给出了辅导员危机处理建议，提出的建议可行性较强，值得推广。

作者简介

郭凡，女，硕士，西安建筑科技大学华清学院辅导员、学生党支部书记。获校辅导员素质能力大赛三等奖，学生工作先进个人，优秀共产党员称号，优秀信息员，暑期社会实践优秀指导老师，“互联网+”优秀指导老师，“正大杯”大学生就业创业实战大赛陕西赛区复赛优秀指导老师等多项荣誉称号。参与省级课题 1 项，校级课题 2 项，发表普刊 10 余篇。

多核共振，挽救青春之“殇”
——基于一起大学生自杀事件的思考

东华理工大学　姚金奎

一、做法简介

2017 年上半年，江西省某高校发生一起校园危机事件——大学生自缢身亡事件。事发后第一时间，逝者所在学院将情况告知其家属，并协同校学工处、保卫处等多个部门，立即起草关于×××同学自缢身亡事件的应急预案。多方协作、统筹兼顾，做好该事件应对和善后工作。学院还成立了应急处置领导小组和工作组，全力做好统筹安排、接待抚慰、后勤保障、安全保卫、善后谈判、舆情处置等工作。同时，学院邀请校心理咨询中心的专业老师对可能引发心理危机的哀伤团体开展心理辅导，主要对逝者同寝室的学生和其他情绪不稳定的学生进行团体辅导，以期缓解心理压力，引导他们积极面对生活，以健康的心态投入正常的学习、生活中。

该事件立足《江西省学校学生人身伤害事故预防与处理条例》，在多方统筹兼顾，联动共振下，最终得到了较为圆满的解决。此类校园危机事件，是高校值得深思的社会现象与现实问题。

二、具体措施

(一) 迅速成立应急处置领导小组和工作组

1. 应急处置领导小组

统筹应急管理工作，保证及时、有序、高效地做出应急安排。

2. 应急处置工作组

(1) 接待安抚组：陪同学生家属，积极做好抚慰工作；做好解释说明及思想工作；耐心倾听家属的诉求，及时答复家属的咨询和疑问。

(2) 安全保卫组：向校保卫处、学工处等部门领导及时汇报事件处理进展情况；维护学校正常教育教学秩序和校园安全稳定，必要时向公安机关报案；

极力配合保卫处、公安机关查清案件事实。

(3)后勤保障组：联系工作用车等，为工作组开展工作提供其他必要保障。

(4)善后处理组：与学生事务法律顾问共同做好相关证据材料的收集整理工作；组织实施有关赔偿、补偿事宜的谈判；办理保险理赔。

(5)舆情处置组：跟进事故处理，了解事故事实情况和处理进展；掌握网络舆情；及时对外发布事件事实情况和处理进展的信息；对网络不实言论予以及时回应。

应急处置领导小组和工作组所有人员务必保证，24 小时手机不离身，且保持畅通。

(二)全面做好前期各项准备工作

1. 材料整理

(1)第一时间整理逝者本人及家庭详细信息、日常管理工作台账、事件详细经过等。如：逝者学籍卡、手机近期通话记录、QQ、微信、短信记录、床铺遗物、知情人(同学、老师)提供必要证明材料等。

(2)准备好保险理赔所需材料，如学生身份证、户口本以及死亡证明等。

2. 接待工作

(1)选择有亲和力且有一定接待工作经验的老师作为接待安抚人员，不宜频繁更换接待人员。

(2)接待人员要从家属角度出发，尽可能为其提供帮助，随时向领导小组反馈信息。

3. 家校谈判

(1)选择稳重冷静、沟通能力强且有相关谈判经验的精干力量与家属沟通；

(2)需注意沟通谈判地点选择和场地的布置。

4. 谈判注意事项

(1)主沟通人应具备一定的谈判经验，掌握谈判技巧。

(2)谈判过程中需保持与领导小组的联系畅通。

(三)立足《条例》，莫让善后变“闹剧”

1. 查清事实、明确责任。学院及学校保卫处、学工处整理有关材料(谈话记录、知情人的证明材料)，以便责任认定，进行相关处理，构成刑事案件的交由公安机关处理。

2. 协商、调解和诉讼。事故处理依法定程序进行，本着自愿的原则自行协商或接受调解，双方协商一致的，签订书面协议；协商调解不成的，告知家属依法向人民法院起诉。

3. 赔偿或补偿。在明确责任的基础上，依法给予或责令致害人给予家属一次性经济赔偿。

4. 协助家属做好保险理赔等善后工作。

(四)心理干预，对可能引发心理危机的哀伤团体进行心理辅导

5 月 24 日 15:00，学院邀请心理中心的心理咨询师对逝者宿舍其他 3 位男生和情绪比较不稳定的 5 位同班同学进行了团体辅导。

第 1 阶段：建立良好的心理咨询环境；

第 2 阶段：事实叙述、感受整理，请每位同学以个人的感受为出发点，描述事件发生时所见、所闻、所感；

第 3 阶段：应用积极心理学，指导学生进行放松训练，放松心情，缓解压抑感；

第 4 阶段：告别和面对，引导同学们积极面对生活，以阳光的心态重新投入到学习和生活中，8 名同学的情绪均得到较大程度的缓解。

三、启示思考

近年来，大学生自杀事件时有发生，产生不良影响及危害，已然成为一个严峻的社会现象，各高校应积极完善大学生自杀事件的预防、应对机制，努力减少和避免大学生自杀事件发生，降低或消除大学生自杀事件对学校和社会产生的不良影响。

(一)事出有因，深刻分析大学生自杀事件的原因

很多大学生选择自杀，都是无法承受某一方面压力最终做出的不理智选择。这些压力可能来自情感受挫、学业受阻、生活受困、心理受惑等单方面或多方面，究其根源，原生家庭对学生的成长有很大影响，尤其是离异家庭、单亲家庭小孩受家庭环境的影响极大。因此，要特别关注“四困生”，及时为有困难的学生减压。

(二)未雨绸缪，努力降低大学生自杀事件的发生率

明确了大学生自杀事件的原因，就要加强预防的规范性与科学性。一是建立健全预防队伍，可把班干部、寝室长、辅导员、班主任、专业教师、宿管、保卫人员等均纳入预防队伍体系，关注学生心理异动；二是要全面开展大学生心理健康教育，充分利用网络新媒体，构建全方位、多层次的宣传教育阵地，普及心理健康知识，拓展心理健康教育的广度和深度，做到大学生心理健康教育零死角、零漏洞。

(三)多核共振，尽力降低大学生自杀事件的社会影响

大学生自杀事件的发生只能全力预防，尽量避免。在信息化时代，一旦有类似事件发生，极有可能在很短的时间内通过微信、微博、QQ 等网络媒体迅速传播。因此，学校相关部门的负责人必须第一时间赶到现场，控制局面，了解事发原因，按照学校突发事件应急处理预案，分工协作，多核共振，在体现人文关怀、尊重生命的原则上，尽力降低大学生自杀事件的社会影响。

四、专家点评

东华理工大学地球物理与测控技术学院党委书记黄合湘点评：近年来，大学生自杀事件已然成为一个严峻的社会现象，也是常见的校园危机事件之一。如何做好此类危机事件的应对与处理工作，是广大高校辅导员的工作职责所在，是高校保卫工作的重点所在，直接关乎校园的安全稳定以及事件在社会各界产生的影响。

此案例中，合法合情的处理流程对高校类似危机事件应对与处理工作具有一定的借鉴意义。及时掌握事件信息并按程序上报，稳定局面并控制事态发展，多部门联动进行妥善处理至关重要。

日常育人工作中，要突出身心健康教育和挫折教育，通过身心健康教育，增强学生的生命安全意识，培养学生的珍惜生命的意识。通过挫折教育，锻造学生的心理韧性。促使学生在校期间以阳光心态积极面对学习和生活，健康快乐地成长成才，将来用所学本领服务人民，奉献社会。

作者简介

姚金奎，男，硕士，东华理工大学地球物理与测控技术学院分团委书记、辅导员，主持校级教改课题 2 项，指导学生参加“挑战杯”全国大学生课外学术科技作品竞赛获全国三等奖、江西省大学生职业生涯规划大赛省赛铜奖等多项省级以上奖励；曾荣获江西省大中专学生志愿者暑期“三下乡”社会实践优秀个人、校优秀共产党员、校疫情防控工作先进个人、校新闻宣传先进个人等荣誉。

注：该案例于 2019 年荣获中国高等教育学会保卫学专业委员会华东学术协作区 2019 校园安全高峰论坛安全管理工作案例评选三等奖。

以“五意外法”科学处理学生群体突发事件
——江西理工大学辅导员工作案例

江西理工大学　刘志刚

一、做法简介

去年大学本科新生刚入校不久，在辅导员还没来得及全部熟悉学生姓名的时候，我校就发生了一次影响较坏的因搞老乡聚会酗酒争场地而引发的群体打架斗殴事件(共 4 人动手)，而参与的当事同学均为我校的大一学生(分为两方，每方各有 2 人动手)，有一名同学甚至在此过程中搬起了板凳砸人，导致 2 名同学受伤。

因高校大学生是一个特殊的群体，他们有思想、有文化、渴望得到社会的认同，但也经常因为年轻而犯一些错误。因此与大学生之间的交流、教育应当运用最合理的方法，从学生的角度出发，充分地尊重、理解他们。辅导员在碰到学生群体突发事件时，要第一时间赶到现场，以科学的方法及时控制事态的不良发展。在面对年轻气盛的双方学生时，要沉得住气，耐心引导，因势利导，化解矛盾，平和地解决问题，以达到良好的教育与处理相结合的效果。否则，如方法和策略不当，将出现事态扩大和导致师生严重对立的不良后果。

二、具体措施

(一)第一个意外："快"——老师来得太快了！(获取信息快，赶至现场快，控制事态快)

这件事情一发生，就有在场的学生干部第一时间打电话向我报告，我接到电话后，5 分钟就赶到了现场，这非常令学生感到意外。到场后，我尽可能地展现辅导员具有的气势，迅速控制了事态的发展，及时疏散了围观人群，避免了出现两个老乡会继续群殴事件的发生。其实当时，我也非常生气，因为从新生一进校，我就召开了专题大会，要求学生遵纪守规，不要开老乡会，更不可打架斗殴，所以当时有点恨不得立马对当事人进行最严厉的处分，以达到警示和教育其他学生的目的。不过，我很快平息了自己的怒气，感觉到必须利用这次机会，好好做好教育工作。

（二）第二个意外："礼"——老师怎么还这么尊重我们？（找准对象，尊重学生，平息情绪）

我及时核实了相关情况，把参与此次事件的当事人都带到我办公室。他们进来时，相互间还在互相责怪和争吵，并以一种对立的情绪看着我，似乎觉得我作为老师只是来处理他们，责骂他们。尤其有一个动手的同学，手插在口袋中，斜着眼睛，吊儿郎当的态度，那样的神情就是在表明："你能拿我怎么样"，连最起码的文明礼貌都没有。然而，当时的我控制住了我的情绪，却连声请他们坐下。他们说不坐。"到办公室接受批评，虽不至于跪下，但也断不可能成为座上宾吧。"我想这是他们当时对"请坐"的想法，这也令他们感到非常意外。我还是亲自动手把椅子拉过来，并放在他们面前，他们终于坐下了，开始有点儿不好意思了。

（三）第三个意外："据"——怎么还先让违纪学生找依据？（找准依据，讲明后果，了解详情）

随后，我讲，大家先平平气，先挑一名同学来帮我读篇文章，这又令他们感到非常意外。在他们相互推脱中，我直接挑选了最早动手同学出来，我拿出《学生手册》，翻出关于学生违纪的相关处理决定，让他宣读了其中关于打群架的处理规定，他读到严格的处理决定，越读声音越小、头上慢慢地开始冒汗，我看效果已经达到，就及时地大声阅读了最重要的处理款项，并补充说明了打架和参与打群架对今后学位及就业的严重影响，明确了他们违纪的后果严重性。他们听完我义正词严地说明后，脸上开始出现担忧、恐慌的表情。趁此时机，我要求他们据实地反映问题，以诚恳的态度争取从宽处理，不得推脱和争吵，要主动承认自己的所作所为，同时也告知他们老师已经掌握了相关情况，希望他们自己如实反映，不可弄虚作假，否则将按《学生手册》予以严肃处理，打消了他们蒙骗或瞎编的想法。另外，我还逐个对他们进行了询问（在询问时我严禁其他当事人打断，避免出现争吵，但允许一个人说完后，有不同异议的人再予以补充）。通过20多分钟的询问和倾听，我及时地了解到事情的经过略微的调整，得起因经过，把动手的4名同学全部挖掘出来，并对该次打架事件进行归纳总结。经过略微的调整，得到了双方当事人的一致认可，及时了解了详情。

（四）第四个意外："教"——换位思考的批评教育方式！（设身处地，分析得失，教育批评）

接着，我针对事实对全体同学进行了批评教育，要求他们吸取教训，引以为戒，十几分钟的批评中，他们没有再说一句话。我对他们说："我并不想对你们这次打架妄下定论，说谁对谁错，做过多的责备，我只想和你们谈谈我对打架的看法。年轻人血气方刚，年轻气盛，谁都会有这么一段时期，也都能让人理解”。这句话很令他们感到意外。说完这句，他们原先紧张的脸有了点放松，我想他们一定感觉和我拉近了距离，愿意听听我讲什么了。之后，我不断地以意外控制他们的耳朵和眼球，我把批评的内容融入教育之中。“我知道，这次打架是一方的冲动，另一方的不冷静造成的，但是有时候你们要想想清楚，这件事值得你们大动干戈吗？这么做真的就维护了你们自己的权益了吗？请你们注意：通过打架来解决问题，只会使问题扩大化，使有理变成没理，也会使你付出高昂的代价。一方面你将要受到学校的处分，将承担刑事责任。学业将受到影响，今后的发展更是会受到拖累；另一方面你们自身的安全也不能得到保障。聪明的人要能够做到以理服人，而不是一有矛盾就暴力解决，假如哪一天你们真的不小心酿成人命事故或造成重大伤害了，要不要负担法律责任？如果是我，就建议你大度地让让对方，一次，两次，三次，让道理站在我这边。实际上如果都能忍让 1~2 次，绝大多数问题就已经解决了。然后，可以高姿态地与对方讲道理，实在讲不通，我们还可以让学校、老师来协调，那才是解决问题的正当途径啊，只有这样，我们自己的权益才能得到真正的维护，才能避免出现一失足成千古恨，而自毁前程的事啊！另外，不管什么时候，打架都是不对的(除非你是见义勇为)，何况为不值得的事情打架是很不划算的，你们说对吗？”最后我说：“这次因为打架，所有同学都将受到相应的处分(动手的同学将给予更严肃的处分)，我知道大家肯定不愿意出现这样的结果，但请你们尽力挽回自己的过失。只要今后好好表现，学校还会酌情减轻对你们的处分。我们也希望此件事情到此就告一段落，任何人不得再以任何借口再寻衅滋事，否则学校将加重一级处理，也希望你们能吸取教训，化干戈为玉帛，化解矛盾、分歧，友善相对，怎么样？”双方当事人在这时，态度都变得十分诚恳，且对老师的分析和批评不住地点头认可。

(五)第五个意外：“和”——超乎学生想象的跟踪善后工作！(化解矛盾，后期跟踪，以观后效)

最后，我说道，希望知错的同学能以实际行动表示悔改。这时，其中主要责任的一方主动起来向另一方同学表示道歉，使双方最终握手言和，并在我的允许下满怀歉疚地离开了我的办公室。事后，他们吸取了教训，均主动在自己班会作了十分深刻而诚恳的检讨，并请老师和同学监督。考虑到他们认罪悔改态度较好和所幸未造成严重的不良后果，我报请学校给予了适当的从轻处理，并将结果向他们进行了通报，4 名动手的同学还于事后一起相约来到我办公室，鞠躬致谢，并表示将痛改前非。后期，他们的表现确有很大的改观，相互之间也相处得较为融洽，大二他们搬到本部校区就读，虽然不再担任他们的老师，但我还是掐好时间，隔了半年，我又专程去他们就读的新的校区召集4名动手的同学见了个面。这非常令他们感到意外。我鼓励他们继续努力，争取获得更多的优异成绩。离开大一就读的校区后，他们仍非常勤奋，表现都很优秀，其中2位同学一直担任班级主要干部，多次荣获“三好学生”“优秀学生干部”等荣誉称号；另2位同学成绩优秀，多次获得奖学金，我也和他们之间也建立了很好的朋友和师生关系。事实上，他们4人都非常地有个性和能力，在集体中很有号召力，相关班级和部门在他们的带动下，一直十分团结，学风、班风状况也较其他班级较好。

三、启示思考

(1)任何一名学工干部，一定要在班级中建立起自己公开的和隐形的信息源，以此全面掌握学生的思想动态。

(2)在遇到打架等突发事件时，一定要第一时间得到信息，第一个赶到现场，及时控制事态的扩散和发展。

(3)在调查处理的过程中，要注意方式和采取策略，不可一味地批评责备。否则的话，既无助于平息矛盾，又无助于解决问题，当事人最多当着你的面言不由衷地承认错误和对你虚情假意地表示尊敬罢了，对自己所犯的错误在对立情绪的支配下很难有真正意义上的深刻认识。

由此，我认为，在处理此类突发事件过程中，我们辅导员千万不要把自己放在学生对立面上，而是要充分体现对学生人格的尊重和行为的理解，要善于从学生的角度考虑问题、理解问题、分析问题，帮他们指出自己的不足和缺点，让他们感到老师不是把他们当成了坏人，感到老师是愿意帮助他们，是真心为了他们好。我相信只要我们付出自己的真心、爱心和耐心，再注意点方式方法，就一定能杜绝此件事情不良后果的进一步扩大，圆满地解决问题，得到当事学生的喜爱和尊敬，并达到教育其他学生的良好目的。

“五意外法”有待解决的问题还有以下几点：

一是如何较好地在学生中建立四通八达的辅导员信息源，特别是隐形的学生信息源，是辅导员深入了解学生各类情况的重要前提。

二是如何及时做好各类异常学生的思想教育工作，尽量减少或杜绝各类突发事件的发生，是我们学生工作亟待解决的工作重点。

三是怎样更好地妥善做好突发事件的善后工作，是学工辅导员必须掌握的基本工作技能。

四、专家点评

江西理工大学党委常委、副校长廖春发教授点评：在遭遇学生群体突发事件时，辅导员如何快速应对、理性引导和科学处置，成为左右突发事件走向，关乎和谐校园建设的重大现实课题。本案例以“五意外法”迅速地控制事态，教育引导方式新颖、有效，让学生心悦诚服地听从教导，并反思和认识自身错误，起到了良好的应对成效，在辅导员实际工作中具有很强的推广性和启发性。

作者简介

刘志刚，男，中共党员，在读博士，江西理工大学教师，长期从事思想政治教育和党建研究工作，多次荣获“管理育人标兵”“优秀辅导员”“优秀党务工作者”“优秀班主任”等荣誉称号，撰写的辅导员工作案例多次荣获省级二等奖、并获教育部思想政治工作司优秀奖。

第八章

梦想导航——职业规划与就业创业指导

“三全育人”视域下职业生涯规划教育案例剖析

南昌大学抚州医学院　廖名海

一、做法简介

近年来随着我国高校的不断扩建，高校学生数量逐年递增，毕业人数逐年增加。2021 届高校毕业生为 909 万人，尤其是近两年因新冠疫情对我国经济与就业造成了巨大的冲击。疫情影响下的经济全球化几近停滞，极大地抑制了我国经济发展的总需求，中小微企业运营遭遇困难，对毕业生的吸纳能力大大减弱，就业形势严峻复杂，高校毕业生求职困难增多，就业压力巨大。大学生就业问题成为社会各界较为关注的问题。在此背景下，学生就业工作就显得责任重大，“稳就业、保就业”成为各级政府与高校的共同目标。

大学生就业指导工作的开展就是针对此问题开展的一系列教育活动，以期通过该工作的开展提升大学生就业能力。职业生涯规划是依据学生自身能力和综合素养实施未来职业设计，将职业生涯规划融入就业指导工作中，可以促使学生对自身今后的职业有一个更加科学合理的规划和筹备。

职业是人生意义的重要体现，职业生涯既是人生历程的主体，又是最具价值的部分。职业生涯发展是终身发展的核心，职业生涯教育可以惠及学生的一生。

抚州医学院经过对职业生涯教育的长期探索与实践，形成了以服务学生职业生涯发展为目标、以职业生涯规划为重点、以课程教学为主渠道、以职业素养与就业创业指导为基本内容，理实一体，知行合一，具有综合性、实践性、开放性、针对性的职业生涯教育体系，提升了学生整体素质，促进了学生全面发展。

二、具体措施

以学生发展需求为导向，以课程教学与实践活动为抓手，构建内涵丰富、科学合理、全程指导的职业生涯发展教育体系。将职业生涯教育贯穿于学生在校学习的全过程，理顺体制机制，建设师资队伍，创新教育方式，切实提高学生对职业生涯发展的认知水平、提升学院服务学生职业生涯规划的成效。

(一)以学生发展需求为导向，构建职业生涯教育全过程体系

从大一刚入学就进行职业生涯教育，并且结合学生所学的专业和学生的兴趣，以小组的形式，学院给该小组内的学生安排一个生涯指导老师，让生涯指导贯穿于学生学习生活的全程。生涯教育是一个螺旋式递进发展的过程，每个阶段的任务有重合，但也有自己的侧重点，要在不同阶段帮助学生了解自身的状况、澄清个人价值观、帮助学生了解社会，最终促进学生职业生涯发展规划及决策能力的养成。从大一至大四，不同发展阶段的学生有不同的特点和任务目标。依据生涯发展理论及不同年级的学生特点，将大学四年的职业生涯教育分为以下四个层次：一年级为生涯导入期，主要教育目标集中在使新生尽快适应大学的学习和生活，了解专业发展方向和就业去向，建立生涯规划的意识；二年级为生涯探索期，主要使学生进行自我探索，了解自己的性格、兴趣和职业价值观，初步确定职业方向，并撰写职业生涯规划书；三年级为生涯决策期，主要指导学生进行自我评估，分析自己的优势和劣势，确定职业目标，进而有针对性地进行准备，同时还要对学生的求职能力和技巧进行培训；四年级为生涯冲刺期，这个时期要重点对学生进行就业形势、就业政策的讲解，及时发布就业信息，并实时了解学生的求职动态，同时做好心理疏导和就业帮扶工作。学院坚持以学生发展需求为导向，构建职业生涯教育全过程体系。

(二)以课程教学与实践活动为抓手，搭建多方位、多层次职业生涯教育

学院把“职业规划与就业创业指导”课程纳入人才培养方案和学分管理，明确课程定位，完善课程内容，选用适用教材、开拓教学资源、用好教学模式，让每一个学生都能系统地接受职业规划教育、就业教育和创新创业教育，从而增强从业、创业、创新的能力。

学院同时广泛开展第二课堂活动，搭建多方位、多层次的学生发展平台，培养和锻炼学生能力，构建参与式的能力提升体系。辅导员鼓励大学生积极参与科技创新活动，在活动中夯实学生的专业基础，拓宽专业视野，锻炼动手能力，实现专业素质的提升；辅导员带领学生走出校门，走进社区、走向社会，积极参与社会实践和志愿服务等活动，如我院建立了全省第一个校园志愿服务课程体系，充分挖掘校园宝贵金矿，建立“1+1+x”校园志愿服务体系，让每一个学生在实践中锻炼吃苦耐劳的精神，在奉献中提升对社会的责任感和使命感，在体验中培养踏实认真的工作态度。

(三)点面结合，精准指导学生职业生涯规划

1.“面”上聚焦职业生涯主题教育活动

根据大学生的成长规律、各阶段的特点以及所面临的实际问题做好精准指导，学院采取“一月一主题”的模式，比如，职业认知、职业决策、职场适应、大学适应、求职技巧、求职心理、自我探索等，通过开展形式多样、有吸引力的职业生涯教育活动精准指导学生职业生涯规划。

2.“点”上突出生涯规划个体咨询

学院同时有针对性地服务于不同发展程度的学生。提升生涯个体咨询服务质量。针对不同特点的群体，组织辅导员开展贴近需求的个性化的生涯辅导。

三、启示思考

(1)提高认识，重视辅导员在大学生职业生涯规划教育中的重要作用。从辅导员层面来看，辅导员自身要清醒地认识到大学生职业生涯教育的重要意义，在开展大学生思想政治教育工作的同时，主动开展大学生职业生涯规划指导，并将此项工作常态化进行。要本着“一切为了学生，为了学生一切”的理念，将思想政治教育、职业生涯辅导和日常的教育管理有机结合起来，建立从新生入学到大四毕业的全程辅导体系，进行切实有效的职业生涯辅导。

(2)顶层设计，从学校层面来看，相关职能部门要充分认识到辅导员在大学生职业生涯规划教育中的优势和便利条件，引导鼓励辅导员积极参与到大学生职业生涯教育工作中去，从组织上、制度上、经费上给予相应的政策支持，为辅导员顺利开展职业生涯规划教育提供保障。

(3)加大培训力度，提高辅导员、就业指导人员开展职业生涯规划教育的理论水平和实践能力。职业生涯规划是一门以心理学为基础，集教育学、社会学、人力资源管理学等多学科于一身的综合性的学科领域，而大多数高校辅导员无相关的专业背景，亦未接受过系统的职业生涯规划教育理论学习与实践，往往是依据工作经验对学生进行辅导。因此，辅导员需要加强对相关领域知识的学习，通过专业培训和实践培训提升自身的理论水平和实践能力，以实现辅导员开展大学生职业生涯规划教育的专业性。

(4)建立激励机制，调动辅导员开展职业生涯规划教育的积极性。辅导员在大学生职业生涯规划教育中具有得天独厚的优势和便利条件，但日常纷繁复杂的工作往往使他们筋疲力尽，对于开展常态化的生涯规划教育热情不高。因此，学校要通过建立有效的激励机制，调动辅导员参与此项工作的积极性。如在岗位考核中，把辅导员参与大学生职业生涯规划教育工作计入工作量，同时在职称评定、职务晋升等方面考虑辅导员参与大学生职业生涯教育的表现；建立奖励制度，给在大学生职业生涯规划教育中工作突出的辅导员一定的精神和物质奖励，定期开展就业工作先进个人、优秀就业指导教师评选等活动。

(5)建立风险应对机制，完善职业生涯教育体系。新冠疫情的暴发是所有组织和个人始料未及的突发性公共事件，直接暴露了学校缺乏风险应对机制的问题。缺乏针对社会经济发展变化而开展的就业技能提升、求职面试技巧获取、就业信息收集等应急活动。学校职业生涯教育与学生的求职就业工作密切相关，直接影响学生未来的职业生涯发展。因此，在后疫情时代，高校应积极建立风险应对机制，完善风险应对预案，以应对未来可能发生的突发性事件，保障学生稳定就业。

(6)借用大数据来促进大学生职业生涯规划教育。通过不断完善信息网络建设，建立大数据库，根据校内各种信息平台数据，如教务系统数据，对学业困难生进行学业指导；依据就业系统数据，对学生进行分类指导服务，提供就业信息智能匹配推荐和就业困难学生精准帮扶；根据学生日常学习、生活状态、图书借阅、消费数据、活动轨迹等个人网络行为数据，教育引导学生对学业、职业进行规划决策。

四、专家点评

南昌大学抚州医学院党委副书记、副教授邹敏辉点评：该案例通过对学生进行全方位、全过程、全员的职业生涯教育，从学生发展需求出发，以课程教学与实践活动为抓手，以“点”“面”相结合进行职业生涯教育与引导，从而提高大学生生涯教育的“精度”和“准度”。帮助学生树立正确的就业观念，引导学生到基层、到西部、到祖国最需要的地方建功立业。也为其他高校就业指导及生涯规划工作提供了很好的借鉴。

作者简介

廖名海，男，南昌大学抚州医学院辅导员，学生党支部书记。教育部中国大学生在线专栏作者。国家心理咨询师、职业规划师，曾连续多年荣获南昌大学优秀辅导员、南昌大学优秀学生党务工作者称号；连续5年暑期“三下乡”社会实践中荣获“优秀指导老师”；共青团网络宣传专项工作“青年之声”工作先进个人；抚州市优秀青年志愿者；南昌大学优秀青年志愿者；校级“思想品德教育优秀辅导员”一等奖；南昌大学抚州医学院战疫征文一等奖，抚州医学院优秀党务工作者、抚州医学院学习标兵、全省第34期辅导员培训班优秀学员称号；第十届江西省青年志愿服务优秀个人。累计获得校级奖项23项，省级奖项2项。

“拾梦涯”工作室
——渤海大学学生学涯成长助力工程

渤海大学　李罡　冯秀玲

一、做法简介

习近平总书记指出：“做好高校思想政治工作，要因事而化、因时而进、因势而新。要遵循思想政治工作规律，遵循教书育人规律，遵循学生成长规律。”

目前，职业生涯规划与就业指导课程已成为各高校大学生必修课程之一，但大多数还仅仅停留在课堂教学阶段，对于解决在校大学生学涯成长过程中遇到的实际问题和困惑，进一步明晰步入社会的职业发展方向和切入点还没有形成强有力的助推态势。为进一步创新大学生思想政治教育工作方式方法，积极促进辅导员队伍职业化专业化发展，学生成长成才指导模块化运行，实现大学生思想教育引导工作有黏性、有平台、有内容和有实效，2016 年 6 月 15 日，立足引导帮扶学生做好学业规划，几名辅导员成立了渤海大学首个辅导员团队工作室——“拾梦涯”工作室。2016 年 11 月，学校与北森生涯公司合作依托“拾梦涯”工作室共同建设“渤海大学大学生学涯成长助力工程”。

2017 年 8 月，教育部修订出台了《普通高等学校辅导员队伍建设规定》(教育部令第 43 号)，进一步明确了辅导员工作九项职责。“拾梦涯”工作室结合辅导员“职业规划与就业创业指导”职能进一步明确方向，构建“一个中心”“两翼并行”“三位一体”的总体发展思路，坚持靶向定位，完善内部运行机制，寻求外部支持系统，采用“线上”“线下”相结合方式，建设“拾梦涯”工作室，打造在校学生学涯成长助力工程，帮助学生尽快读懂大学生活，尽早做好生涯规划，尽力提升综合素质，用中国梦激扬青春梦。

二、具体措施

“一个中心”即以大学生思想政治工作为中心，“两翼并行”即辅导员队伍专业化建设和学生成长专业化指导并行，“三位一体”即专家顾问团队、辅导员团队和学生社团组织一体化，突出学生主体，紧紧围绕大学生职业生涯规划和就业创业指导目标开展工作。主要措施如下：

（一）提升站位——为工作室发展把脉定向

积极寻求校内外本工作室发展方向一致的相关领域专家、学者或者具有丰富理论和实践经验的同“学科”辅导员工作室负责人担当顾问，在发展定位、阶段规划、活动策划、成员素养提升、专业咨询等方面给予专业化的指导，不断推进本工作室内涵发展。截至目前，共聘请相关领域方向校外指导专家顾问 2 名，校内指导专家顾问 5 名。

（二）强化本位——提升团队成员职业素养

为进一步提升指导服务学生的职业素养能力，工作室一直坚持充分利用网络平台资源、相关学习培训等，积极参与学习相关领域知识，不断提升团队专业化水平。通过“请进来”和“走出去”相结合方式，聘请校外专家到校指导，同时工作室内部不定期开展学习和研讨，并通过举办“辅导员沙龙”等多种形式进行交流学习。工作室成立以来，核心成员参加了职业生涯规划、就业指导、心理咨询等多项学习，成员具有职业规划师、职业生涯教练、心理咨询师、就业指导师、人力资源管理师等培训合格证书。依托工作室，目前完成省级课题研究 2 项，校级课题研究 2 项，公开发表学术论文 10 余篇。

（三）善于借位——搭建学生成长引导纽带桥梁

1. 借力朋辈引导

充分利用校内高年级优秀学生资源，寻求就业创业典型、学业突出典型等，与低年级学生通过报告会、交流座谈会等多种形式开展交流互动，强化榜样示范引领作用，增强教育引导的可信度和黏合度。开展的“毕业季　不分手”“榜样的力量之推免保研生的故事”等活动深受学生欢迎，并发表相关原创作品 50 余篇。学生从朋辈示范中汲取能量，寻求成长方向与经验。

2. 建立学生社团

正式注册学生社团，工作室骨干教师任社团指导教师，确保社团活动内容与工作室方向一致，形式灵活，相互补充。组织开展的“纪念‘九一八’，弘扬民族魂”纪念活动、“书香致远，墨卷至恒”读书成长分享会、“遇见未来的自己”主题演讲比赛等系列活动吸引广大学生积极参与，收到较好效果。

（四）把握主体——全方面做好学生帮扶引导

1. 建立学涯规划档案

工作室成员面向学生，依托日常开展的谈心谈话活动，为有学涯困惑学生提供咨询引导，帮助制定学涯规划建议方案，并建立档案，定期跟踪回访。截至目前，参与建立过学涯规划档案学生人数 2000 余人，部分学生已经跟踪近四年，即将毕业。有学生感言，学涯规划档案如同大学四年的计划书，而且每学期有目标、有措施、有总结、有分析、有监督，由被动完成变成主动思考，收获很大。

2. 开设“拾梦讲堂”

不定期聘请校内外能对学生思想、学涯、职涯、就业创业等方面进行正确、有效引导的专家、学者或者典型人物与学生交流探讨，帮助学生认识人生、夯实技能、掌握方式方法，健康成长为社会主义建设者和接班人。如举办的“大学时光怎么过”“李二跑腿说创业”“大学生社交规范及语言应用”等讲堂内容引发了学生思考，形成强烈共鸣。目前，已有1500余名学生参与并受益。

3. 举办“学涯成长助力营”

利用学生课余时间，采取自愿参与原则，组织招募志愿者。制定营训计划，通过体验、实践、赏析、团辅等多种形式，举办“学涯成长助力营”，帮助学生自我探索、价值澄清、能力对标、团队协作、技能提升，帮助学生答疑解惑，助力学生学涯成长。截至目前，已举办三期，百余人参与其中。

三、启示思考

（一）守向守心，强化思想引领

开展大学生思想政治教育工作实践操作中，要认真履行辅导员工作职责，始终把握“立德树人”这个根本任务，遵循思想政治工作规律、教书育人规律、学生成长规律，守正创新，绘同心圆，培养社会主义合格建设者和接班人。工作室任何一项活动的设计和开展，都要把帮助学生正确认识自我，做好自身今后职业的选择与发展集合。坚持将扎根基层、服务祖国和服务人民的爱国主义精神思政元素融入其中。

（二）定位定点，坚持问题导向

辅导员工作要“大处着眼，小处入手”，无论哪方面工作，首先都要深入了解学生不同阶段成长特点、认知状态、发展需求和存在的问题。工作室根据不同层次学生特点，精心设计调研提纲和问题，每年定期开展一次学涯规划调研，并形成调研报告，目前累计参与近万人次。针对存在的问题，深入开展研究和实践，尽快实现自身专业化成长，真正实现自身的职业素养能力与工作职责要求高度匹配，才能做到思想教育和实际工作的有机融合。

（三）建策建制，提升职业认同

辅导员的职业认同是辅导员工作的内在动力，直接关系到辅导员工作职责完成成效，更关系到自身和学生的成长与发展。要在发展路径、激励措施等方面建立完善的支持系统，真正做到让辅导员工作有条件、干事有平台、待遇有保障、发展有空间。工作室在准确把握行政主管考评部门的发展评价之外，更要充分发挥行政评价标准以外的综合评价积极作用，注重把握辅导员工作室最终服务的客户——大学生的认同感和实际收益度。每一次活动后，都要征求学生意见，让学生结合自身实际作出评价，深探和深挖学生的实际收获。

四、专家点评

渤海大学党委学生工作部部长兼学生处处长、副教授江泳点评："拾梦涯"工作室紧紧围绕大学生职业生涯规划和就业创业指导，是学校辅导员深入履行工作职责与促进自身专业化发展相结合的一种有益尝试，具有组织建设"自下而上"的自发性、发展条件"全力支持"的保障性、活动开展"贴近学生"的黏合性等特点。工作室自建设以来，团队成员坚持以学生思想引导为主线，立足校本校情，打造渤海大学大学生学涯成长助力工程，从理论研究和实践探索两个方面做了大量工作，取得了一定实际效果，是可值得借鉴和推广的一种"心"方法。

作者简介

李罡，男，硕士，副教授，渤海大学辅导员。国家心理咨询师、全球职业规划师、全球职业生涯教练，曾获辽宁省高校宣传思想工作先进个人、辽宁省高校"千名辅导员万家行"活动先进个人等荣誉称号，曾获辽宁省哲学社会科学研究成果二等奖及锦州市政府奖等科研奖项。

冯秀玲，女，硕士，讲师，渤海大学辅导员。国家心理咨询师、全球职业规划师，曾获锦州市高校大学生思想政治教育优秀工作者等荣誉称号。

注：此案例连续两年获渤海大学校级 A 类大学生思政精品活动。

丈量天空　展翅高飞
——职业生涯规划指导案例

海南职业技术学院　王水双　倪啸旻

一、做法简介

从党的十八大报告中提出“就业是民生之本”，到党的十九大报告中指出“就业是最大的民生”，再到党的二十大报告中强调“实施就业优先战略”，足以看出党和国家对就业的高度重视。

通过职业生涯规划课的学习、暑期“三下乡”社会实践的经历、职业生涯规划比赛以及生涯个体咨询，我们可以有效帮助大部分同学明确职业目标、完成职业规划，甚至是顺利走上与预期目标相符的工作岗位。

下面本案例将以我校 2018 级旅游管理本科班学生小霞为例，分享职业生涯规划指导的工作思路。

二、具体措施

(一) 学习理论，概念入耳

教育部 2007 年印发《大学生职业发展与就业指导课程教学要求》通知后，各高校陆续开设大学生职业生涯规划与就业指导课程。根据学校课程设计，我们在新生入学的大一下学期，开设了职业生涯规划课程。通过生涯定义、自我认知、职业认知、环境认知、评估工具等模块帮助学生了解职业生涯规划，并学会制定职业生涯规划书。小霞在上完大一的职业生涯规划课程后，初步了解了职业生涯规划的定义和粗浅的测评工具，并通过霍兰德在线测试初步认知自身的职业兴趣方向，尝试制定阶段性职业生涯规划，逐渐清晰未来的发展路径，带着对专业的热爱，开始了校园阶段专业学习规划的第一步。

(二) 参与实践，探寻目标

大二结束的暑假，小霞作为队员第一次跟随学院绿光生态旅游志愿服务队大学生暑期“三下乡”社会实践团来到海南省五指山市毛阳镇牙胡村开展为期两天的暑期社会实践活动。据了解，该志愿服务队由 7 名旅游管理专业学生组成，在指导老师的带领下通过对毛阳镇牙胡村当地美食、生态环境、民族民俗文化、旅游资源等进行实地走访调研后，将利用所学专业知识为开发中的牙胡梯田景区规划旅游线路、设计旅游产品、传播少数民族民俗文化，探索生态环境下乡村旅游的可持续发展道路。实践过程中，绿光生态旅游志愿服务队开展了牙胡梯田生态维护系列活动，包括梯田沿线垃圾清理及下田插秧两个主要环节。队员沿环梯田村道清理散客留下不可降解的垃圾，以维护梯田生态环境。据了解，精细化的耕作模式和立体循环的种植方式可保持较好的土地肥力，促使梯田能够持续使用，使之永久成为牙胡梯田景区的核心景观。为激发村民在梯田中种植水稻的热情，队员们下田插秧，与农户共同劳作。本次大学生暑期“三下乡”社会实践活动的开展，使得绿光生态旅游志愿服务队员们的思想认知和社会实践能力得以较大提升，对小霞的触动尤其重大。她对正在建设中的牙胡产生了浓厚的感情，用所学专业投身到乡村振兴中去，成为小霞暗自定下的目标。

（三）以赛促进，梳理规划

回归课堂后，大三的小霞在旅游线路设计的专业课程中对标牙胡梯田项目，设计牙胡梯田两天一晚研学旅游线路，手绘研学线路图在课堂上进行作业汇报。在这一路的项目参与、探索中转变了原来慢就业的心态，择己所爱、择己所长、择世所需，在自贸港发展的蓝图中，明确了自己想成为一名研学旅行导师的职业梦想。首届海南自贸港大学生职业生涯规划大赛随后举办，小霞通过学校选拔赛后顺利进入省赛，一路披荆斩棘最后取得所在小组的第三名、省赛二等奖的好成绩。备赛的过程即是小霞重新梳理职业规划的过程，她将实习目标锁定之前的实践地，悉心规划自己的职业发展路径。

（四）个案辅导，提升自信

进入大四实习阶段，小霞根据自己的职业规划和理想，决定去往牙湖项目，积累研学项目的开发、运营经验，实习生活有声有色。但是两三个月之后，项目遇到了一些变动因素，项目暂停，小霞一时之间感到有些迷茫，有些挫败，不知下一步何去何从。意识到自己目前的困扰后，她及时联系了学校老师进行了 2 次生涯教练，教练过程中，老师和小霞一起进一步复盘、探讨了她的职业愿景、对自己职业身份/角色的期望、职业价值观和现有的能力，让小霞看到了自己身上蕴含的强大能量，也对未来的职业发展方向有了一个更全面、更深入、更清晰的认知。通过“生命平衡轮”，小霞找到了自己可采取行动的方向，制定出了当下马上可以开始的具体行动方案。经过 2 次教练，小霞又露出了自信的笑容，积极努力地按照计划寻找符合自己职业目标的新岗位。不久，小霞就在海南省旅游研究会找到了一份新的实习工作，虽然每天非常忙碌，但是小霞乐此不疲，收获颇丰。

三、启示思考

（一）注重课程育人

整个职业规划是一个动态的过程，大学生要实现自己的目标，缩小自己与理想的差距，就要客观地分析自身的知识体系和素质结构，使之合理化规范化目标化，这是大学生职业生涯规划课的重要意义之一。部分老师觉得该门课程课时量少，不是专业主课程，在课程教学中不予以重视。近年来国家和社会对大学生的就业问题越来越关注，大学生的职业决策和职业生涯规划也愈加重要，高校积极有效地开展大学生职业生涯规划教育课程，是高校就业指导进一步走向科学化的发展的标志。该门课程对大学生的影响也越来越重要，它可以帮助学生了解什么是职业生涯规划、如何去做职业生涯规划、如何合理有效地安排大学生活进而缩短达成理想的时间周期等。

（二）加强实践育人

大学生社会实践是指按照高等教育目标的要求，有组织、有计划、有目的地引导大学生深入实际、深入社会、深入生活，将理论知识转化为适应社会发展、学生个人发展的能力从而加快社会发展的一种教育模式。近年来，各高校广泛地开展了暑期“三下乡”、志愿者进社区服务等社会实践活动，有效地引导学生贴近实际、贴近群众、贴近社会。调查显示，在开展活动的过程中广大同学从切身感受中将理论与实践结合起来，增长了见识，拓宽了视野，锻炼了动手能力，起到了一般理论教育无法起到的“润物细无声”的良好效果。与此同时，社会实践还是大学生完成“社会化”进程的有效途径。在实践中，运用专业知识服务项目、服务社区、服务乡村，不仅使得学生本人有极大的成就感，还能让学生通过实践摸索自身的职业路径或者职业目标。与此同时，“我能做什么？我喜欢做什么？我能做好什么？”等问题，也会伴随实践的过程让学生本人找到答案。因此，有效地引导学生参与专业相关的社会实践，可以加强实践探索职业目标的育人功能。

（三）重视赛事炼人

大学生职业生涯规划大赛，能很好地提供学生展示自我认知、职业认知、职业决策、计划与路径和自我评估五方面内容的机会。这样的职业规划不是纸上谈兵，而是能够切实帮助参赛学生进行思考，如何更好地向自己的职业目标靠拢，激发生涯意识，多角度提升职业素养，从理念、心态、技能、专业等方面更好地做好应对未来职场的准备，更好地适应新时代对人才发展的要求。我们不仅要通过赛事发现突出学生，还要有意识地通过赛事培养和锻炼学生。备赛过程能够帮助学生有效梳理自己的职业生涯规划，比如可以使用兴趣邀请函进一步帮助学生测出霍兰德兴趣代码，进而进行个人优势探索和人岗匹配探索，让学生的职业目标更加精准。比赛过程中，学生通过路演展现、现场答辩的环节，锻炼了自身的逻辑思维能力和应变能力。

（四）增强个体辅导

当下，虽然各高校均开设了职业生涯规划的相关课程或讲座，但是每个学生都是不同的个体，这种集中、广撒网教育方式的实效性并不高，很多学生面对一堆理论、工具是“知其然，不知其所以然”的状态，在遇到实际问题时，仍然“盲”“茫”。因此，我们不仅需要通过培训、实践不断提升辅导员的个体辅导能力，还需整合校内外多方资源，为学生提供更多专业的个体辅导机会，帮助学生制定个性化的发展策略。同时还可以培养、组建一批朋辈辅导员，从学生中来，到学生中去，鼓励、引导他们用能引起学生“共鸣、同频”的语言和方式将理论、工具“接地气化”，提高个体辅导的效率，也起到引领示范作用。

四、专家点评

海南职业技术学院通识教育学院职业素养教研室主任、心理学教授高茹点评：近年来，大学生毕业人数不断在增加，2021 届高校毕业生规模已达 909 万人，就业竞争十分激烈。在此形势下，大学生做好个人职业生涯规划，是在就业中提升竞争力的有力保证。作为教育者，如何顺应时代和形势发展，变更固有的教育模式，帮助学生及早建立规划和就业意识，做好个性化的、行之有效的职业生涯规划也是需要不断探索和反思的。

该案例以一个学生在校四年的职业生涯规划过程为缩影，从课堂教学、社会实践、专业比赛、个案辅导四个层面呈现了对职业生涯规划指导工作的有益思考和尝试，取得了一定成效，值得借鉴。

作者简介

王水双，女，讲师，海南职业技术学院旅游学院学工办主任，全球职业生涯规划师。获海南省优秀共青团干部、职业生涯规划大赛优秀指导教师、三下乡优秀指导教师；校级管理育人奖、优秀共产党员等称号。

倪啸旻，女，讲师，海南职业技术学院心理学讲师，国家二级心理咨询师，北森生涯教练。

以改革创特色　以精准促就业

——“1234”精准就业育人体系

广东轻工职业技术学院　李敏仪

一、做法简介

就业是一个专业、一个学院、一所学校发展方向的重要指南针。精准就业育人必须从内而外地高度重视就业这个“方向盘”。但是，受到疫情的影响，大学生对未来的职业生涯缺乏规划，就业意识不强，就业心态不稳的现象尤为凸显，这导致了在求职就业道路上学生离职率偏高，企业不满意，学校形象受害，就业工作被动且成效大打折扣的严重后果。由此可见，如何在繁杂的就业工作中理顺思路，构建系统化的精准育人体系，提高精准就业育人的成效，是就业工作的重中之重。

“1234”精准就业育人体系是基于“精准就业”目标下的就业育人创新实践，旨在帮助在校学生特别是即将走向工作岗位的毕业生做好充分的就业准备，提升自身的综合竞争力，从而加强学生的职业生涯规划意识和提升求职的信心、决心，为日后真正的求职道路增加砝码，进而实现“精准就业”的有序推进，并进一步提高人才输送的质量。

“1234”主要是指“一个目标、两个平台、三个加强、四个深化”。该体系在具体工作实践中坚持以“精准就业”为导向，以“服务政校行企生”为宗旨，把就业工作作为学院、专业和师生成长的生命线，以改革创特色，以精准促就业，最终实现就业工作“制度化、规范化、科学化”。

二、具体措施

（一）坚持一个目标，强化就业指导的氛围

作为就业工作模块的辅导员，要坚持把“精准就业”作为就业工作目标，调动学院专业教研室、就业指导老师、班主任等各方力量，打造精细化的就业帮扶团队；调动学生骨干的力量，在分团委学生会中设立就业创业指导部，各班

级设立就创委员，形成内外合力，深入召开主题班会、就业指导报告会、建立就业指导专题移动网络平台，并及时传递相关就业创业资讯等，以此形成就业指导环环相扣、层层落实的齐抓共管氛围。

（二）紧贴两个平台，提升人才培养的精准性

1. 明确专业定位，紧贴专业建设平台

作为就业工作辅导员，要根据专业建设的导向和专业群的特色有针对性地开展精准就业活动，包括邀请企业人员做客就业活动、学生到企业进行学习演练等，让学生接受来自职场专业人士的专业技能指导和培训，实现职场零距离。

2. 掌握就业政策，紧贴国家方针平台

近年来，从中央、国务院到地方均高度重视大学生就业创业工作，尤其是疫情影响下，从“六保”到“六稳”，将保就业稳就业摆在了更为突出的位置。作为就业工作辅导员，面对新形势和新常态，更要掌握各种就业政策，做好宣传指导，把握住国家方针平台带来的机遇，帮助学生了解更多的就业政策和渠道。

（三）落实三个加强，提高就业教育的有效性

1. 加强就业团队的专业化建设

联合就业指导老师、专任教师和校外导师建立职业规划与就业指导作辅导员工作站，通过工作站来打造专业化的就业团队，包括定期参加就创指导类学习、培训、交流和考察等活动，积极参与就创相关课题研究和相关教材的编写，组织学生团队参加就创类活动或竞赛，提升就业团队专业化水平。

2. 加强就业指导的体系化建设

联合专业教研室把日常开展的就业指导服务融入专业教育过程中，打造一进一出的体系化就业指导服务，如开展礼仪、演讲口才、团队建设、职业道德素养等课程或讲座，以及课余时间多开展具有实践性质的“精准就业”活动，强化学生软技能的培养。

3. 加强就业服务的信息化建设

充分利用院级就业信息网站、微信公众号平台等信息化平台来宣传就业政策、就业知识、发布用人单位招聘信息，同时增加线上职业测评、职业生涯工作坊、生涯在线咨询等个性化信息服务，实现了就业工作“全程化、全体化、信息化、规范化”。借助校级就业平台和信息化的手段对日常招聘实行双向追踪，为企业和毕业生提供一对一“精准就业”服务：一是“审核就业信息—发布就业信息—收集求职简历—跟进追踪—双向指导反馈”，二是“召开宣讲会—学生提前预约—学生扫码进场—收集用人单位反馈—线上线下追踪—调研报告汇总”。

（四）稳抓四个深化，实现学生就业的全面性

1. 创新工作模式，深化就业指导的改革

（1）做好特殊防控期的就业创业教育

每年年前年后都是高校毕业生求职择业的关键时期，而今年受经济下行的影响，毕业生就业形势更显严峻。在这特殊时期，作为就业工作辅导员，更加要积极配合“空中招聘”工程，优化线上就业服务；建立毕业生就业动态追踪档案，及时进行就业心理辅导和就业帮扶措施。

（2）完善不同毕业群体的就业帮扶服务

作为就业工作辅导员，要根据毕业生的不同特点进行分层管理与服务：一层是“就业意愿强烈却缺乏就业方向”的学生，借助职业倾向、职业能力测试分析自身优势，明确就业方向，实现就业；二层是“就业意愿和就业方向均模糊”的学生，从旁帮助其树立职业就业意识，选定就业方向，力争实现就业；三层是“其他特殊困难生”，摸底掌握其真实就业状况，根据心理问题、家庭问题、经济问题、学业问题进行归类，实行“一对一精准帮扶”等措施。

2. 调动各方力量，深化就业市场的挖掘

（1）发挥校友的资源在拓宽学子就业中的作用

建立校友总群和专业校友分群，深度发掘校友资源的宝藏作用，形成内引外联，为在校生和校友间的就业关联铺桥搭路。

（2）发挥学院教职工在推荐学子就业中的作用

积极动员学院教师为学生就业出谋献策，积极为学生联系就业单位和发布就业信息，进而在学院内形成一对一精准发力作用。

3. 加强创业教育，深化创业带动的高度

以专业特点作为指导，以专业教育作为依托，以培养技能作为核心，打造坚持“课程、项目、孵化、竞赛”四位一体的双创工作模式，培育校内外创新创业优秀导师群，努力将“双创基因”遍布学生群体，进行双创意识和双创精神的培育。

4. 强化技能教育，深化专业能力的培养

作为就业工作辅导员，积极鼓励学生参加各项技能大赛，不断提升个人专业能力，并为学生参赛做好后勤保障工作，提供必要的仪器设备、场地和耗材等。通过学生不断提升专业能力来深化就业育人的成效，实现就业的精准对接。

三、启示思考

(一)从理论的角度

一是完善了就业工作育人的体系，加强了政校行企之间的互动配合，实现就业指导与市场培养的双向沟通；二是加强了就业工作群的建设，更好地创新了政校行企协同育人的合作模式。

(二)从实践的角度

首先，自上而下充分利用校内外导师群体和校友的力量发挥了榜样效应，有效地帮助学生提高了职业生涯规划的意识，形成正确的自我定位和专业认知，树立正确的择业创业理念。

其次，就业指导与专业教育相结合，创新就业指导模式，强化人才培养的质量，提升了学生的就业能力和职业技能，扎实做到“固本疏源，重基求新”。

再次，开展精细化的精准就业指导，针对不同群体提供职业发展服务，全面实现就业“小康”和就业“精准”，不仅学生对学校就业指导服务满意度高，而且用人单位对毕业生的认可度高。

最后，成立了就业指导工作坊，不仅实现了就业工作成果化，还实现了就业工作者的专业化、职业化发展，发表了多篇相关的研究文章，成功申报了多项相关的科研项目，参编多本职规和就业指导类的教材，并打造了校级辅导员工作精品项目。

综上，后续将会拓宽在特殊防控期精准就业育人体系创新实践的广度和深度，同时会加强就业育人评价体系的构建。

四、专家点评

广东轻工职业技术学院管理学院专任教师、教授刘生华点评：就业工作一直是学校和专业发展的“生命线”。本案例中从政校行企生的角度出发全方位地阐述了“1234”精准就业育人体系的创新实践，拓宽了就业指导育人的途径，搭建了极具互动性的就业桥梁，为学生和企业提供个性化、专业化的就业指导服务，提升了精准就业育人的质量，增强了就业育人的凝聚力和精准度，有力地体现了就业工作的特色和亮点。建议以近期教育部颁发的疫情期间就业指导措施为载体，深入思考如何大力推进网上和国际就业，同时完善“1234”精准就业育人体系的评价机制，为就业育人的精准性提高信度和效度。

作者简介

李敏仪，女，硕士研究生，讲师，广东轻工职业技术学院辅导员，曾获得“2019年广东高校辅导员年度人物”入围奖、“2019年广东高校辅导员年度人物”单项奖之“最受学生欢迎辅导员”“2018年广东高校辅导员年度人物”入围奖、广东省高校思想政治工作实践优秀案例三等奖、第八届广东省职业生涯规划教学大赛高职组二等奖、校级第五届辅导员素质能力大赛三等奖、校级第二届辅导职业技能竞赛三等奖、校级年度辅导员优秀奖3次、校级就业工作先进个人2次。

全程化职业教育　成就完美人生

郑州科技学院　张永芳　郑丹

一、做法简介

大学生就业“难”的原因是多方面的，除了国家经济转型、毕业生择业观、就业岗位错位等原因外，用人单位“招不到合适人才”，与学生职业素养和就业能力难以满足企业要求直接关联。而大学生职业素养与就业能力培养又是一个系统工程，也是一个长期的过程，需要在教师正确指引下，在浓厚的职业教育氛围熏陶下，确定职业目标，做好未来职业生涯规划，掌握提升职业素养与就业能力的基本方法与途径。郑州科技学院食品科学与工程学院结合所在分院学生专业特点，以提升学生的职业素养和专业能力为抓手，构建了大学生职业生涯规划及就业教育实施方案。

二、具体措施

针对大部分学生自大一入校后，因自制力较差、学习力较弱、对未来没有规划，慢慢地形成了随波逐流、任其发展的迷失状态，食品科学与工程学院经过不断探索和创新，结合学生专业特点，制定了《食品科学与工程学院学生职业规划及就业教育实施方案》，形成了全程化教育模式。

以主题班会、第二课堂、全媒体为载体，将对学生的政治领导、思想引导、情感疏导、学习辅导、行为教导、就业指导等教育内容贯穿到大学成长的四个阶段，并在不同的阶段及时进行主题教育、引导和疏导，以塑造学生的崇高理想信念、提升学生的专业自信、培养学生良好的择业观、提高学生综合职业竞争力为目标，完成从学生角色到职场人士的完美转变。

整体目标：从学生大一入学教育第一课开始，为学生开启职业生涯启蒙，让学生“寻梦”；二年级开始探索生涯规划，让学生“筑梦”；三年级初定职业发展方向，让学生“追梦”；四年级为学生提供就业指导，使学生“圆梦”，最终实现个人的完美职业人生。

培养原则：①贯穿全程，四年渐进式培养；②全面指导学生的专业素养、就业能力、就业心态、择业观等；③全员参与，邀请分院其他专家教师担任职业规划导师、定期做职业发展规划，另外适当聘请校外专业人员参与指导。

三、启示思考

(一)教育效果

1. 职业规划和就业教育贯穿全程

针对不同年级和专业，食科学院通过组织开展食品学科就业预测及分析、食品专业职业规划与职业竞争力提升、求职技巧、简历制作等专题讲座，开展模拟招聘会、简历制作大赛、职业生涯规划大赛征文等活动，一方面提高学生对专业就业的认识和了解，另一方面对引导学生进行合理的职业生涯规划、寻找适合自己的工作和岗位具有重要意义。

2. 新型卓越工程师班运行良好

目前，食科学院建设的“河南安必诺检测新卓班”已运行三届、“光明学院订单班”即将开启第二届动员和报名工作，两个新工科卓越工程师班每年吸纳分院 60%左右的学生参与订单培养。一方面实现学生在校顶岗实习，以企业“选”“育”协同加强学生的社会能力，实现毕业入职的无缝对接；另一方面也能增强学生对企业的认同感，让学生更加了解企业的用人需求，提高学生的职业素养，实现校企“双赢”。

3. 学生就业质量逐年提升

经过几年的积极探索和实践研究，并对食品科学与工程学院毕业生进行跟踪调查回访，发现学生的职业素质和就业能力在经过大学四年的培养有了较大的提高和改善。2017、2018、2019 届学生专业对口率都在 85%以上，整体就业质量较高，专业对口性较高，企业对学生职业素养和专业能力比较满意。

在对 2017、2018、2019 届毕业生培养质量进行回访时，就企业对高等院校人才需求的建议方面，80%的企业负责人认为应该加强学生的职业生涯规划指导和职业素养培养；在人才培养的过程中，95%的企业认为要根据企业需求积极探索复合型人才的培养模式，着重培养学生的实践动手操作能力与专业理论知识，并在课程设置上开设行业领域前沿的课程；另外，85%的企业还认为，高校应该加强学生吃苦耐劳精神的培养，引导学生树立终身学习理念，培养学生较强的社会责任感；95%的企业赞成建立学科专业和企业之间的合作组织，健全校企合作机制，实现学校和用人单位之间的良好沟通，将企业管理文化融入校园文化之中，实现互利共赢的双向人才培养模式。

(二)启示思考

职业素养教育是一项长期持续性过程，也要不断探索和创新才能满足不同学生的需求。在进行全程化培养过程中，食科学院将继续完善和丰富职业素养教育培养体系，以“一对一”的就业导师制，精准进行职业规划，为学生求职就业增添“资本”；以“双创教育”、第二课堂、专业社团为平台，有针对性地培养学生的动手能力，并在此基础上发展学生的职业特长；将专业设置更贴近市场，校企深度合作搭建就业平台，使毕业生更对企业“胃口”，以使学生好就业、就好业。

四、专家点评

郑州科技学院食品科学与工程学院党委副书记孔坡：该案例聚焦高校学生职业教育，结合新时代学生成长成才规律，构建了较为科学的职业素养教育培养体系，对于增强学生对企业的认同感，提高学生的职业素养具有重要意义，提出的建议可行性较强，值得推广。

作者简介

张永芳，女，中共党员，硕士，讲师，国家二级心理咨询师，生涯规划辅导师，郑州科技学院教工党支部组织委员，在职期间，以第一作者发表思政、专业论文7篇，参与省级课题5项，目前已结项并有3项获奖，参与校级课程思政在研课题1项，主持河南省民办教育课题1项。

郑丹，女，中共党员，学士学位，讲师，郑州科技学院食品科学与工程学院党委组织员，曾参与河南省大中专就业课题省教育厅2项，参与市社科联调研课题1项，主持校级辅导员专项课题1项并结项。

注：该案例申请了河南省大中专就业创业课题：大学生职业素养与就业能力培养研究——以郑州科技学院食品科学与工程系为例，于2018年结项并获三等奖，文中一部分内容源于课题实践总结。

后　记

随着时代的高速发展，高校辅导员的角色和职责正在经历前所未有的变化。全媒体时代的到来、国际形势的变化、社会环境的巨变、学生群体的变化，都对高校思想政治教育工作提出了更加严峻的挑战。当代高校辅导员不仅仅是教育者和管理者，更是价值观的传递者和学生心灵的引导者。正是在这样的背景下，《新时代高校辅导员特色工作探索与实践》一书应运而生。本书从筹划编撰到正式出版，历经了三年的时间。在此，本书编委会要对所有为本书提供支持的辅导员同仁们和持续关注辅导员专业化职业化发展的社会各界人士表示衷心的感谢！

本书在编撰过程中，作者们通过优秀案例分享的形式，深入探讨和总结了高校辅导员在新时代中的角色、挑战与机遇，分享了高校辅导员应对各类事件的处理经验，希望给更多新晋高校辅导员提供参考。本书征集的案例结合高校辅导员的九大职责渐次展开，涵盖了思想理论教育和价值引领、党团和班级建设、学风建设、学生日常事务管理、心理健康教育与咨询工作、网络思想政治教育、校园危机事件应对、职业规划与就业创业指导、理论和实践研究方面。本书不仅注重实践经验的总结和提炼，也注重理论联系实际的方法和思路。

本书共分为八个章节：第一章　立德铸魂——思想理论教育和价值引领；第二章　价值引领——党团和班级建设；第三章　春风化雨——学风建设；第四章　润物无声——学生日常事务管理；第五章　心灵守护——心理健康教育与咨询工作；第六章　线上引领——网络思想政治教育；第七章　转危为安——校园危机事件应对；第八章　梦想导航——职业规划与就业创业指导。来自学工一线的高校辅导员们通过自己的亲身经历和实践，为本书提供了丰富的案例和深刻的见解。我们希望通过本书的出版，为广大高校辅导员提供一些有益参考和有效借鉴，为推动高校辅导员工作的创新发展做出一些贡献。案例中体现了高校辅导员们无私奉献、一心育人的育人情怀，展示了辅导员们丰富、科学、新颖的育人方式。例如：高校辅导员们通过主题班会、日常引导、专题活动、网络分享等多种形式，将社会主义核心价值观融入学生的日常学习和生活中。通过组织志愿服务活动，让学生在实践中体验社会责任和公民意识；关注学生的个体差异，采用差异化教育方法，引导学生形成正确的世界观、人生观和价值观等。这些高校辅导员在班团建设和学风建设中起到了桥梁和纽带作用。他们不仅关注学生的学术表现和学习方法，更注重培养学生的集体荣誉感和社会责任感。这种全方位的关注和培养，为学生的综合素质提升和个人健康成长打下了坚实基础。在网络思想政治教育方面，高校辅导员们积极利用学校官方网站、微信公众号、微信群、抖音、B 站和快手等各类网络平台，利用学生喜闻乐见的方式传播正能量。他们通过线上线下相结合的方式，拓宽了思想政治教育的渠道和形式，使教育内容更加贴近学生的实际生活。高校辅导员们还承担着心理健康教育与咨询的重要任务。他们通过开展谈心谈话、组织心理健康教育相关活动，关注学生心理健康，提高学生的心理调节能力。面对校园危机事件，辅导员通过制定应急预案、采取科学处理方式，有效应对各类校园危机。在职业规划与就业创业指导方面，高校辅导员通过系列讲座、模拟面试、职业生涯咨询等活动，帮助学生认识自我，明确职业目标和方向。

新时代新征程，高校辅导员的工作需要继续坚持守正创新，不断夯实自身思想政治教育理论基础，提升专业能力，以求不断适应社会发展的新需求新挑战与新变化。让我们共同努力、携手并进，不断提升自身专业化职业化能力，为培养有理想、敢担当、能吃苦、肯奋斗的新时代好青年贡献自己的一份力量。

三年已悄然过去，本书编撰终于圆满落下帷幕。在此，本书编委会衷心感谢所有投稿作者的辛勤付出与密切配合，感谢学工同仁们提出的宝贵意见和辛勤付出。正是因为有了大家的共同努力，这本书才得以完善，也更加富有特色和实用价值。本书的每一篇章都凝聚着参与者们的心血，在此要向每一位参与者、批评者、建议者致敬、致谢！当然，因为编者们学识有限、阅历有限、水平有限，本书难免有不足和疏漏之处，还望高校辅导员同仁们慷慨赐评、予以指正。最后，再次对所有为本书付出努力的同仁们表示衷心感谢。正是你们的智慧与经验，才使这本书成为一本有价值、有意义的作品。让我们共同期待这本书成为高校辅导员成长路上的一盏明灯，照亮他们在新时代育人征途上的每一步。